基于标准的教师教育教材（语文）　　丛书主编⊙李斌辉

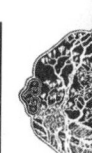

职前语文教师专业发展

ZHIQIAN YUWEN JIAOSHI ZHUANYE FAZHAN

李斌辉◎ 编著

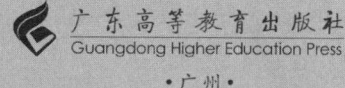

广东高等教育出版社
Guangdong Higher Education Press
·广州·

图书在版编目（CIP）数据

职前语文教师专业发展/李斌辉编著. —广州：广东高等教育
出版社，2017. 12

（基于标准的教师教育教材·语文）

ISBN 978 - 7 - 5361 - 5827 - 6

Ⅰ．①职… Ⅱ．①李… Ⅲ．①中学语文课 - 教学研究 - 高
等学校 - 教材 Ⅳ．①G633.302

中国版本图书馆 CIP 数据核字（2017）第 008709 号

出版发行	广东高等教育出版社
	地址：广州市天河区林和西横路
	邮政编码：510500 电话：（020）87553735
	http://www.gdgjs.com.cn
印　　刷	佛山市浩文彩色印刷有限公司
开　　本	787 毫米×1 092 毫米　1/16
印　　张	16.5
字　　数	314 千
版　　次	2017 年 12 月第 1 版
印　　次	2017 年 12 月第 1 次印刷
定　　价	36.00 元

总　序

　　"基于标准的教师教育教材（语文）"丛书由四本教材组成，分别为《职前语文教师专业发展》《语文课程标准与教材分析》《中学语文教学设计》《基于语文课程的综合性学习》。

　　这是一套反映语文课程与教学论团队长期教学改革、科学研究成果的教材。这套教材的作者均为岭南师范学院文学与传媒学院语文课程与教学论的教师。长期以来，这个团队致力于语文课程与教学论的教学科研，取得了丰硕的成果。近5年来，团队在《课程·教材·教法》《中国电化教育》《教育发展研究》等刊物发表论文100多篇，出版专著和教材10部，主持湛江市哲学社会科学项目、广东省哲学社会科学项目、广东省教育科学课题、广东省高等教育改革项目、广东省高等教育教学成果培育项目共10项。团队成员中有校级教学成果奖、广东省高等教育教学成果奖、湛江市哲学社会科学优秀成果奖、广东省哲学社会科学优秀成果奖获得者，3人曾被评为广东省高等学校"千百十人才培养工程"校级人才培养对象。2013年，"中学语文教学设计"被评为广东省精品资源共享课程；2014年，岭南师范学院"语文课程与教学论团队"被评为广东省省级教学团队。

　　教育部于2011年颁布教师教育课程标准，2012年颁布各级教师的专业标准。两个标准成为指导教师教育，包括职前教师教育的纲领性文件。前者对如何培养职前教师提出了要求，后者对职前教师教育机构培养什么样的教师做出了规定。整套教材紧扣两个标准，力求始终贯穿两个标准的内涵。需要说明的是，岭南师范学院文学与传媒学院从2005年开始，将传统的教师教育课程"语文课程与教学论"进行分解、整合，开发出一系列课程，如"职前语文教师专业发展""语文课程标准和教材研究""中学语文教学设计""语文教师专业技能训练"等课程，这些课程涉及培养师范生专业思想、专业知识、专业能力，且课程在4年中不断地开设，打破了以往传统课程结构和培养方式，突出培养未来语文教师的职业能力和专业素养。实践证明，这样的改革对职前语文教师培养效果明显。令我们高兴的是，这种改革竟与后来的《教师教育课程标准（试行）》的精神和具体要求不谋而合。标准颁布后，我们又依据标准对课程内容和教学方式方法进行了完善。

这是一套定位于语文教师职前培养、适用于语文教师资格证报考者的教材。师范院校是教师成长的摇篮。以往师范生一毕业就直接认证获得教师资格，到2011年这种局面被改变。2011年，全国教师资格政策发生重大变化，由以前的各省自主组织考试改为全国统考，同时《中小学和幼儿园教师资格考试标准（试行）》也颁布。根据试点省份来看，师范生通过全国统考的比例还是高于非师范专业的考生。但教师资格证全国统考制度实行后，师范院校面临着挑战，甚至是一种"危机"。如何保证师范生既能形成专业素养，又能顺利地通过教师资格证全国统考，成了师范院校必须考虑的问题。正是基于这个问题，我们在编写这套教材时，对中学教师资格考试的考试标准以及初中语文教师资格考试大纲进行了仔细的研读，将标准和大纲的要求、考点都尽量包含于教材之中，试图做到学习这套教材，就是在准备初中语文教师资格考试的全国应考。我们充分相信这套教材在这方面的作用是能够得到体现的。

我们编写本套教材的目的是：在实行《中学教师专业标准（试行）》《教师教育课程标准（试行）》，以及在教师资格证全国统考制度背景下，汉语言文学专业的师范生通过学习、使用这套教材，能够形成初中语文教师的基本专业素养，顺利通过初中语文教师资格考试。初衷是美好的，我们也为此做了最大的努力，但是由于编著者学识、水平和视野有限，这套教材肯定存在着很多不足和问题，敬请广大读者批评指正。

"基于标准的教师教育教材（语文）"丛书的编著者分别是：李斌辉教授（《职前语文教师专业发展》）、杨泉良教授（《语文课程标准与教材分析》）、周立群教授（《中学语文教学设计》）、陈斐副教授（《基于语文课程的综合性学习》），丛书主编为李斌辉。

李斌辉

2016年2月22日

—— 前 言 ——

在师范院校从事"语文课程与教学论"教学和研究工作多年，在每届新生的第一节课上，我都会做这样一个"实验"：请愿意以后从教的同学举举手。其结果是，往往只有不超过半数的新生会举手，也就是说，相当多的学生报考了师范院校，却不愿意做一名教师。这是为什么？他们虽然报读师范院校，可是了解"师范"的内涵，了解教师这个职业吗？"实验"还没结束，同样还是这些学生，在他们毕业之前，我同样提出这个问题：请愿意以后从教的同学举举手。结果大跌眼镜：刚入学时有近半数的人愿当教师，可是在师范院校学习四年后，愿意当教师的竟然只有1/3左右，甚至更少。这样的结果与其他研究者关于师范生专业认同的研究调查结论惊人相似。这就不由得我们不去思考：四年学习后，不愿意从教的师范生竟然更多了，其原因何在？我们的教学是否有问题？

针对这种现象，经过调研分析，我们认为对师范生进行专业思想教育，有意识地引导他们"为教而学"是很有必要的。因此，从2005年开始，我们在大一学生中开设了"职前语文教师专业发展"这门课程，初衷就是使刚入学的师范生知道"什么是教师""教师应该具备哪些素质""大学四年该如何为成为教师做准备"。当时这门课程也有很大的对新生进行"入学教育"的成分。课程一经开出就收到了明显效果，当年（2005级）学生在大三选择毕业论文导师时，选报语文课程与教学论方向选题的人数爆满，报考和考上语文课程与教学论方向硕士的学生也大量增加，这种情况从此一直延续。当然，在这一届之后，学生毕业时选择从教的比例也得到较大提高。这些可喜的变化和成绩的取得，虽然很难只归功于"职前语文教师专业发展"这一门课程，但这门课程在其中所起的作用是不容抹杀的。

此后，我们不断在内容和教学方法上对"职前语文教师专业发展"课程进行改进。教育部于2011年颁布《教师教育课程标准（试行）》之后，又颁布《中小学和幼儿园教师资格考试标准（试行）》《中学教师专业标准（试行）》。我们发现，这门课程的开设竟然与这三个标准以及语文教师资格证全国统考的大纲在理念和内容上都有不谋而合之处，这更增强了我们开设好这门课的信心和决心。随后，我们对以上文件进行了仔细的研读，将标准和大纲的要求、考点都尽量融入教学之中，试图做到学习本课程，就是在准备全国统考的初中语文教师资格证考试。从目前的情况来看，效果也是明显的。

本教材全书不追求体例的系统完整，不去构建理论体系，而是从实际出发，为学生成为明日之师打基础，追求的是教师适宜教，学生适宜学；在内容上深入浅出，在表述上平实易懂，主要解决"语文教师是谁（语文教师专业内涵）""谁能成为语文教师（语文教师专业素养）""如何成为语文教师（职前语文教师发展途径）""职前语文教师如何进行专业规划（走向语文教师）"这四个问题。在编写体例上，本书大胆创新。每章都由相关名人名言或相关文件的摘录开始，然后列出"本章学习目标"和"本章核心概念"，再以一个贴切的"导入案例"引入每章的学习内容。章节内容将理论与案例结合，或以案例释理论，或以理论析案例，其中还引入不少的补充材料。在每节末尾，本书还提供"课堂讨论"问题，深化对内容的学习。每章末尾有"本章小结"内容，并配以"思考与练习"。最突出的是，每章的"本章小结"都会设计一个紧扣本章内容的"实践课堂"，设计详细说明活动主题、活动目标、活动步骤，促进学生学以致用、知行结合。每章还有推荐阅读资料，帮助学习者拓宽视野，更好地理解学习内容。

应该来说，本教材不仅适合汉语言文学专业师范生使用，也适合有志于报考语文教师资格证考试的考生使用，对于在职教师提升自身专业素养也有帮助。本教材的编写是建立在众多专家学者的研究，以及一线教师的实践成果之上的。衷心感谢那些我在本书中借鉴、引用、参考过的各类文献资料、案例的作者，尽管我在参考文献中尽量列出引用资料的信息，但仍然难免列举不周。另外，我还要特别感谢广东高等教育出版社周景芳、冯沪萍编辑，两位编辑为本书的出版付出了很多心血。由于编著者学识、水平和视野有限，本教材肯定存在很多不足和问题，敬请广大读者批评指正。

李斌辉

2017 年 3 月 1 日

目　　录 ◆ MULU

应把教育工作视为专门的职业。

——联合国教科文组织和国际劳工组织

教师是履行教育教学职责的专业人员。

——《中华人民共和国教师法》

第一章
语文教师是谁

——认识语文教师：专业发展的起点

亲爱的朋友、同学，教师是除父母之外，对我们影响最大的人。你们也许正在为成为一名语文教师做准备。那么，你们是否想过这个问题：教师是谁？语文教师是谁？请用一句话或几个关键词写下你们对"教师"及"语文教师"的认识，然后与周围的同伴们分享自己的观点。比较看看你们答案的相同点是什么？不同点又是什么？能说说为什么吗？

▶ **本章学习目标**

（1）理解教师是专业人员。

（2）理解语文教师专业发展的内涵。

（3）了解语文教师专业生涯周期。

（4）了解语文教师的职责和任务。

▶ **本章核心概念**

专业　职业　教师专业发展　专业生涯

 **导入案例**

<h2 style="text-align:center">关于"教师是什么"的 N 种认识</h2>

（1）韩愈：师者，所以传道授业解惑也。

（2）培根：教师是知识种子的传播者，是文明之树的培育者，是人类灵魂的设计者。

（3）古代：教师是先生，是仅次于"天地君亲"之后的人；教师是师傅，一日为师，终身为父；教师是孩子王，家有五斗粮，不当孩子王。

（4）夸美纽斯：教师的职务伟大而光荣，是太阳底下最光辉的职业。

（5）普里亚斯和杨（美国学者）：教师是"引路人"；教师是"教学者"；教师是"榜样"；教师是"探索者"；教师是"使人现代化的人"。

（6）教师的隐喻：教师是"春蚕"；教师是"蜡烛"；教师是"梯子"；教师是"渡船"；教师是"辛勤的园丁"；教师是"灵魂的工程师"；教师是"春雨"……

（7）课程改革之后：教师是首席对话者；教师是学者、专家；教师是研究者；教师是反思性实践者……

（8）某学者：教师是代替父母管理孩子的人，一般不被承认是专业人员，专业地位较医生和律师低一些；不苟言笑的特殊人群；喜欢教训他人的一群人，不仅喜欢教训孩子而且愿意教训所有人；这个群体中少数人喜欢挖苦学生；一旦外出听课，心理容易失衡，因为在有些地方这个职业的待遇高得惊人，在另外的地方这个职业的待遇却低得离奇。

（9）某学者：教师是起得较早、睡得较晚的一群人；所有职业都需要出卖某种器官来获得工资与报酬，而这个职业是靠出卖嘴巴与大脑；曾经被流放到乡下参加劳动的中国人；在烛光里微笑一度成为这个职业的时尚生活；曾经是学生的上帝，后来变成第三产业中的服务员。

……

▶ **评析**

对于"教师是谁"这个问题，古往今来，存在无数答案。有人歌颂教师，赞美教师职业，把教师抬高到无比崇高的地位；有人蔑视教师，排斥教师职业，把教师列为"臭老九"。从古到今，没有哪一种职业，会像教师这样充满争议，充满迷雾。那么，如果从法律角度以及这个职业的特点来真正认识教师，教师究竟是谁？《中华人民共和国教师法》明确规定："教师是履行教育教学职责的专业人员。"

欲成为或者成就一名语文教师，先得明了"语文教师是谁"，欲明了"语文教师是谁"，则要弄清楚"教师是谁"。在"教师到底是谁"的问题上，现代教育已经做出了与传统教育完全不同的回答，教师不再被看成是社会的代表、知识的权威与道德的化身，也不仅仅是以教育者的身份出现在教育活动当中，而且是具有自身发展需要的教育生活的实践者。

第一节　语文教师是专业人员

从案例"关于'教师是什么'的 N 种认识"可知，古往今来对教师身份地位的理解存在着差异。在今天，教育被认为是一种专业，从事教育工作的教师已被界定为是"专业人员"。《中华人民共和国教育法》规定："教师是履行教育教学职责的专业人员。"那么，可以这样说："语文教师是从事语文教学的专业人员。"

一、专业与专业化

如何理解"专业人员"的含义，涉及"专业"这个概念，它是理解"语文教师是谁"的前提和基础。

1. 专业的内涵

专业（profession）是指一群人经过专门教育或训练，具有较高深和独特的专门知识与技术，按照一定专业标准进行专门化的处理活动，从而解决人生和社会问题，促进社会进步并获得相应报酬待遇和社会地位的专门职业。专业是社会分工、职业分化的结果，是社会分化的一种表现形式，是人类认识自然和社会达到一定深度的表现。

职业（occupation）是指从业人员为获取主要生活来源而从事的社会工作类别。（参考《中华人民共和国职业分类大典》）

一种职业发展为专业必须符合作为专业的标准。对于专业的标准，学术界有不同的界定，但有以下共同点：①具有不可或缺的社会功能；②有专门的知识与技能；③强调服务的理念和职业伦理；④经过长期的培养与训练；⑤需要不断地学习进修；⑥享有有效的专业自治；⑦形成坚强的专业团体。

2. 专业化的含义

专业化是一个社会学概念，简单地说就是指职业专门化。一种职业要真正成为专业，需经历一个专业化过程。其主要条件包括：形成一套专门知识和技能体系，实施专业教育和专业资格认证制度，规范职业伦理，建立专业组织，等等。那些被社会认可为专业的职业群体，一方面，对社会有不可或缺的功能，从业人员被赋予极大的责任并提出了很高要求；另一方面，从业人员在掌握专业知识和技能、履行社会职责过程中要花费更多的社会必要劳动时间，专业群体拥有更高的社会地位和更多的资源。因此，对于一些新兴职业来说，其专业化的过程就是提升职业群体社会地位的过程。

专业和职业主要有以下 5 个区别。

（1）专业需要系统的知识和复杂的技能，按照科学的理论与技术做事，非专业人员对专业内的事物了解肤浅；职业不需要专门的知识技能，只需按照经验做事。

（2）专业需要接受长时间的专业化训练；职业通过个人的体验和经历积累工作经验。

（3）专业为社会提供的是独特、明确、社会不可缺少的服务，往往被看作是事业；职业往往被看作是谋生手段。

（4）专业需要更新知识、技能，面对变化、创新工作需要复杂的心智、判断等；职业就是不断重复，无须创新，只需服从指挥与要求。

（5）专业与职业相比更难获得从业资格。

 **案例1.1**

你还能知道些什么？

这是一个教师的空间日记，日记中写道：新换了一个热水器，装修师傅在我们正在吃晚饭的时候来安装。他爬上窗台又是给玻璃打洞，又是在墙上钉钉子。安装的过程中，师傅一会儿问我要一个螺丝，一会儿说还缺少一段水管，我说都没有。他就说我开始怎么不准备呢？我说我又不是水电工，我也不知你这热水器该怎么安装，需要什么零件材料，你不准备好，还问我要啊。他见我正端着饭碗吃饭，就说：唉，你除了吃饭，还知道些什么？一听这话我就乐了。我回答他：我不知道这些，所以站讲台，你知道这些，所以爬窗台。我还说：你的工作我一两天就能学会，我的工作估计你没个十年弄不下。这位师傅听完也笑了。

▶ **评析**

我们认为职业、专业无贵贱，这位教师的回答虽说带有玩笑和戏谑的成分，也还是欠妥。不过，这非常形象地揭示出了"职业"和"专业"在某些性质方面的差异。如专业需要接受长时间的专业化训练，职业通过个人的体验和经历积累工作经验；专业需要系统的知识和复杂的技能，按照科学的理论与技术做事，而职业不需要专门的知识技能，只需按照经验做事等。

案例1.2

三个建筑工人的故事

有三个建筑工人在共同砌一堵墙。这时，有人问他们："你们在干什么呀?"第一个头也没抬，不耐烦地说："你没看见吗? 在垒墙。"第二个人抬起头来说："我们当然是要盖一间房子。"第三个人边干活边唱歌，脸上满是笑容地说："我在盖一间非常漂亮的房子，不久的将来，这里将变成一个美丽的花园，人们会在这里幸福地生活。"

十年后，第一个人仍是一名建筑工人；而在施工现场拿着图纸的设计师竟然是第二个工人；至于第三个工人，现在已成了一家房地产公司的老板，前两个工人正在为他工作。

评析

对待一项工作，是把它看成谋生的手段还是将它当作事业来追求，往往会造就不同的未来。其实，对待教育教学工作也是如此。有人把考师范院校、当教师当作谋生的手段，结果"老师越来越难做"。而有人将当教师作为事业，不断进取，越来越愿当教师，而且能取得成就。这实质上是把教师工作当作"职业"还是"专业"的问题。

二、教师是专业人员

西方学者沃金斯和德鲁利的研究成果认为：教师这门职业到了 20 世纪中叶已经发展成一门专业，教师成为专业人员。[①] 目前全球都基本认定教育活动是专业，教师是专业人员。

1. 教师职业有较高的专门知识和技能

作为教师培养机构的师范大学开设的课程为准教师提供了必要的理论知识和实习机会。当今世界各国教师教育，对职前教师培养一般包括三个方面的知识：普通文化知识（自然科学、社会科学、人文科学和艺术、语言学），教育学科知识（教育基本理论、各科教学法、教学实践），学科知识（中小学教学科目如数学、英语等）三大类。教师必须既是"学者"又是"教育家"，不但要明白教什么，而且要掌握怎么教。中小学教师除了精通任教学科的知识与技能，还须了解教育理论、学习与研究教学方法，经过一定时间的见习、实习，才能成为一名合格的教师。教师职业这样的发展方向符合专门职业的标准之一——专业知识和技术。

---

① 宋吉缮. 论教师职业的专业化 [J]. 清华大学教育研究, 2003 (1): 69–75.

补充材料 1.1

美国国家教师专业教学标准委员会的《教师专业标准大纲》

最能明确地正式表达教师专业化标准的文件是美国卡内基基金会的改革委员会组织的美国国家教师专业教学标准委员会（National Board for Professional Teaching Standards）的《教师专业标准大纲》（1989）。它主要包括五个方面的要求：第一，教师接受社会的委托负责教育学生，照料他们的学习。第二，教师了解学科内容与学科的教学方法。第三，教师负有管理学生的学习并做出建议的责任。第四，教师系统地反思自身的实践并从自身的经验中学到知识。第五，教师是学习共同体的成员。这五项标准，概括起来就是：学生、知识、管理、反思和合作。

2. 教师职业有较高的职业道德

服务和职业道德是专业的特征之一。教师职业有专门的职业道德要求。教师职业道德是"教师在从事教育工作过程中形成的比较稳定的道德观念、行为规范和道德品质的总和，它是调节教师与他人、与集体及社会相互关系的行为准则，是一定社会对教师职业行为的基本要求与概括"[①]。教师的职业道德对于正在长大的儿童的心理发展具有重要的影响，也是他们成年后具有较强社会服务意识的主要根源。因此，教师的职业道德是特殊的职业道德，是社会公德的命脉。不同时代，不同国家，对教师职业道德的规范存在差异。

补充材料 1.2

我国中小学教师职业道德规范（2008 年修订）

一、爱国守法

热爱祖国，热爱人民，拥护中国共产党领导，拥护社会主义。全面贯彻国家教育方针，自觉遵守教育法律法规，依法履行教师职责权利。不得有违背党和国家方针政策的言行。

二、爱岗敬业

忠诚于人民教育事业，志存高远，勤恳敬业，甘为人梯，乐于奉献。对工作高度负责，认真备课上课，认真批改作业，认真辅导学生。不得敷衍塞责。

---

① 王正平. 教师伦理学［M］. 上海：上海人民出版社，1988：3.

三、关爱学生

关心爱护全体学生，尊重学生人格，平等公正对待学生。对学生严慈相济，做学生良师益友。保护学生安全，关心学生健康，维护学生权益。不讽刺、挖苦、歧视学生，不体罚或变相体罚学生。

四、教书育人

遵循教育规律，实施素质教育。循循善诱，诲人不倦，因材施教。培养学生良好品行，激发学生创新精神，促进学生全面发展。不以分数作为评价学生的唯一标准。

五、为人师表

坚守高尚情操，知荣明耻，严于律己，以身作则。衣着得体，语言规范，举止文明。关心集体，团结协作，尊重同事，尊重家长。作风正派，廉洁奉公。自觉抵制有偿家教，不利用职务之便谋取私利。

六、终身学习

崇尚科学精神，树立终身学习理念，拓宽知识视野，更新知识结构。潜心钻研业务，勇于探索创新，不断提高专业素养和教育教学水平。

▶ **补充材料1.3**

美国的教师职业道德

（1）记住学生姓名。

（2）注意思考以往学校对学生的评语，但不持有偏见。

（3）对学生真诚相待，富于幽默感，力争公道。

（4）要言而有信，不能对同一错误行为采取今天从严、明天从宽的态度。

（5）不得使用不能实施的威胁性语言。

（6）不得因少数学生的越轨而责备全班学生。

（7）不得当众发火。

（8）不得在大庭广众之下让学生丢脸。

（9）注意听取学生的不同反映，但同时也应有自己的主见。

（10）要对学生以礼相待。

（11）不要与学生过分亲热或过分随便。

（12）不要使学习成为学生的精神负担。

（13）在处理学生问题时如有偏差，应敢于承认错误。

（14）避免与学生公开争论，应个别交换意见。

（15）要与学生广泛接触，互相交谈。

（16）少提批评性意见。

（17）避免过问或了解学生们的每个细节。

（18）要保持精神饱满，意识到自己的言谈举止都会影响学生的行为。

（19）要利用电话等手段与学生家长保持联系。

（20）在处理学生问题时，要注意与行政部门保持联系。

（21）要严格遵守学校规章制度。

（资料来源：美国国家教育协会官方网站）

3．教师职业需要长时间的专门训练

早在 1904 年，杜威就提出当师范教育被视为一种专业领域时，就必须把它看成是一种一生的专业发展形式，它与其他专业领域的训练有着同样重要的共同特征。现在，国际上培养教师的任务是由高等教育机构承担的。美国各州教师的学历水平都规定为大学学历，有些还要求硕士学位。美国教师的培养训练过程的基本要求是 5 年，并且这一要求已经有 40 多年的历史了。如果是美国一般大学的毕业生，必须要经过一年的进修和资格证考试，通过资格证考试后，才能从事教师职业。日本、韩国等国家的所有教师培养过程为 4 年，而在中国，初中教师或小学教师的培养过程为 2～3 年，高中教师则要求经过 4 年的培养过程。教师在其正式入职前还需经过正式的进修阶段，如教育实习。教育实习在一些发达国家长达一年。在我国，依据教育部颁布的《教师教育课程标准（试行）》，师范生的教育实践时间须达到18 周。

4．教师职业需要不断的学习进修

教师在经过职前培养后，进入真正的职业活动。从这时开始，教师在其职业生涯中必须继续学习。政府根据社会的发展变化对教育目标和计划进行改革，学生的课程和教学方法也要随之进行改革。教师要适应学生全面、不断的发展，须不断完善自己的专业技能，不断进修，并将教育理论和研究成果运用到教学实践当中去。教师的学习进修一是体现为教师的高学历化，二是体现为教师学习的终身化。当前对教师的培养（教师教育）分三个阶段：职前教育、入门教育和在职教育。在职教育属于教师的终身学习。"今天，这三个阶段被分别看成是一个连续的教育和培训，其目的主要在于提高他们的专业知识水平、技能以及态度，以便有效地从事教育工作。"[1]

5．教师职业的自主权

从某种意义上说，教师具有相当高的自主性。依我国现行教育法律和行

---

[1] 邓金．培格曼最新国际教师百科全书［M］．北京：学苑出版社，1989：630．

政法规的规定，教师享有以下权利：①教育教学权；②开展科学研究和学术活动权；③管理学生权；④获取报酬待遇权；⑤民主管理权；⑥进修培训权。教育机构"拒绝任何组织和个人对教育教学活动的非法干涉"。联合国教科文组织文件《关于教师地位的建议》中提到教师专业自主权包括职业自由和教师权利两方面。前者包括：教师在履行职责上享有学术自由，有资格对最适合于学生的教具及教法做出判断，在选择和使用教材、选择教科书以及运用教育方法方面起主要作用；教师及教师专业组织应参加新的课程、教科书及教具的开发工作；任何领导监督制度都不得损害教师的自由、创造性和责任；教师有权利对自认为不恰当的工作评定提出申诉；教师可以自由采用自认为有助于评价学生进步的成绩评定技术等。后者包括：教师参加社会生活及公共生活应受到鼓励；教师可自由行使市民所普遍享有的一切权利，并有担任公职的资格；当其公职任期终了后，可以重返以前或与此相等的职位等。

6. 教师有专业组织

欧美国家的教育专业团体，虽未能像医师、律师组织一样发展到完善、有力，有权规定专业人员的人数及资格、接纳新会员及开除违规会员的阶段，但也有美国教育协会、美国教师教育学院协会、英国全国教师联合会、澳大利亚教师联合会、加拿大教师联合会、日本教职员工会等国家教师组织。各国教育专业组织的基本功能是：维护和发展高度的教育标准、高度的专业标准、高度的社会服务、高标准的教师工作环境。教育专业组织的活动范围主要包括：出版、研究、教师权利、公共关系、立法、专业发展、工作环境、教师福利等。除各国的教师组织以外，1952 年，世界教育工作者组织、国际教师协会联合会、国际中学教师联合会合并组成"世界教育工作者组织联合会"，其宗旨包括：促进国际间教师相互理解和友好愿望的实现；改进教学方法、教育机构以及教师的专业训练和学术准备；维护教师职业的权利、物质利益和道德原则；进一步密切各国教师间的关系。正式会员有来自 95 个国家的 149 个全国性教师组织。①

如上所述，教师职业已经具备成为专门职业的条件。从实际情况看，教师的各种教育教学活动也已经在一定程度上达到了专门职业的特征要求。而且，现代教育本身的发展对教师的要求与这种专门职业的标准要求非常一致。如：教师为社会提供的服务在现代社会中日益重要；教育理论知识与技术日益系统化；教师专业训练的年限、程度日益提高；教师任用资格与在职

① 教育大辞典编纂委员会. 教育大辞典：第 2 卷［M］. 上海：上海教育出版社，1990：133.

进修日益制度化、法律化；教师拥有的专业自主权有适度的保证；社会对教师职业道德的要求越来越高；教师的经济待遇和职业声望正在提高等。正因如此，"在当代教师教育中，教师作为专业人员的概念，得到了广泛而普遍的支持"①。

▶ **补充材料1.4**

教师对教师职业的认识

在问到"你认为中小学教师是职业、专业、事业"时，选"职业"的占49.4%，选"事业"的占46%，而选专业的只有35人，占3%！这里，调查者对"职业""事业""专业"的界定是："职业"与生计或谋生相连，"事业"与自我价值的实现相连，"专业"则与工作的科学素养相联。上述统计说明，有将近一半的教师仅仅是将自己所从事的教师工作作为养家糊口的手段，作为谋生的一种职业，鲜有将之作为专业看待的认识与追求。

（资料来源：鲍东明. 中小学师生关系大调查（1998—1999）［N］. 中国教育报，2007 - 07 - 07.）

三、教师专业化的进程和意义

一种职业要真正成为专业，需经历一个专业化过程。教师职业也是如此。

1. 教师专业化的进程

教师职业的专业化并非一蹴而就，而是经历了漫长的过程。

教师职业的产生晚于教育的产生。人类社会初期，教师还没有成为独立职业，但教育活动已产生。我国古籍所载的伏羲氏教民以猎、神农氏教民耕种的传说，表明原始社会早期是原始部落的首领或有生产经验的人承担了教师的职责。原始社会生产与生活中的观察模仿，原始教育中的庠、青年之家等，都是长者为师、能者为师。奴隶社会，当教育从生产劳动与日常生活中分离出来，产生了专门的教育机构——学校后，虽然有了专门从事教育活动的教师，但多是"以吏为师""以僧为师"，教师是社会官吏或僧侣兼做的一种工作。在学校产生后相当长的一段时间里，教师并非专职，教师职业没有成为一种独立的社会职业，更没有培养教师的专业教育机构。之后私学或书院兴起，其中的教书先生与讲学的学者，虽以教书为谋生手段，也只是因其掌握较多的文化知识，并不具有从教的专业技能。从奴隶社会到封建社

---

① 刘捷. 教师专业化研究导论［D］. 北京：北京师范大学，2001.

会，社会的总体教育程度很低，能接受教育的人数由于阶级社会的等级制度而极为有限，私学虽有，但为数寥寥。因此，当时教师职业的专业化程度十分有限，从事教师职业的人数也屈指可数。

教师职业由兼职发展到独立，一方面是社会发展推动的结果，另一方面则是由于社会发展而带来的独立师范教育的诞生。1681 年，法国天主教神甫拉萨尔创立世界上第一所师资训练学校，成为独立师范教育的开始。1695 年，德国法兰克在哈雷创办了一所师资养成所，施以师范教育，成为德国师范教育的先驱。1795 年，法国巴黎设公立师范学校，1810 年设立高等师范学校；1832 年，法国颁布统一的师范学校系统，统一隶属中央；1833 年的《基佐法案》明确规定各省均设师范学校一所。19 世纪 70 年代到 90 年代，世界许多国家颁布法规设立师范学校，中国也是在这个时代，即 1897 年创立了以专门培养教师为主的师范学校。

20 世纪初期，教育是否能成为专业引起教育界和学术界的重视，业界围绕教师的专业属性问题进行了讨论。当时基本上认为由于教师工作的复杂性、混沌性、不确凿性等特性，教师不能像医师、律师那样有明确的专业领域的"知识基础"。也就是说，只能把教师职业视为一种"半专业""准专业"（semi-profession），或是"中位专业"（middle-status profession）。①

20 世纪中叶，世界主要发达国家的基础教育普及基本完成，教师需求总量萎缩，质量要求提高，教师职业逐渐成为令人羡慕的社会职业。在多方面因素的相互作用下，独立设置的师范教育机构开始逐渐减少，曾经在训练教师的历史上起过举足轻重作用的师范院校逐渐并入文理学院，教师的培养任务改由综合大学的教育学院或师范学院承担。以独立设置的师范院校为主体的师范教育体系开始被师范院校、综合大学等多种教育机构共同参与教师培养的教师教育体系所取代。

也是在这个时候，英美国家师范教育界提出"教师专业化"的概念，这一概念迅速被欧美教育界接受。1966 年联合国教科文组织和国际劳工组织提出《关于教师地位的建议》，首次以官方文件的形式明确"应把教育工作视为专门的职业"。而在这之前，教师一直被认为是一种"人人可以胜任"的职业。日本于 1971 年中央教育审议会通过的《关于今后学校教育的综合扩充与调整的基本措施》中指出，"教师职业本来就需要极高的专门性"，强调应当确认、加强教师的专业化。美国于 20 世纪 70 年代中期提出教师专业化的口号，以提高公共教育质量，推动教学成为真正的专业。1976 年美国教

---

① 钟启泉. 教师"专业化"：理念、制度、课题 ［J］. 教育研究，2001（12）：12－16.

师教育大学联合会报告预言，教学能够并将自我实现为专业，同时激励为此做出专业的和有组织的努力。

20世纪80年代，教师专业发展日趋成为人们关注的焦点和当代教育改革的中心主题。1986年，霍姆斯小组在《明天的教师》报告中将教学从行业转换成专业作为自己的目标；同年卡内基教育促进会发表了《国家为21世纪准备教师》的报告。这两份重要的报告都提出要确立教师的专业地位，培养教师达到专业化的标准，进而提高教师教育质量。1989—1992年，经济合作与发展组织（OECD）相继发表一系列有关教师及教师专业化的研究报告——《教师培训》《学校质量》《今日之教师》《教师质量》等。1996年，联合国教科文组织召开第45届国际教育大会，提出"在提高教师地位的整体政策中，专业化是最有前途的中长期策略"。

我国在20世纪30年代就对教师职业成为专业展开过讨论。在1932年国民政府颁布的《师范学校法》中就提出："时至今日，教师不独是一种职业，并是一种专业，其性质与医生、律师、工程师等相类似"，"教师地位日益提高，师范教育日益重要"。20世纪八九十年代以后，"教师是专业工作者"的声音逐步在我国增强，并且得到法律的认可，1994年颁布的《中华人民共和国教师法》确立教师作为"履行教育教学职责的专业人员"，将我国教师的专业权力扩展到了教学改革、科学研究、学术自由、民主管理等方面，并首次提出"国家实行教师资格制度"，从法理上确立了教师的资格、聘任、培养、培训、考核等一套法律制度。这是我国教师专业权力和职业性质的重大突破，它不仅标志着我国教师的劳动性质发生了根本意义上的变化，也表明教师的角色开始从传统的教书匠转变为从事教育教学工作的专业工作者。1995年国务院颁布《教师资格条例》，试点实施教师资格制度。1998年，在北京召开的"面向21世纪师范教育国际研讨会"明确指出："当前教师教育改革的核心是教师专业化问题。"2000年9月教育部颁布《〈教师资格条例〉实施办法》，教师资格制度开始全面实施。2012年2月，教育部下发《关于印发〈幼儿园教师专业标准（试行）〉〈小学教师专业标准（试行）〉和〈中学教师专业标准（试行）〉的通知》（教师〔2012〕1号），教师专业标准建立。它是新中国成立以来第一个明确教师专业要求，健全教师专业管理制度的政策性文件。2012年9月，《国务院关于加强教师队伍建设的意见》颁布，要求全面实施教师资格全国统一考试和教师资格证定期注册制度。

2. 教师专业化的意义

第一，教师专业化提高了教师社会地位、经济待遇和社会声望。一般来讲，一种职业从业人员的专业化发展水平和程度与该职业从业人员的社会地位、经济待遇和社会声望有着直接的关系。所从事职业的专业化程度越高，该职业的社会地位、经济待遇和社会声望就越高。从这一社会现实和规律来说，教师专业化对解决我国长期以来教师的社会地位和经济待遇偏低等问题，是有现实意义和针对性的。

第二，教师专业化能提高教师自身素质。教师整体素质不高会成为阻碍教育改革发展、教育质量提高和素质教育实施的"瓶颈"。尽管提高教师素质的途径和手段是多方面的，但其中根本的一个方面还是要认识并确定教师职业的专业性，并采取综合措施促进教师专业化的发展。

第三，教师专业化提高了学校教育教学质量。学生的未成熟性，教师的地位、作用和教育教学的特点等决定了提高学校教育教学质量的关键在教师，在于教师在教育教学实践过程中主体性地位的提升，而教师专业化发展的过程即教师自身素质提高和发展的过程。

第四，教师专业化使教师职业生命持续发展。作为一名教师，要想保持自己优秀教学的生命永远长青，唯一的办法就是学习，就是专业进修。这一切都需要我们的教师教育改变以往工匠式的培养方式，要以一种革新的方式把教师教育纳入全新的专业化训练框架之中，从而为教师，为高等师范教育赢得新的发展空间。

课堂讨论：你怎样理解教师是一种专业，教师是专业人员？这与你之前的认识有何异同？你认同"教师是专业人员"这样的观点吗？

第二节　语文教师的职责和任务

语文教师是从事语文教学的专业人员，那么他的职责和任务是什么，也就是说，作为专业人员，语文教师应做什么？对于这个问题的解答，我们可从古往今来对教师的隐喻的视角、从法律赋予教师的权利和义务的角度，以及作为语文学科的任务来讨论。

一、教师隐喻中的教师职责和任务

古往今来，对教师有着无数的隐喻，透过这些隐喻，我们可以发现社会在某个阶段对教师角色和身份的认识，以及赋予教师职责和任务的期待，有助于更好地了解"教师是谁"这个难题。

1. "教师是蜡烛"

"教师是蜡烛"这一隐喻，一方面体现了教师的无私奉献和给予精神，也反映了一种重要的师生关系，即生重于师。光是有方向的，光总是朝着一定的目标照；而作为教师的光只能跟着学生走，围着学生转。"蜡烛"的隐喻另一方面忽视了教师的持续学习与成长，淡漠教师的内在尊严与劳动的快乐。它给教师的定位太高，几乎将教师抽象为一种"圣人"，但教师的地位不高，似乎教师只能靠燃烧自己来完成其工作职责。

教师不仅要把自己的光照到需要光的地方，而且需要不断充电。因此，与其把教师比喻为蜡烛，不如比喻为长明灯，为学生的发展和自己的成长而不断充电，于人于己都受益无穷。教师也是自然的人，也要重视自己的生活发展，也可以生活得有滋有味，有自己的情感和兴趣爱好。

2. "教师是工程师"

"教师是人类灵魂的工作师"，据说语出苏联教育家加里宁，在此之前，英国哲学家弗兰西斯·培根也说过类似的话："教师是知识种子的传播者，文明之树的培育者，人类灵魂的设计者。"这一隐喻包含了丰富而复杂的内涵。一方面，它表明教师从事的是一项非常崇高的事业，目的是塑造学生的灵魂。因为只有人才有灵魂，因此教师的职责是育"人"，注重学生的心灵发展，而不仅仅是向学生灌输知识和能力。但教师是"工程师"，反映的是一种工业模式，似乎学生是一块没有生命、任人摆布的钢铁，可以任工程师按照自己的蓝图塑造成产品。另一方面，"灵魂"这个概念将教师提升到一个神圣的境地，似乎教师是一个万能的上帝，可以按照自己既定的方案塑造学生的精神。"工程师论"隐喻暗示了一种固定、统一的质量标准。教育被视作为一个大工厂，教师是工厂里的工程师，学生是被批量生产的、规格整齐划一的产品，教师在从事教育之前就已经有了一张事先设计好的蓝图。

教育是活生生的生命与生命之间的对话，学生在与教师和其他学生的交往中会生成新型的人格，而不是没有生命的、事先被规定好规格的产品。学生是具有灵性的人，其灵魂所需要的不是被"塑造"，而是被"唤醒""激发""升华"。与其说教师是"人类灵魂的工程师"，不如说教师是"人类灵魂的唤醒者"。

3. "教师是园丁"

这个隐喻反映的是一种农业模式，认为学生像种子，有自己发展的胚胎和自然生长的可能性，但需要教师来浇水、培土。与"工程师论"相比，"园丁论"更加重视学生的生长性，既考虑了学生发展的共同规律（可生长性），又照顾了学生个体发展的差异性（每一颗种子可能开出不同的花儿）。同时，这个模式也考虑到了教育的过程性，而不仅仅是结果。教育学生就像是培育花朵，需要经常、定时地浇水、施肥、松土。然而，"园丁论"隐含着学生的发展类型和阶段基本上是不变的，教师的作用只是辅助其生长。园丁无论多么努力浇水施肥，都无法将一株玫瑰培育成一棵紫荆；他们能够做的就是顺其自然，使这株玫瑰长得枝繁叶茂。而且，学生与花儿一样，其发展是有阶段性的：如果前一阶段发育不良，下一阶段将很难弥补。但心理学人格发展理论以及生活经验表明，人在发展阶段的过失是可以修复的，"大器晚成""浪子回头"都说明了这一点。

教育是一个充满不确定性的过程，需要教师运用自己的智慧去面对很多事先无法预料的新问题，与其把教师比喻为园丁，不如比喻为太阳。教师是太阳，是一个充盈的、热情的、开朗的、充满了光和热的载体。它的情怀和快乐在于奉献，把付出作为自己最大的幸福，而不是索取。教师是有自己的生命的，正是因为他们有自己的生命，像太阳一样有自身的充盈，才能够慷慨地给予。太阳有永恒的光和热，能给天地万物提供温暖和阳光，使种子发芽、成长，使世上所有有生命的东西都成为生命的独立体。教师可以为学生的发展播下光和热，使学生变得强健有力、自强自立，完成自身生命的追求。

4. "教师要有一桶水"

"教师要给学生一碗水，自己要有一桶水"这一隐喻强调的是教师知识和能力的必要储备，对教师的职业能力提出了很高的要求。然而，在教育理念上，它强调教师要"给"学生一碗水，自己首先要有一桶水，这是一种"灌输"。教师的作用就是要"给"学生"灌"知识，而且这种"灌"采取的是从上往下"倒"的姿势。教师的桶和学生的碗里装的都是"水"，教师倒给学生的知识没有经过学生本人的处理。"一桶水"的隐喻反映的是一种应试教育的模式，学生被当成被动的容器，被教师注入知识，然后在考试的时候再原样倒出来。这一隐喻也没有考虑到学生作为独立学习者和终身学习者的能力和条件，似乎学生从老师的桶中接到的水可以够自己一辈子使用。如果教师在教学中坚持"桶论"，将很难使自己的学生"青出于蓝而胜于蓝"。

一个有自知之明的、充满自信的教师应该告诉自己的学生：我这里没有一桶水倒给你们，你们都得拎上自己的装满水的桶来，和我桶中的水相互倒，这样我们大家就能倒出一大盆水。教师和学生的关系应该是共同学习、相互促进、教学相长的关系，教师并不是万能的上帝，不可能无所不知。与其期待教师时刻有一桶水往学生的碗里倒，还不如把教师当成一个帮助学生挖掘泉水的人。学生就是一眼泉，一眼取之不尽、用之不竭的泉，而教师就是引导发掘泉水的人，使泉水喷涌而出，永不停息。教师应该从"倒水人"

变成"挖泉人"，为具有不同个性的学生的终生发展出一镐之力。①

补充材料 1.5

教 师 宣 言

我不愿/我不愿做吐丝自缚的春蚕/当我是一棵树吧/繁茂茁壮/蔽荫了一群又一群人，也/伸展我自己

我不愿/我不愿做迎风流泪的红烛/当我是一颗太阳吧/永远地燃烧/照亮了别人，也/辉煌我自己

我不愿/我不愿做默默无闻的石子/当我是一座山吧/快攀上来/我抬起了你，也/长高了自己

是的！我——不——愿/我不愿燃烧与毁灭接踵/我不愿奉献与贫寒相连/我不愿牺牲与辛酸携手/我不愿奋斗与埋没相伴/如果挥洒热血却得不到回应/我宁肯明朝采薇青山/如果搏击风浪却无人喝彩/我宁愿解缆散发扁舟江南

但/只要我听到，只要我听到/孩子们的呼唤/我情愿/流着泪踏上三尺讲台/滴着血重新握起教鞭/是的，我来了/我心甘情愿！

（资料来源：王宗勇. 教师宣言［J］. 山东教育，2001（7）.）

二、法律角度的教师职责

教师隐喻中的教师职责和任务，多是从道德的高度去要求教师，其标准一般指向教师"应然"做什么。其结果经常是强调教师的义务，而忽视教师的权利，教师职责和任务无限扩大。因此，从法律角度对教师的权利和义务进行界定就非常有必要了。

教师权利，是指教师在教育教学活动中依法享有的权益，是国家对教师能够做出或不做出一定行为，以及要求他人相应做出或不做出一定行为的许可与保障。法律上的教师权利包括教师实施某种行为的权利以及要求义务人履行义务的权利。当教师的权利受到侵害时，有权诉诸法律，要求确认和保护其权利。

《中华人民共和国教育法》规定，教师享有法律规定的权利。1993 年颁布的《中华人民共和国教师法》对此做了具体规定，教师享有以下 6 项基本权利。

---

① 陈向明. 教师的作用是什么：对教师隐喻的分析［J］. 教育研究与实验，2001（1）：13－19.

1. 进行教育教学活动，开展教育教学改革和实验

这是教师的最基本权利，简称教育教学权。教师有权依据其所在学校的教学计划、教育工作量等具体要求，结合自身教学特点自主地组织课堂教学；有权依照课程标准的要求确定其教学内容、进度，不断完善教学内容；有权针对不同的教育教学对象，在教育教学的形式、方法、具体内容等方面进行改革和实验。任何人不得非法剥夺在聘教师行使这一基本权利。

2. 从事科学研究，进行学术交流，参加专业的学术团体，在学术活动中发表意见

这是教师作为专业技术人员所享有的一项基本权利，简称科学研究权。教师在完成规定的教育教学任务的前提下，有权进行科学研究、技术开发，撰写学术论文，著书立说；有权参加有关的学术交流活动，参加依法成立的学术团体并在其中兼任工作；有权在学术研究中发表自己的学术观点，开展学术争鸣。教师在行使此项权利时，要注意处理好教学与科研的关系，使之相辅相成，更好地提高教育教学质量。

3. 指导学生的学习和发展，评定学生的品行和学业成绩

这是与教师在教育教学过程中的主导地位相适应的一项基本权利，简称管理学生权。教师有权根据教育规律和学生的身心发展特点和教育规律，因材施教，有针对性地指导学生的学习，并在学生的升学、就业等方面给予指导；有权对学生的思想品德、学习、文体活动、劳动等方面给予客观公正的评价；有权运用正确的指导思想和科学的方式方法，使学生的个性和能力得到充分发展。

4. 按时获取工资报酬，享受国家规定的福利待遇以及寒暑假期的带薪休假

这是教师的基本物质保障权利，简称获取报酬待遇权。教师的工资报酬，一般包括基础工资、职务工资、课时报酬、奖金、教龄津贴、班主任津贴及其他各种津贴在内的工资性收入。福利待遇主要包括教师的医疗、住房、退休等方面的各项待遇和优惠，以及寒暑假期的带薪休假。教师有权要求所在学校及其主管部门根据国家法律法规、教师聘任合同的规定按时足额地支付工资报酬，有权享受国家规定的福利待遇。

5. 对学校教育教学、管理工作和教育行政部门的工作提出意见和建议，通过教职工代表大会或者其他形式，参与学校的民主管理

这是教师参与教育管理的民主权利，简称民主管理权。教师有权通过教职工代表大会、工会等组织形式及其他适当方式，参与学校民主管理，讨论学校改革、发展等方面的重大事项，保障自身的民主权利和切身利益，推进学校的民主建设。教师在行使民主管理权时，应注意遵循民主集中制的原

则，并充分发挥自己对学校、教育行政部门工作的监督作用。

6. 参加进修或者其他方式的培训

这是教师享有的继续教育的权利，简称进修培训权。现代社会和科技的飞速发展，要求教师及时更新知识，不断提高自身素质。教师有权参加进修或其他多种形式的培训，以提高思想政治觉悟和业务水平。教育行政部门、学校及其他教育机构，应采取多种形式，开辟多种渠道，努力为教师的进修培训创造有利条件，切实保障教师权利的实现。教师培训权的行使，要在完成本职工作的前提下有组织有计划地进行，不得影响正常的教育教学工作。①

三、法律角度的教师义务

所谓教师的义务，是指依照法律规定教师从事教育教学工作必须履行的责任，表现为必须做出或不做出一定行为。1993 年颁布的《中华人民共和国教师法》指出："教师是履行教育教学职责的专业人员，承担教书育人，培养社会主义事业建设者和接班人、提高民族素质的使命。教师应当忠诚于人民的教育事业。"可见，教师的职责就是教育教学，任务就是教书育人。《中华人民共和国义务教育法》规定："教师应当热爱社会主义教育事业，努力提高自己的思想、文化、业务水平，爱护学生，忠于职责。"1993 年颁布的《中华人民共和国教师法》第二章第八条专门对教师义务做了具体规定。

1. 遵守宪法、法律和职业道德，为人师表

宪法和法律是国家、社会组织和公民活动的基本行为准则。任何组织和公民都必须遵守。教师要教书育人，就应模范地遵守宪法和法律，而且要在教育教学工作中，自觉培养学生的法制观念和民主精神。教师职业是一种专门化的职业，有着自身的职业道德准则，教师应当自觉遵守职业道德。我国2008 年发布的《中小学教师职业道德规范》，明确规定了中小学教师应当遵守的职业道德准则。教师担负着培养下一代的任务，对学生的成长有着重要影响，所以教师要言传身教、为人师表。

2. 贯彻国家的教育方针，遵守规章制度，执行学校的教学计划，履行教师聘约，完成教育教学工作任务

教师在教育教学活动中，应当全面贯彻国家教育方针，自觉遵守教育行政部门和学校及其他教育机构制定的教育教学管理的各项规章制度，认真执行学校依据国家规定的课程标准、教学计划或教学基本要求制定的具体教学

---

① 汪国伦. 试析我国教师应当享有的权利和履行的义务［J］. 西华师范大学学报（哲学社会科学版），2004（6）：155－157.

计划，严格履行教师聘任合同中约定的教育教学职责，完成规定的教育教学任务，保证教育教学质量。

3. 对学生进行宪法所确定的基本原则的教育和爱国主义、民族团结的教育，法制教育以及思想品德、文化、科学技术教育，组织、带领学生开展有益的社会活动

这是对教师教育教学工作内容方面的全面规范。教师应结合自身教育教学业务特点，将思想品德教育贯穿于教育教学过程之中。对学生进行思想品德教育是每一位教师的基本义务。教师应当有意识地对学生进行爱国主义教育、民族团结教育、法制教育、文化科学技术教育，弘扬中华民族优良传统，引导学生逐步树立科学的人生观和世界观，教育学生热爱祖国，爱人民、爱劳动、爱科学、爱社会主义，把学生培养成为有理想、有道德、有文化、有纪律的社会主义新人。在德育教育的形式和方法上，应注意根据学生身心发展的特点，采用灵活生动的形式，注重实效，反对形式主义。

4. 关心爱护全体学生，尊重学生人格，促进学生在品德、智力、体质等方面全面发展

人格尊严是宪法赋予公民的一项基本权利。教师要关心爱护全体学生，对学生应一视同仁，不因民族、性别、残疾、学习成绩等因素歧视学生，尤其是对那些有缺点的学生，教师应给予特别关怀，要满腔热情地教育指导，绝不能采取简单粗暴的办法，不能侮辱、歧视学生，不能体罚或变相体罚学生，不能泄露学生隐私。因污辱学生影响恶劣或体罚学生经教育不改的，应依法承担相应的法律责任。

5. 制止有害于学生的行为或者其他侵犯学生合法权益的行为；批评和抵制有害于学生健康成长的现象

保护学生的合法权益和身心健康成长，是全社会的共同责任。教师自然更应负有此项义务。教师履行此项义务具有特定的范围，主要是制止在学校工作和与教育教学工作相关的活动中，侵犯其所负责教育管理的学生合法权益的违法行为；批评和抵制社会上出现的有害于学生身心健康成长的不良现象。

6. 不断提高思想政治觉悟和教育教学业务水平

教育教学工作是一项专业性较强的工作，担负着提高民族素质的使命，这就要求教师具有较高的思想觉悟和业务水平。这也是社会进步和科学技术发展对教师提出的要求。教师应加强学习，调整知识结构，不断提高思想政治觉悟和教育教学业务水平，以适应教育教学的实际需要。

教师的基本权利、义务基于教育活动产生，由教育法律规范所设定，是一种职业特定的法律权利和职业特定的法律义务，它们之间是对立统一、相互依存的关系。"没有无义务的权利，也没有无权利的义务"，教师既是权利

的享有者，又是义务的承担者，因此应正确行使自己的权利，严格履行自己的义务。

四、语文教师的职责和任务

作为公民和教师，语文教师应该承担法律所规定的公民、教师应该承担的义务。但语文教师的专业领域是语文学科，任何学科都有自己的性质和特点，以及该学科的教学目标，因此，语文教师还必须在语文学科领域内完成自己的职责和任务。依据语文学科的性质和目标，可以用一句话来概括语文教师的职责和任务，那就是"全面提高学生的语文素养"。

《义务教育语文课程标准（2011 年版）》[①] 在前言导语中提到：语文课程致力于培养学生的语言文字运用能力，提升学生的综合素养，为学好其他课程打下基础；为学生形成正确的世界观、人生观、价值观，形成良好个性和健全人格打下基础；为学生的全面发展和终身发展打下基础。语文课程对继承和弘扬中华民族优秀文化传统和革命传统，增强民族文化认同感，增强民族文化认同感，增强民族凝聚力和创造力，具有不可替代的优势。

课程标准在对语文课程的性质进行界定时指出：语文课程是一门学习语言文字运用的综合性、实践性课程。义务教育阶段的语文课程，应使学生初步学会运用祖国语言文字进行交流沟通，吸收古今中外优秀文化，提高思想文化修养，促进自身精神成长。工具性与人文性的统一，是语文课程的基本特点。

而在课程理念方面，课程标准再次提到：九年义务教育阶段的语文课程，必须面向全体学生，使学生获得基本的语文素养。语文课程应激发和培育学生热爱祖国语言文字的思想感情，引导学生丰富语言积累，培养语感，发展思维，初步掌握学习语文的基本方法，养成良好的学习习惯，具有适应实际生活需要的识字写字能力、阅读能力、写作能力、口语交际能力，正确运用祖国语言文字。语文课程还应通过优秀文化的熏陶感染，促进学生和谐发展，使他们提高思想道德修养和审美情趣，逐步形成良好的个性和健全的人格。

可见语文课程的最终目标就是发展学生的语文素养。根据课程标准对语文素养的描述，语文课程标准研制者对"语文素养"做了进一步的界定："语文素养"是指学生在语文方面表现出的"比较稳定的最基本的适应时代发展要求的学识、能力、技艺和情感态度价值观"，具有工具性和人文性统

---

① 中华人民共和国教育部. 义务教育语文课程标准（2011 年版）[S]. 北京：北京师范大学出版社，2012.

一的丰富内涵。① 我们可将语文教师"全面提高学生的语文素养"的职责和任务分解为以下几种。

1. 教授学生语文知识

教育是知识筛选、传播、分配、积累和发展的重要途径；知识又是教育的重要内容和载体，离开了知识，教育就成了无米之炊。语文知识是语文素养发展的基础。语文知识涉及语言学的知识、文章学的知识、文学知识、文化知识等。语文知识虽不能直接转化为语文能力，但良好的知识结构有利于学生在具体的情境中活学活用，可以为语文能力的形成提供巨大的帮助和支持，没有知识，语文能力的培养将是低效甚至无效的。但是，语文教师在教授语文知识时，应遵循"精要、有用、好懂"的原则，不能将语文课上成"语言学"课。

2. 培养学生语文能力

语文能力就是理解和运用祖国语言文字的能力，要求理解所呈现的口头语和书面语的内容，并用口头语和书面语表情达意。语文能力是语文素养的核心，是语文素养的外在显现。语文教学应该在语文实践中培养学生听说读写的基本技能，让学生学会运用多种阅读方法和常见的语言表达方式，掌握常用的思维方式，善于把自己独特的思维结果用规范的语言进行加工和表述，初步具备收集和处理信息的能力；能依据不同的语言材料和交际场所适当地使用语言，在量的积累的基础上形成质的提高，即良好语感的形成。

3. 帮助学生养成语文习惯

语文学习习惯是积久形成的学习语文的方式，这些方式无外乎就是识字、阅读、写作和口语交际。良好的语文学习习惯可以开启语文素质之门，是全面提升学生素质的金钥匙，因此语文教师应注重学生良好语文学习习惯培养的研究，并把它落到实处。语文的学习也是一个学习习惯培养的问题，良好的语文学习习惯的养成，可以挖掘出学生的智力，激发学生学习的潜能，提高学习效果。而学好了语文，也可以为其一生的其他学习打下基础。

4. 发展学生人格

学生具有完满的人格，是语文素养的一个重要方面。语文课程具有工具性和人文性。语文教学不能单纯地停留在语文知识的识记和技能的训练上，语文课程的人文特质要求语文教学应担负起人文教育的使命。语文教师应从教育理念的转变、教学内容的恰当处理、改进教学方法和改善师生关系等方面改善语文教学，培养学生的人文精神，实现对学生情感、态度与价值观的

---

① 巢宗祺. 关于高中语文课程改革基本理念的问答［J］. 语文建设，2004（4）：75－77.

熏陶和潜移默化，促使学生全面健康发展。语文教学只有把知识传授、能力培养与人格塑造相结合，才能够使语文教学更加有深度，也更能彰显语文课程的魅力。

 **案例1.3**

魏老师"借分"

一次语文期中考试，班上有个学生得了57分。他不敢拿着试卷回家，于是就找魏老师求情："能不能少扣几分？"魏老师笑了笑："好吧！就算借你5分吧！"这个学生喜出望外。后来，他就像换了一个人似的，期末考试时还得了87分。于是，他又去找魏老师，天真地说："魏老师，还你5分。"

（资料来源：李本华. 分数也有人情味［J］. 天津教育. 2002（12）.）

▶ **评析**

孩子需要鼓励、信任、爱的滋润，魏老师借出的5分，不仅立竿见影地调动了学生学习的积极性，而且对他的心理产生了长久深刻的影响。

 **案例1.4**

我们的语文课缺少了什么

片段一：语文出版社出版的《语文（八年级上册）》中的《选举风波》一课教学中的最后一个环节：对这次选举，有人认为鲁智胜是"内举不避亲，外举不避仇"，应予以表扬；也有人认为他的行为是贿选，应予以批评。你的看法是怎样的？老师将同学们分成4个小组，先分别讨论，再把自己小组的意见在班上交流。结果在全班交流时，4个小组中赞成鲁智胜做法的有3个小组，并且3个小组的赞同意见中只有1个小组的提到了鲁智胜只是方法不妥的问题。大多数同学都趋向于一个共同的认识：鲁艳青本身真的很称职，而且是鲁智胜的堂姐，选举就应该选自己亲近的人。何况社会上行贿成风，鲁智胜这样做是顺应时势，行贿是为了更好地把事情办好。而且一名同学还在台上慷慨陈词："难道今天在座听课的老师们就没有请过客，就没有送过礼吗？"

片段二：老师让同学们就语文出版社出版的《语文（七年级上册）》中的《心声》一课中人物谈谈自己的看法，大多数同学都对程老师和赵小桢提出了批评。理由是程老师一开始不让李京京读书，伤害了李京京的自尊心；在李京京指出赵小桢读书不该用娇滴滴的语气来读时，赵小桢不是虚心接受，反而对李京京讽刺嘲笑。虽然有人也谈到了程老师最后用"发颤"的声音请李京京把课文全部读完，赵小桢也被李京京的朗读感染得"轻轻抽泣"，但大多数同学还是不能原谅她们，不喜欢她们。

（资料来源：张美玲. 我们的语文课缺少了什么［N］. 教育时报，2007 - 11 - 28.）

▶ 评析

教育的目的是什么？是追求知识吗？是获得智慧吗？是成为一个完美的人吗？在当今这个价值多元的时代，应该教给学生如何去明辨是非、分清对错。培养学生高尚的道德情操和健康的审美情趣，帮助学生形成正确的价值观和积极的人生态度，应是语文教学的重要内容。谁能说"天下兴亡，匹夫有责"的爱国主义思想、"天行健，君子以自强不息"的人生进取精神、"富贵不能淫，贫贱不能移，威武不能屈"的大丈夫品格，不是在语文课上培养的呢？

语文课堂除了进行必要的知识与能力的训练、过程与方法的体验外，还应同时注重情感态度与价值观的熏陶和培养。而且这种熏陶和培养应是潜移默化的，应始终贯穿于日常教学过程之中。如何引导学生学会生存、生活、做人和与人合作，是语文教育的重要内容。

课堂讨论：2008 年 5 月 12 日，四川汶川发生 8 级特大地震，都江堰市光亚中学语文教师范美忠抛下正上课的学生，在剧烈震荡中，第一个跑出教室。10 天之后，他在天涯论坛贴出《那一刻地动山摇——"5·12"汶川地震亲历记》，宣称："我是追求自由和公正的人，却不是先人后己勇于牺牲自我的人！在这种生死抉择的瞬间，只有为了女儿才可能考虑牺牲自我，其他人，哪怕是我母亲，在这种情况下我也不会管。因为成年人我抱不动，间不容发之际逃出一个是一个。"此番言论，引来众多批评，后来网民将范美忠老师称为"范跑跑"。请你联系教师的职责，对范美忠老师的行为进行评价。

第三节　语文教师专业发展的内涵与阶段

语文教师专业发展是指语文教师内在专业结构不断更新、演进与丰富，成为成熟专业人员的过程，主要包含专业知识与技能技巧的丰富与娴熟，专业信念与理想的坚持与追求，专业情感与态度的深厚与积极，教学风格和品质的独特与卓越。教师专业发展存在着不同的阶段，每个阶段呈现出各自的特点。

一、教师专业发展的含义

对于什么是教师专业发展，学术界有不同的界定。中国台湾学者饶见维的观点具有代表性，他认为："所谓教师专业发展，是指一个人历经职前师资培育阶段，到在职教师阶段，直到离开教职为止，在整个教职生涯过程中，都必须持续学习与研究，不断地发展专业内涵，以逐渐迈向专业圆熟的境界。"① 他同时指出，教师专业发展的意义内涵包括三个观点：把教师视为专业人员、把教师视为发展中的个体、把教师视为学习者与研究者。

一般认为教师的专业发展，是指教师作为专业人员，在职业道德、专业思想、专业知识、专业能力、专业品质等方面由不成熟到成熟的发展过程，即由一名专业新手发展成为专家型教师或教育家型教师的发展过程。取得教师资格证书并不代表已成为一名合格的教师，当了一辈子教师也不一定代表其专业性都得到了充分的发展。教师的专业发展固然与时间有关，但又不仅是时间的累积，而且是教师专业素养的不断提高、专业理想的逐渐明晰、专业自我的逐步形成，直至成为教育世界的创造者。从本质上说，所谓教师专业发展就是教师个体专业不断发展的历程，是教师不断接受新知识、增长专业技能的过程，是一个教师的职业理想、职业道德、职业情感、社会责任感不断成熟、不断提升、不断创新的过程。教师要成为一名成熟的专业人员，需要通过不断的学习和探究历程来拓展其专业内涵，提高专业水平，从而达到专业成熟的境界。在当代教育与课程改革的背景里，教师专业发展直接指向胜任教师的新角色。

目前，关于教师专业发展的具体内容有着许多不同的说法，从中小学教师的工作职责与发展成长的具体实际来看，我们认为应该体现在教师的专业素养，即专业情意、专业素养、专业能力等方面，这三个方面又包含着具体的内容和要求。它们在教师专业发展中相互联系，相互促进而有机融为一体。其中，专业情意是教师专业发展的动力，专业素养是教师专业发展的基础，专业能力是教师专业发展的保障。关于教师专业发展的内容，我们将在第二章进行讨论。

二、教师专业发展的意义

1. 教师专业发展是职业特性对教师的必然要求

教师的专业发展是一个持续社会化和个性化的过程，具有多阶段的特

---

① 饶见维. 教师专业发展：理论与实务［M］. 2 版. 台北：五南图书出版公司，2003：465.

征。有关教师专业发展过程的研究表明，虽然师范教育对专业发展的作用不可忽视，但许多中小学教师的优秀品质和能力主要是在实践中逐步积累和发展起来的。取得大学学历和教师资格证书并不表明就成了一名合格教师，教育教学工作所需要的专业能力更多的还是通过职后教育和自我学习而取得的。而且大量的研究表明，专业能力的发展提高也并不单纯是从教时间的累积，而更是需要教师勤于学习、勇于实践、潜心揣摩、不断总结、善于反思。因此，专业发展既是职业对教师所提出的要求，也是教师自身成长所必需的生命要素。

2. 教师专业发展能够激发和坚定教师的职业道德和专业精神

苏霍姆林斯基认为：“在劳动过程中进行创造性思考乃是能热爱劳动的源泉之一。”创造性研究的意义不仅在于教师发现并研究了教育过程中到目前为止尚未被人注意的某个方面，而且在于这种研究能从根本上改变教师对自己劳动的看法。创造性研究能使教师不再把教育工作看作是一些事情的单调乏味的重复，看作是每天在各个班级里千篇一律地讲课和复习，而是看作是永远常新的、独一无二的创造活动。“毫无疑问，这些发现和创造精神的发扬，犹如星星之火，能驱散教师当中对工作的冷漠态度和惰性，点燃创造精神的火花。”① 而且，当教师感到自己是教育现象的创造者时，这种情感就成为他追求发展取之不竭的源泉。

3. 教师专业发展有助于实现教师的生命价值

人的价值包含人生价值和人格价值两方面，前者是指个人对他人、社会的价值，后者是指人自身的价值。教师的人生价值是指教师对他人、社会的价值，强调的是教师如何使自己的一生有益于他人和社会；教师的人格价值是指教师行为对维持其需要、尊严、自我价值的实现等的价值。教师的人生价值和人格价值是统一的，教师作为价值客体和活动主体，是其在价值关系和活动关系两个参照系中的两种身份，而不是两个人或两个群体。

实现教师的人生价值是教师专业发展的事实特性或工具价值，教师寻求知识更新，提高教育技能，把自己培养成喜欢教师职业又有教育技能的教师，这是教师专业发展的事实要求，也是最基本的要求。实现教师的人格价值是教师专业发展的价值特性或本体价值，教师把教育活动作为一种境界加以追求。在这样的价值观引导下，使教师关注生命，关注现实社会，其目的是使教师的专业发展能够超越世俗功利，成为个体生命完善的中介。②

---

① 苏霍姆林斯基. 和青年校长的谈话［J］. 外国教育资料，1982（2）：49 – 65.
② 宋广文，魏淑华. 论教师专业发展［J］. 教育研究，2005（7）：71 – 74.

案例1.5

江苏最美教师薛法根：扎根弄堂小学27年

47岁的语文教师薛法根，被评为江苏最美教师。江苏省最年轻的语文特级教师，苏派教学的杰出代表，全国模范教师，撰写200多篇论文、6部专著……薛法根如此多的荣誉、成果，并不是在条件优越的都市名校，而是在运河之畔的苏州市吴江区盛泽镇龙桥村，在一所简陋的弄堂小学里取得的。

在简陋的三尺讲台上，薛法根默默扎根了27年，为每一个学生倾尽心力。

2008年，薛法根任教六年级（2）班，班上有一个全校闻名的"不及格专业户"——小靓。"不抛弃，不放弃！"放学后，薛法根常常陪着小靓复习课文，一首简单的《我们爱你啊，中国》整整读了一个星期。孩子的记性差，昨天背的今天忘了，他从来不责怪、不埋怨，从头开始教。最终，小靓成为合格的小学毕业生。

薛法根坚信："教育应该是快乐的。不仅要教授知识，还要增强孩子的自信，让孩子学会自爱和永不放弃。"因材施教中，一个个学生取得了进步，薛法根喜不自禁。然而，乡村教育的种种艰辛与羁绊，常常让他心力交瘁。

学生众多、备课任务繁重、师资力量缺乏，薛法根经常要超负荷教学。1991年的一个冬夜，过度劳累的他突然昏厥，从楼梯上滚了下来，造成休克性失明。2001年，薛法根的父亲病重住院，他穿梭在医院和学校之间，直到父亲去世也没有耽误一节课。

责任心塑造了薛法根在三尺讲台上的脊梁，而教研和课题研究，则给他的课程质量插上了腾飞的翅膀。

地处偏僻小镇，薛法根的教学水平无人指导。从1991年开始，他托在外地的朋友找来全国小教名师的录像带，一遍遍地揣摩学习。白天教学任务繁重，薛法根就挑灯夜读，钻研教学课题。

经过反复的模仿、揣摩和课题研究，薛法根于1997年旗帜鲜明地提倡"组块教学法"，将零散的语文训练项目整合成综合的语文实践板块，实现了由"教课文"到"学语文"的华丽转身，回归教育本质。他应邀到全国各地上示范课、做讲座，听课教师超过30万人，掀起了"语文智慧教学"的研究热潮。

2007年，薛法根被中华语文网评为中国小语界十大年度人物，成为全国小语教学的领军人物，全国各地的名校纷纷伸来了橄榄枝。面对优越的生活环境和广阔的发展前景，薛法根始终选择留守乡村。"谁不愿意做美丽的孔雀，可总需要有人做反哺的乌鸦。"淡定如水的薛法根认为，只要心够宽、根够深，教育的天地便是无限的。

2004 年，薛法根开始担任盛泽小学校长，愈发忙碌。学校，从只有数百名学生的弄堂小学，变成今天拥有 4 个校区、4 700 多名学生的盛泽实验小学。"这么多年，我对学生们问心无愧。不敢说育了多少人，至少没有毁过一个学生！"回首 27 年艰辛的乡村教师路，薛法根无怨无悔。

（资料来源：苏雁. 江苏最美教师薛法根：扎根弄堂小学 27 年［N］. 光明日报，2015 – 10 – 12.）

▶ 评析

薛法根老师成绩的取得，就是其专业发展的结果。教师在不断的专业发展中实现了自己的生命价值。

案例 1.6

魏书生的成长

著名特级教师魏书生曾是一名下乡知青，任教之初只有初中学历，但正式任教仅 6 年便被评为特级教师，他在《漫谈边教学边研究》一文中揭示了取得成功的秘诀，那就是："边教学边研究，从科研的角度来认识教学。"他说，人们从事某项劳动，大致有两种方式：一种是重复式，一种是科研式。比如工人造机器、农民种庄稼，重复式的劳动就是只沿袭前人，沿袭自己的昨天，循规蹈矩，一成不变，日复一日，年复一年。这样做，劳动效率当然只能今天和昨天一样，今年和去年一样，谈不上提高，劳动者本人心里也会感觉很累，感觉枯燥无味、疲乏厌倦。科研式的劳动者总是千方百计地从旧中看出新来。千方百计地想比昨天干得更巧、更好，劳动效率更高。由于立足于千方百计想出新办法，他们的工作效率当然高，劳动者本人的心里也会感觉轻松快乐，积极充实，进而更加热爱自己的劳动。他总是叮嘱自己一定要从科研的角度来看自己的教育工作，要力求从旧中看出新来。"从科研的角度来看，就常觉得：今天讲课要比昨天有新的突破；语言要比昨天更吸引人，更有感染力；表情要比昨天更使人愿意接受；姿态要比昨天更自然；板书要比昨天更富启发性；和学生的感情要比昨天融洽。做不到多方面比昨天强，就只做一个方面中的某一小点，这样嘱咐自己去上课时，精神上就感觉很愉快，就总觉得有新的值得研究的课题。"

▶ 评析

正是这种以研究的态度与眼光来对待每天的工作，魏书生老师始终处于发现和创造的激情中，始终处于体验与享受教育教学的幸福与快乐中，职业道德更为坚定，专业精神也不断丰盈。

三、语文教师专业发展的阶段

教师专业生涯是指从预备任教之日起直到退休离开教学岗位这一段时间内，教师投身教育教学工作的过程。这一过程可以根据教师对教育教学的态度、认识，以及教师对教育教学工作的实际行为划分为若干阶段。国内外对教师专业发展阶段的研究成果丰富。

1. 富勒的教师关注理论

20 世纪 60 年代末 70 年代初，德克萨斯大学奥斯汀分校教授富勒通过编制"教师关注问卷"，从教师在不同发展阶段的关注内容出发，阐述了职前教师所经历的几个发展阶段以及教师在相应阶段有可能会表现出的一些主要特征。

（1）任教前关注阶段。职前阶段的大学生只是想象中的教师，还沉浸在学生的角色中。他们仅关注自己，对他们所观察到的班级，经常持批判的甚至是敌视的态度。

（2）早期求生阶段。教师主要关注的是自我胜任能力以及作为一名教师如何"生存"下来，关注班级的教学与管理、对教学内容的掌握和学校领导的评价、学生与同事的肯定和接纳等，这个阶段的压力很大。

（3）关注教学情境阶段。教师既关注生存，又关心在目前教学情境对教学方法和材料等的限制下，如何顺利地完成教学任务，以及如何正确地掌握相应的教学技能。

（4）关注学生阶段。教师开始把学生作为关注的核心，关注他们的学习、生活和情感需要，以及如何通过教学更好地影响他们的成绩和表现。但是他们通常要在学会应付自己的生存需要后才能对学生的需要做出反应。

2. 伯顿的教师发展阶段论

20 世纪 70 年代末 80 年代初，伯顿提出教师发展的三阶段论。

（1）存活期。该阶段的教师从事教学才 1 年时间，他们关注的是班级控制、学科教学、教学接纳感的提高和教学内容方面的适当性。

（2）调整期。在进入教学第 2～4 年，教师已经具有了一些经验，对教学也有所熟悉和了解，此时他们开始了解学生的复杂性并寻找新的教学技术以满足更广泛的需要。教师与学生的相处更加开放和真诚，并感觉到比以前更能满足学生的需要。

（3）成熟期。在进入第 5 年或 5 年以上的教学时间后，教师经验更加丰富，对教学活动驾轻就熟，并且对教学环境有了充分的了解和熟悉。他们关注学生需要的满足，重视与学生的关系。

3．休伯曼的教师职业周期模式

休伯曼等人对教师职业周期的划分非常具体和细致，真实地反映了教师的实际发展路线。

（1）入职期。入职的第 1～3 年，是"求生和发现期"。在这一时期，教师表现出对新职业的复杂感情，一方面是初为人师的积极热情，另一方面是面对新工作的无所适从，却又想尽快步入正轨而急切地希望获得教学的知识和技能。

（2）稳定期。一般是工作后的第 4～6 年。这一时期教师逐渐适应了自己的工作，并且能够比较自如地驾驭课堂教学，初步形成了自己的教学风格，入职时的压力和不适已经消失，教师此时已经能够比较轻松、自信地面对自己的工作，同时要求自己在教学技能等方面有不断的改进与提高。

（3）实验和歧变期。工作后的第 7～25 年，是教师职业生涯道路上的转变期。教师的转变有两个方向：一方面，随着知识和阅历的增加，教师开始对自己及学校的各项工作大胆地进行求新和力求改革，在教学材料、评价方法等方面进行教改实验，关注学校发展，对学校组织和管理中的漏洞进行批评和指正，不断地对职业和自我进行挑战；另一方面，单调乏味的教学轮回使教师对自己的职业产生了倦怠感，对是否要继续执教产生动摇，因此开始对目前从事的工作进行新的评估。

（4）平静和保守期。一般在从教的第 26～33 年。经过对教学和学校的激烈改造或是对教师职业的反思和重估，教师的工作进入了平静发展阶段。此时他们已经拥有丰富的经验和技巧来应对教师工作，但同时也失去了专业发展的热情和动力，因此教师的志向水平开始下降，教师的工作也变得较为保守。

（5）退出教职期。工作 34 年以后，教师的职业生涯步入了逐步终结的阶段。

4．钟祖荣的教师阶段理论

北京教育学院钟祖荣等人从最能反映教师成长变化的两个指标（教师的素质和工作成绩）这一基点出发，认为教师的成长大致要经过准备期、适应期、发展期、创造期四个阶段，而每个阶段结束时的教师可以分别称为新任教师、合格教师、骨干教师、专家教师（学科带头人、特级教师等）。

（1）准备期，指教师从事教育工作以前的阶段，是接受教育和学习的阶段。

（2）适应期，指教师走上工作岗位，由没有实践体验到初步适应教育教学工作，具备最基本、最起码的教育教学能力和其他素质的阶段。其周期大体上为 1～3 年。

（3）发展期，指教师在初步适应教育教学工作后，继续在教育教学实践中锻炼自己的教育教学能力和素质，使之达到熟练程度的时期。教师在这一时期的素质特点是：教学工作日趋熟练；素质发展日趋全面；教育工作重心由"自己做好"转向关心学生。教师度过这一阶段的时间差别较大，成长速度较快的需要 3 ~ 7 年，也就是工作以后的 4 ~ 10 年。有些教师则一生都在这个阶段中度过。

（4）创造期，指教师开始由固定的常规的自动化的工作，进入开始探索和创新的时期，是教师形成自己的独到见解和教学风格的时期。具有强烈的创新意识、科研能力明显提高、理论水平大幅度提高等，是这一阶段的显著特点。

案例1.7

一位语文教师的成长经历

缪爱明，江苏省如东高级中学教科室主任，1963 年生。他提出并积极践行综介性课堂教学"三介四步骤"模式，具有"以能力为核心、以发展为主线、以人格为目标"的教学特点。他指导学生在省级报刊发表作品两百余篇；20 多年发表了一百多篇教育教学论文，近 5 年在全国中文类核心期刊发表了十多篇有较高价值的论文；1998 年被破格晋升中学语文高级教师，2002 年被全国中语会授予"全国优秀语文教师"称号，2007 年被授予"南通市226 高层次人才培养工程中青年科学技术带头人"称号，2008 年被评为江苏省高中语文特级教师。

一、大学立志成教师

1979 年，年仅 17 岁的我，考取了南通师范专科学校（现为"南通大学"），如饥似渴，全身心扑在学习上，不是上课，就是进图书馆。大学三年，我读了很多文学类和专业类的书，精神不断得到滋养。在这里，我特别崇拜我们中文科老师，他们在专业学习等方面对我影响很大。他们学识渊博，上课非常精彩。从那时起，我就想做一名像大学老师一样的老师了。这种志向，使我顶住了后来刮起的从政风、经商风、下海风和跳槽风。

二、质朴的农家教育，让我学会感恩

虽然生活在贫困年代，但勤劳善良的父母从来没有让兄弟姐妹挨饿受冻。母亲对我说，父母不要你回报，你只要记得生产队的左邻右舍和学校的老师就行了。要不是生产队给我家减免学费，我们姐妹 6 人肯定上不起学；要不是那么多老师给我打下了良好的学习基础，我也肯定考不上大学；要不是大学老师不收我的生活费，还给我零花钱（助学金每月 4 元），大学我也没法坚持下来；要不是国家的政策好，像我们这种人家的孩子根本没有机会进大学。

我就读的学校是一所农中，90%的老师是民办教师。1979年，高考即将来临，我校有10名学生报考理科（中专），有1名学生（就是我）报考文科（大专）。我的班主任骆质君，既当语文老师，又当我的历史和地理老师。他捧起生疏的历史、地理等课本先学习，然后为我用复印纸手写一大堆讲义，一式两份。遇到难题，我们常常一起查找资料，一起讨论。一路艰难走来，我竟然一炮打响，超过二本线20分。

母亲的时时叮嘱，使我能够在大学认真持久地学习下去，也使我觉得只有这样，才能对得起我的老师们。这，也是我后来能够勤奋工作回报社会的原始动力，以及能够以一颗善良的心去关心每一位农家子弟，尤其是不放弃每一位后进生的信念所在。

三、初为人师，立志当一名让学生喜欢的教师

大学毕业后，我被分配到离家不远的一所乡村初级中学。从初一到初三，一直任教两个班语文，做班主任。由于是科班出身，加上勤奋努力，学生考试成绩很好，我竟然觉得教书没有什么了不起，这是一件很简单很轻松的事。工作之余，我开始写小说、剧本。大学期间已经公开发表过作品的我，总以为小说家和大导演的梦并不远。怀揣导演梦的我，偷偷参加了北京电影学院研究生招生考试。后来老校长知道了，找我谈心，他说课堂教学的学问大得很，你不能满足于考试成绩比人家优秀这个层次上，应该更深地思考怎样让你的学生离开你后，他将来的发展潜力能够更大。这次谈话对我启发很深。

没过几天，他安排我到两所完全中学听语文特级教师曹津源先生开设的语文公开课，以及曹先生的成长经历介绍。十来节课后，我终于明白，语文教学不是把教参上的资料搬给学生就算了事，这里边学问大得很，大学教师可令人佩服，中学教师同样可让人崇拜，在中学课堂耕耘，一样可成为人人尊敬的专家。

不久，我有幸成为如东县初中骨干教师培训班首届学员，正式成为曹津源、丛心泉等先生的弟子，开始接触和学习李庚南的"自学·议论·引导"数学教学法和李吉林的情境教学法，知道了于漪、钱梦龙和魏书生等代表的各种语文教学流派。终于，我的课堂发生了变化，打破了"一言堂"的格局，学生自学、讨论、上台演讲的机会多了，课堂气氛活跃了，学生成绩更好了。我尝到了做教师的乐趣，也渐渐知道了当一名好老师的奥妙。

四、脱产进修，我懂得了怎样超越自我

如果说在南通师范专科学校学习打下了我的语文功底和文学素养的话，

那么，在江苏教育学院的学习则提升了我进行语文教学改革和研究的能力。给我影响最深的是李新宇老师。他的教材教法使我知道：作为一名语文教师，懂得教什么和怎样教只是基本功，根本不值得骄傲；更关键的是要思考为什么要这样教，这样教是否有更好的路径。这才是骄傲和自豪的资本！其次就是赵明乐老师的文献研究方法，他使我知道了怎样去检索文献，怎样开展有效研究，怎样站在巨人肩上。因为有了反思的理论武器，掌握了反思的途径和方法，我懂得今后该怎样去创新语文教学，不断超越。

五、如东高级中学，培育我展翅翱翔的摇篮

1992 年下半年，我从江苏教育学院脱产进修毕业，被分配到江苏省如东高级中学，任教两个班的高中语文，兼班主任。我没有高中语文教学经验，于是我边学习边实践，并有幸成为江苏省名教师、著名特级教师曹津源副校长领衔的语文组的一名成员。在各位领导、同事的榜样示范、帮助提携和精诚合作下，我又像当年参加高考一样，教育教学很顺畅。

1996 年开始，学校让我负责绿岸文学社的指导工作，让我做学校兼职教科员，继而又担任教科室副主任、主任，一路走来，既艰辛，也幸福。

中途因工作需要，我曾调到县教育局教科室工作两年。这段工作经历，对我后来回到如东中学进行语文课堂教学改革和引导全校教师参与科研发挥了很大作用。过去我常常仰视问题，难免过激和以偏概全；现在我已经学会俯视，知道改革会牵涉到相当多的因素。我把课堂改革看成是戴着镣铐跳舞，每天只求跳一点，即使不美观，不高雅，但每天都在舞动着，坚信量变总会引起质变。

在如东高级中学，给我影响最深的除了曹津源副校长外，就是党委书记、政治特级教师樊志瑾了。在他们二人的精心指导以及校领导有意识的培养下，我开始做起特级教师的梦来。

在校外，江苏教育科学研究所成尚荣和彭钢两位所长以及《江苏教育研究》杂志社副主编金先生对我的影响也很大。他们三人以及他们所领导的团队多次风尘仆仆地亲临我校，手把手地现场指导，从而促使我校扎扎实实地开展好了校本科研，转变了教育教学增长方式，提高了学校师生的整体素质，也使我本人在反思和学习中不断得以成长。

另外，省市专家中与我通信通电话最频繁的就是江苏省教育学会秘书长叶水涛先生了。是他，不断地指点我、催促我、鼓励我，从而促使我以"重点高中语文综合性课堂教学模式研究"课题实施为教改平台，一步一步地形成了我的语文教学特点和教学主张。

六、今后的路，我将一如既往，走实每一步

2008 年我被评为特级教师。学校党委书记、政治特级教师樊志瑾曾用满怀褒奖性的评论语言为我专门写了一封推荐信，郑重地向县、市、省有关领导和特级教师评委推荐了我。她在推荐信中这样说：

"缪爱明老师是一位将教育理想融入教学实践的探索者；是一位将教育理想融入教育科研的践行者；是一位将教育理想融入大语文环境建设的实干者。"

我会以此为动力，无愧于党和人民的培养，无悔于特级教师的称号。

（资料来源：缪爱明. 蓄芳待来年：我成长为中学语文特级教师的经历 [J]. 中小学教师培训，2009（5）.）

▶ **评析**

缪爱明老师的成长经历，虽是一个个案，却非常典型地体现出教师专业发展的阶段性特征。教师如能在每一个不同的发展阶段把握住机会，那么教师专业生涯就会达到辉煌的顶点。

四、语文教师职前教育的主要任务

师范生是明日之教师，因此也可称为职前教师或准教师。职前语文教师必须掌握作为合格语文教师必备的专业知识、专业技术和专业理念，为正式进入教育教学领域做准备。职前教育阶段即大学教育阶段是准教师专业发展的初级阶段，是接受教育和学习的阶段，是重要的打基础阶段。这一阶段的学习至关重要。

1. 职前认识自我并评估时空环境

职前教师在职前教育阶段应充分认识自己的专业情意、专业性向，如热情、善于交际、关心他人等人格特质；专业情操（如教师的职业光荣感与自豪感，责任感和义务感等）；专业自我，如自我意向、自我尊重、工作动机、工作满意感、任务知觉和未来前景等。如果认为自己并不适合成为一名语文教师，就不要选择这个职业，因为教师对学生家长及国家教育负责。只有热爱学生、关心教育、热爱语文的教师在未来的工作中才能做得更出色。

2. 树立新教育信念

教育信念在教师专业结构中占据着很重要的位置，甚至作为教师的专业精神被置于首要位置，它是教师自己选择认可并确信的教育观念或教育理念。当前，素质教育的实施、创新教育的开展、课程改革的推进，要求职前教师树立新的教育信念并亲身体验新课程所追求的新理念，才能够准确地理解新课程，诚心地接受新课程，热情地投入新课程，有效地推动新课程。所以准语文教师应更加自觉主动地服务基础教育、关心教育改革、研究新课程、根据新的教育要求来调整观念。

3．构建语文教育知识体系和技能结构

职前语文教师应掌握作为语文教师必备的基础知识和基本技能，如语文专业知识，教育学、心理学、教学法知识，教学设计、教学实施、教学评价、听说读写、普通话、三笔字、现代教育技术等能力，以及教学组织管理能力。职前语文教师还需通过教学见习、教学实习等，将所学理论运用到实践中去，在实践中发展能力，并提高专业思想。最重要的是，职前语文教师要树立创新意识，使自己的知识技能紧密结合时代的变化和发展，始终代表时代科技、文化和社会发展的最新成果和最新要求。

4．加强教育实践训练和理论研究

教育教学始终带有很强的情境性，教育教学中的问题多而复杂。职前语文教师应适应这种情况，加强教育实践训练以及教育研究训练，逐步丰富自己的实践性知识，学会研究，为最后实现"教师即研究者"奠定基础。强化实践性课程是师范生将所习教育理念转化为实际教学活动的重要方式，所以，职前语文教师应把握教育调查、教学观摩、模拟教学等活动机会，在实践中不断地检验、完善和发展，完成"人—课"要素之间的匹配，加速实现自身的成长和发展。在课堂实践中，职前语文教师应将自己置于研究之中，把课堂作为研究现场，把每一次的教学活动作为思考对象，在问题的寻找与答案的索解中重新认识自己的教学趋向与实施方式，确认自己新的教学身份，将自己的实践经验提升为教育理论。另外还要认真学习现代教育理论，特别是素质教育、创新教育和基础教育改革等方面的理论，转变传统的教育思想和观念。

5．在专业合作中不断提高

教师自主专业发展不能独立进行，职前语文教师要有共同进步的意识，加强专业合作，在交流中学习他人的长处，产生新的思想、新的认识，从而实现自我提高。职前语文教师应调动自己已有的知识经验，在合作交流中生成新的教育观念体系，积极思考，吸取有趣信息，不断夯实自己的专业基础。

6．学会终身学习

"终身学习是21世纪的生存概念。"职前语文教师要有意识地自我规划，保持专业发展的自我更新趋向，谋求最大程度的自我发展。教师是知识人，从业资本是知识。苏霍姆林斯基给教师的建议是："要天天看书，终身以书籍为友。这是一天也不断流的潺潺小溪，它充实着思想江河，阅读不是为了明天上课，而是出自本性的需要，出自对知识的渴求。"教师的生活内容是由教学、研究、学习构成的，职前语文教师需要研究自己将来的日常教学工作，不断地学习，在"积识"中"成智"。

补充材料1.6

美国师范学院如何招生

美国马萨诸塞州大学师范学院认为，提高新生入学要求是保证未来教师质量的重要措施，因而在录取时他们采取了一系列措施：①考生提出申请书，详述自己与儿童和睦相处的经验，写一篇或若干篇短文阐述自己对学校教育的看法；②考生出具证明自己可以和少年儿童和睦相处的推荐信；③学院审查考生中学时期的记分册；④将考生分成若干小组，用智力测验、游戏、专题讨论等形式考查考生的个性和能力，如自信心、幽默感、创造性、灵活性、语言表达能力、观察力、反应速度等，主考老师与考生单独谈话，让其汇报参加活动的体会，考查考生是否有参加集体活动的愿望和能力，将考生所有资料汇集一起，由专业教师集体讨论。

（资料来源：黄济. 当代教师百科［M］. 杭州：浙江教育出版社，1994.）

案例1.8

我的第一堂课

弹指间，从教20年了。朋友见面，有时爱问一句，你上了那么多的课，哪一节课最难忘？不管什么时候，我都会不假思索地告诉他那节课——20年前我第一次站上讲台的那节课。

1988年的秋天，我们12个同学到东北街小学五（1）班见习一周时间，先听课，后上课。我分到一节语文课，执教《铁人》第二课时。在初为人师的那份兴奋激动中精心备课后，上课铃一响，随着孩子们齐声喊道"老师好"，我就被"紧张"彻底吞噬了——懵了。背台词一样地照教案往下讲，一会儿工夫，讲完了。一看时间，才上了半节课。心一乱，就开始汗涔涔。当时也不知是哪来的灵感，我突然抓住文中"悔恨"一词，莫名其妙地提出一系列的问题：悔恨是什么意思？铁人悔什么？恨什么？哪里看出他悔？哪里看出他恨？怎样读出铁人的悔恨？……

后半节课，就围绕"悔恨"一词，我放开手脚，信马由缰，几乎达到一种忘我的境界。

课后导师王老师微笑着说："小刘，你的'悔恨'真精彩。"

我羞愧地解释："那是我没办法了，瞎弄弄的。"

王老师说："正是因为教案上没有，才显出你的机敏和智慧。"王老师一直慈爱地看着我，微笑着，我就觉得这个慈爱的微笑中似乎还有秘密。

王老师接着说："小刘，你的教案很快上完了，我不替你紧张。当你把高珊叫起来回答问题的时候，我真的替你捏了一把汗。"

我赶紧问："高珊是哪个孩子？"

王老师说："就是坐在我旁边第二排的剪短发的女孩子。"

哦，她就是高珊。我脑海里浮现出了那个女孩的形象，她坐在前面，上课听得非常专注，两只眼睛黑溜溜地闪光。

我说，我请高珊回答了几个问题，她都回答得很好呀！而且我发现她还主动举手了好几次。难道高珊是个特别的女孩吗？

王老师笑得更神秘了："小刘，高珊这个孩子我教了快五年了，我从来没有见过她张嘴，别说在课堂发言，哪怕和同学说话，我都没有听见过！她说话的声音是怎样的，我一点印象也没有！有几次我试图引导她慢慢学会发言，想听听她的声音，但她站起来不是沉默，就是流眼泪！当你今天叫她站起来时，我紧张了！但奇迹在你的课堂发生了！我真的不相信眼前站着落落发言的是高珊，这真是个奇迹！"

哦！我心里一惊，原来高珊是如此内向的一个女孩。不听王老师的这一番话，我是丝毫感觉不出高珊的异样。我之所以多次叫高珊发言，是因为她坐在前面第二排，听得很专注，好像很欣赏我这个老师的样子。课前我也没有和高珊接触过，连她的名字也是听了王老师的谈话才知道的。如此内向的一个高珊，为什么在我的课堂表现得那样自然大方、聪慧可爱呢？

王老师没有给我答案，到20年后的今天，我也说不出个所以然。人生的第一课还没有结束，又一个奇迹随后发生了。见习结束后的一天下午，几个孩子来到我们师范学校，手捧着一叠作文本。原来王老师让孩子们写了一篇《记一位见习老师》的作文，孩子们就把作文拿来让我们见习老师批改。一听说孩子们写的是我们自己，我们都喜出望外。我们12个见习老师很快就瓜分了45本作文——大家都急切地想看看自己在孩子眼里的为师形象。

我正在埋头欣赏孩子眼中的"刘老师"，其他见习老师手里的作文本陆陆续续地都送到我的桌上——他们都失望了，他们翻遍了所有作文，都没有找到自己！全班45个孩子竟然写了45个"刘老师"！那一刻，我成了众人妒忌的对象。但那一阵，我没有心思去体会大家的妒忌，我完全沉浸在孩子们眼中的"刘老师"的字里行间！那种幸福，直到今天，还在感动着我；直到今天，我还无法用语言来表达那种幸福！这样的故事，似乎只有在小说中才能出现，却这样突然而又自然地发生在我的身上，直到20年后的今天，我也没有想明白其中的缘由——也许，我和孩子们特别投缘吧！

毕业后，我像一颗蒲公英的种子，随风飘落到湘赣边界最偏远的一所乡村小学。分配时，我没有任何要求，因为我天真地坚信——有孩子的地方，就有我的快乐。20 年来，虽然从湖南到了浙江，换了一所又一所的学校，但我一直站在小学语文课堂的讲台，也许就是有了某种信念的缘故吧！

（资料来源：刘发建. 走过 20 年：一个小学语文教师的成长故事［J］. 语文教学通讯，2010（3）.）

▶ **评析**

刘发建老师笔名落地麦，中学高级教师，全国语文名师，浙江省课堂教学能手，浙江省鲁迅研究会会员，著有《小学生鲁迅读本》（与钱理群合作）、《落地麦田野课堂》等。在这篇回忆性文章中，刘老师叙述了自己在接受教师职前教育时的一个真实故事，从中我们可以发现，职前教育对教师的专业发展极为重要。这一阶段不仅使教师打下了专业知识基础，更重要的是建构起了牢固的专业思想，坚定了从教的信念。

本 章 小 结

教师工作已发展为一种专门职业，教师是履行教育教学职责的教育专业人员。语文教师应该履行作为"专业人员"的职责和任务。语文教师专业发展就是成长为一名优秀教师的过程，涉及教师情意、知识与能力的协调发展。语文教师专业发展呈现周期性和阶段性，不同的阶段具有不同的特征。职前语文教师应在职前教育阶段为成为一名合格的语文教师而努力。

▶ **思考与练习**

1. 为什么说教师是一种专业？教师专业化有何意义？
2. 教师专业发展的内涵是什么？
3. 教师职前教育阶段有何特征？在教师专业生涯中有何作用？

▶ **实践课堂**

活动主题：从于漪老师看教师专业生涯

活动目标：学生通过对于漪老师专业成长的了解，分析教师专业生涯的阶段性，认识各个阶段的特征，及其在整个专业生涯中的作用。

活动步骤：

1. 学生课后阅读陈亦冰的《名家本色是师者：透视特级教师于漪的成长之路》（原载《未来教育家》2013 年第 1 期），观看视频资料《于漪：学做人师》（http://v. youku. com/v_ show/id_ XNzM0Mzc2MTY = . html? tpa =

dW5p b25faWQ9MTAyMjEzXzEwMDAwMl8wMV8wMQ）。

2. 学生分组对于漪教师的专业生涯进行评析，并形成文字材料。

3. 每组推荐一名学生发言，并相互评论。教师组织活动，并相继点评。

▶ **推荐阅读**

1. 教育部. 教师专业化的理论与实践［M］. 2 版. 北京：人民教育出版社，2003.

2. 叶澜，白益民，王枬，等. 教师角色与教师发展新探［M］. 北京：教育科学出版社，2001.

对一个师范生来说，假如他个性里充满着潜在的敌意，那他就难以形成教师所应表现的那种热情的、有支持力的而又有条理的行为模式。

——特拉弗斯

教师的身份、知识和能力是起决定作用的教学因素。

——联合国教科文组织

第二章
谁能成为语文教师（上）

——职前语文教师的专业素养

我们已经探讨并明白了语文教师是谁的问题，但是又一个问题出现了，那就是："谁能成为语文教师?"可以这样说，社会决定了教师身份的存在与变化，自我抉择决定了个体愿意成为教师，自身素养的完备与否决定了能否成为教师，与学生的"相遇"使教师身份现实化，生命融入教师专业的不懈努力，使个体逐渐实现作为教师存在的价值。

▶ **本章学习目标**

（1）了解中学语文教师专业素养的构成。

（2）理解中学语文教师专业理念和师德的内涵。

（3）能对教师职业有正确的理解与认识。

（4）能树立正确的学生观和教育教学理念。

（5）逐步养成教师形象。

▶ **本章核心概念**

依法执教　爱岗敬业　专业认同　育人为本　德育为先

三毛的"教育事件"

三毛在《我的少年》中回忆：

在我 12 岁半的那年，我进入台北省立第一女子中学，去做一个穿绿制服的中学生。当时我是一个很胆怯的孩子，年纪比其他同学要小一些。

我的成绩在小学时代一直很好。上了中学以后，也许是心理因素的影响，我的数学成绩一下子掉得很差，最好也不过考个 50 分。但是其他功课都还算不错，其中国文、英文、地理是我最拿手的三门课业。

初二的时候，由于我的数学不好，老师上课看我时，眼光非常冷淡。我是一个很敏感的孩子，哪个老师喜欢我多一点，我的哪门课就会特别好。数学老师的那种冷淡，使我的数学成绩始终好不起来。每次她上课我就头昏脑涨，什么也听不进去，因为我感到她的眼睛像小刀一样随时会飞来杀我。

后来我发现，她每次出小考题目，都是把课本后面的习题选几题出来叫我们做。当我发现这个秘密后，就每天把数学题目背下来，由于记忆力很好，一晚上我可以背十多道代数题目，就因为会背数学，那阵子我一连考了六个一百分。数学老师开始怀疑我了，这个数学一向差劲的小孩，怎么会功课突然好了起来？

有一天，在两节数学课中间的休息时间，数学老师对我说："你跟我到办公室来。"我当时就知道情况不妙了，但也没办法反抗她。到了办公室，她丢了一张试卷给我："陈平啊，在十分钟里，你把这些习题演算出来。"我一看上面全都是初三的考题，整个人都呆了。坐了十分钟后，我对老师说："对不起，老师，我不会做。"老师挥挥手叫我回教室去。她从书桌上拿起一瓶墨汁和毛笔，也跟在我后面进了教室。

下一堂课开始，她当着全班的同学说："我们班上有一个同学最喜欢吃鸭蛋，今天老师想再请她吃两个。"然后，她叫我上讲台。老师拿起毛笔蘸进墨汁里，蘸得饱饱的，饱得毛笔都胖了起来，然后，在我的眼睛周围画了两个大黑圈。她边画边笑着对我说："不要怕，一点也不痛不痒，只是凉凉而已。"画完，老师又对我说："你转过身去让全班同学看一看。"

当时，我还是一个不知道怎样保护自己的小女孩，我乖乖地转过身去，全班同学哄堂大笑起来。老师等同学们笑够了，叫我到教室角落一直站到下课，于是，我带着满脸黑黑的墨汁站在教室的一角。等到下课，老师又对我说："你不要走，你从走廊走出去，到操场绕一圈再回到教室来。"那时候正是下课时间，走廊上许多同学在玩耍，他们一见我的模样，都尖叫起来。我乖乖地照老师的话，绕了大操场一圈后才回到教室。

这件事发生后，我没有掉过一滴眼泪，也没有告诉我的父母——我在学校受了这样大的精神刺激和侮辱。我情愿这个老师打我一顿，但是她给我的是我这一生从没有受过的屈辱。晚上，我躺在床上拼命地流泪。这件事的后遗症直到第三天才显现出来。那天早晨我去上学，走到走廊看到自己的教室时，立刻就昏倒了。接着，我的心理出现了严重的障碍，而且一天比一天严重。到后来，早上一想到自己是要去上学，便立刻昏倒失去知觉。那是一种心理疾病，患者的器官全部封闭起来，不再希望接触外面的世界，因为只有缩在自己的世界里最安全。

（资料来源：师永刚，等. 三毛私家相册［M］. 北京：中信出版社，2005.）

▶ **评析**

一个少女，因为一个教师的缘故，她的人生发生了重大的转折。从三毛的"教育事件"可看出，教师责任重大，教师对学生的影响深刻，教师不是因为冠以"教师"之名，就成为教师了，教师一定要具备良好的素质。

不是谁都能成为一名教师，更不是谁都能成为一名语文教师。成为一名语文教师，必须具备教师的专业素养。教师专业素养是教师拥有和带着教学情意的知识、能力和信念的集合，它是在教师具有优良的先存特性的基础上经过正确而严格的教师教育所获得的。① 语文教师专业素养是语文教师从事语文教育的素质和修养，是成为一名语文教师的基础，也是语文教师发展的内容。同时，语文教师专业素养是衡量语文教师专业发展的依据和标志。职前语文教师应把专业素养养成作为自己职前学习的重点。

第一节　语文教师素养概述

专业素养是专门职业对从业人员的整体要求。专业素养是否具备，以及各项专业素养之间结构是否合理，影响着教师自身专业能否自觉发展以及能否取得良好的教育教学效果，有重要意义。强调和关注教师专业素养，是教师专业性凸显的必然要求，也是其专业发展的内容。

---

① 教育部师范教育司. 教师专业化的理论与实践［M］. 2 版. 北京：人民教育出版社，2003：53.

一、国家法律对教师素质的要求

国家法律对于教师素质的要求，主要体现在《中华人民共和国教育法》《中华人民共和国教师法》《教师资格条例》等法律法规上。

1995 年 9 月 1 日起施行的《中华人民共和国教育法》是规范我国教育工作的基本法律，在我国教育法规体系中是具有最高法律权威的"母法"。该法律中关于教师素质的规定是制定和执行教师素质要求的根本依据。本法第四章第三十二条、第三十四条对教师应具备的素质做了概括性的规定。第三十二条规定：教师享有法律规定的权利，履行法律规定的义务，忠诚于人民的教育事业；第三十四条规定：国家实行教师资格、职务、聘任制度，通过考核、奖励、培养和培训，提高教师素质，加强教师队伍建设。从中可以看出，教育法对于教师应当具备的素质结构主要包括政治思想素质和业务素质两个方面的要求。政治思想素质的核心是忠诚于人民的教育事业；业务素质是通过教师资格、职务和聘任制度得以提高和考核，以期优化和提升教师的整体素质结构。

1994 年 1 月 1 日开始施行的《中华人民共和国教师法》是我国教育史上第一部专门为教师制定的法律，是我国教师队伍建设走向规范化和法制化的法律保障。教师法确立了教师必备的一些素质要求。总则的第三条，第一次从法律的角度规定了教师的地位是"专业"人员，并对教师应当具备的基本素质做了具体的规定：教师是履行教育教学职责的专业人员，承担教书育人、培养社会主义事业建设者和接班人、提高民族素质的使命。教师应当忠诚于人民的教育事业。概括起来，教师应具备的基本素质包括三项：政治素质、职业道德和业务素质。

根据《中华人民共和国教育法》和《中华人民共和国教师法》，1995 年颁布的《教师资格条例》明确规定了国家对准备进入教师队伍、从事学校教育教学工作人员的基本要求。教师资格制度是国家实行的法定的教师职业许可制度，教师资格是公民担任教师的前提条件。只有具备教师资格的人才能担任教师，否则不允许从事教师职业。《教师资格条例》对于教师资格做了相对具体的规定。概言之，教师资格由五个要素构成：一是国籍，必须是中国公民；二是思想品德，必须具有良好的政治思想觉悟和职业道德修养，热爱教育事业；三是学历，学历是一个人受教育的经历，一般表明其具有的文化程度，学历因素是教师资格的主要方面，是教师任职资格的一般标准；四是教育教学能力，指教师从事相应教育教学工作所需要的教育学、心理学等知识和技能。五是程序，教师资格必须经过法律授权的行政机关或其委托的其他机构认定。从《教师资格条例》可以看出，教师必备的素质结构应当是职业思想和道德素质、专业知识和能力素质、教育教学能力、学历水平。

二、教师专业素养的理论研究

国家的法律法规及其政策只能给出教师入职、入门的最基本、笼统的规定。事实上，不同发展时期、不同学科教师，其所需要的专业素养比较复杂。很多学者对教师素质内容和结构做了更进一步的研究，当前，在我国，比较具有代表性的论点如表2-1所示。

表2-1　关于教师专业素养内容构成的几种不同观点①

研究者	教师专业素养内容
曾荣光	①专业知识，②服务理想
林瑞钦	①所教学科的知识（能教），②教育专业技能（会教），③教育专业精神（愿教）
艾伦	①学科知识，②行为技能，③人格技能
林崇德	①职业理想，②知识水平，③教育观念，④教学监控能力，⑤教学行为和策略
饶建雄	①教师通用知能，②学科知能，③教育专业知能，④教育专业精神
叶澜	①专业理念，②知识结构，③能力结构
申继亮，辛涛	①专业理想，②教育观念，③知识结构，④教育教学能力
傅道春	①专业伦理修养，②专业技能修养，③教师的人格，④知识与能力，⑤工作需要和态度
郭彩琴	①观念素质，②知识素质，③能力素质，④身心素质
姚志章	①认知系统，②情意系统，③操作系统
唐松林	①认知结构，②专业精神，③教育能力

在我国教育界，叶澜的新型教师素养模式最具影响力。她把教师的素养分为三种。

第一，基础性素养。它包括：①个人价值取向和发展的内动力：集中表现在教师的事业心、责任心、爱心和自我发展的内在追求等方面。②宽厚扎实的文化底蕴：首先要有超越直接服务于专业范围的广泛阅读的兴趣与习

---

① 胡志坚. 关于教师专业发展研究中几个问题的思考［J］. 教育研究与试验，2009（6）：38-40.

惯，内容上至少要包括文史哲艺的基本人文素养和科学技术的基础素养。③实践创生的思维能力：敏于探究、善于策划、强于反思重建、敢于开拓等品质。

第二，学科专业素养。应熟练掌握所教学科的知识体系与结构、历史与趋势；熟悉相关学科的知识范围、性质与相关程度；了解学科知识与人类多种实践的多重关系及表现形态；掌握研究方法。

第三，教育专业素养。不是作为知识，而要转化为教师对学校教育、教学实践和学生的内在认识，并转化为教师的行为时才具有积极的意义。

对各种研究结果进行对比分析，学者们对教师的专业素养基本上是从人格态度、知识和能力方面来进行分类和探讨的。

三、国内外对优秀教师专业素养的实证研究

国内外一些学者对被认为是优秀教师的素养进行实证调查，得出了具体的作为优秀教师的特征。

1. 美国学生心目中优秀教师的品质①

友善的态度："课堂如一个大家庭一样"；尊重课堂内每个人："不会把你在他人面前戏弄"；有耐心："决不放弃一个人，直到你做到为止"；兴趣广泛："带给学生课堂以外的观点"；良好的仪表："语调和笑容，使人舒畅"；公正："没有丝毫偏差"；幽默感："欢乐而不单调"；良好的品性："从不发脾气"；对个人的关注："帮助认识自己"；伸缩性："说出自己之错"；宽容："装作不知道我的愚蠢"；有方法："我完成任务，竟然没有觉察到这是因为他的指导"。

2. 中国学生心目中优秀教师的品质②

有责任感；不刺伤学生自尊心；对学生一视同仁；教法生动有趣，容易领悟；敢于承认自己的失误；愿意参与学生活动；多和学生接触；重视学生能力的培养；理解当代学生的思想；有组织能力；对学生有耐心。

3. 中国人眼中的好教师标准③

（1）校长和教师认为优秀教师应具备以下素质：有责任感；有组织能力；知识面广；重视品德教育；教法生动有趣，容易领悟；敢于创新，有进取心；教学能抓住重点，突出关键；注意教与学的及时反馈；敢于承认自己

---

① 韦地. 学生眼中好老师的 12 种素质［J］. 吉林教育，2010（36）：107.

② 教育部教师工作司. 中学教师专业标准（试行）解读［M］. 北京：北京师范大学出版社，2013：2.

③ 查有梁，等. 教育人才素质研究［M］. 郑州：河南教育出版社，1991：74－75.

的失误；重视学生能力的培养。

（2）家长认为优秀教师应具备以下素质：有责任感；重视品德教育；教法生动有趣、容易领悟；有组织能力；重视学生能力的培养；鼓励学生自己思考问题；知识面广；教学能抓住重点，突出兴趣；严格要求学生；讲解透彻明白。

4. 美国人眼中的好教师标准①

一是"兴趣人"，即对教育工作真正感兴趣及在此基础上产生的热爱之情。

二是"智慧人"，即对所教学科的钻研及在此基础上对相邻学科知识点之间的内在逻辑联系的把握。

三是"有心人"，即能够通过自身的人格魅力来感染、影响学生。

四是"榜样者"，即能激发学生的求知欲望并为学生树立终身学习的榜样。

5. 日本的教师素质标准②

日本有区分性地提出了"任何时代都应具备的素质和能力"和"今后应特别具备的素质和能力"。

（1）任何时代都应具备的素质和能力：作为教育者的使命感；对人的成长和发展的深度理解；对幼儿教育和儿童教育的热爱；在教学科目方面的专业知识；较高的文化道德修养。

（2）今后应特别具备的素质和能力：能以世界领域为行为出发点的素质和能力（包括对地球、国家、人类等概念的正确认识；丰富的人性；国际社会所必需的基本素质和能力；等等）；为能适应社会变化而应有的素质和能力（包括问题解决能力、协调人际关系方面的素质和能力、适应社会变化所需的知识和技能）；作为教育工作者所不可缺少的素质和能力（包括对学生及教育的理想现实的正确理解；对教师职业的热爱及自豪感和一体感；进行学科指导、学生指导所需的知识、技能和心态）。

四、教师素质的国家标准

教师是一种特殊的职业，是一种专业化的工作。教师是"履行教育教学职责的专业人员"。虽然一些学者从学理上对教师作为专业人员的基本素质做了研究探讨，相关法律也做出了大致的规定，但是二者都不具体、不明

---

① 胡东芳. 什么样的教师才是真正的好教师？［N］. 中国教育报，2004 – 04 – 27.

② 其木格，林海河. 塑造富有魅力的教师：透视当今日本中小学教师教育制度及其改革［J］. 内蒙古师范大学学报（教育科学版），2006（12）：58 – 61.

确，专家的研究缺乏权威，而法律的规定过于空泛，都不利于执行操作。一个具体明确而具有权威的教师素质标准非常必要。因此，各国一般都会以专业标准的形式，对教师素质做出明确规定。2012 年年初，我国颁布《幼儿园教师专业标准（试行）》《小学教师专业标准（试行）》《中学教师专业标准（试行）》（以下统称教师专业标准），对各级各类教师的专业标准做出了明确规定。本书对教师专业标准的讨论，主要针对《中学教师专业标准（试行）》。

教师专业标准定位为国家对中学合格教师的专业基本要求，是教师开展教育教学工作的基本规范，是引领教师专业发展的基本准则，是教师培养、准入、培训、考核等工作的重要依据，也是教师自身专业发展的指南。教师专业标准具有"专业"标准、"合格"标准、"通用"标准性质，体现四个特点：一是突出师德要求，要求教师要履行职业道德规范，增强教书育人的责任感和使命感，践行社会主义核心价值体系。二是强调学生主体地位，要求教师要尊重学生，关爱学生，充分发挥学生的主动性，为学生提供适宜的教育，促进每个学生主动、生动活泼地发展。三是强调实践能力，要求教师要把学科知识、教育理论与教育实践相结合，不断研究，改善教育教学工作，提升专业能力。四是体现时代特点，要求教师要主动适应经济社会和教育发展的要求，不断优化知识结构，不断提高文化修养，做终身学习的典范。

教师专业标准框架由基本理念、基本内容与实施建议三大部分构成。基本理念提出教师要以学生为本，师德为先，能力为重，终身学习。教师专业标准的"基本内容"包含"维度""领域""基本要求"三个层次。"维度"包含专业理念与师德、专业知识和专业能力。在各个"维度"下，确立了若干个领域。在每个"领域"之下，又提出了若干个"基本要求"（见图 2 –1）。

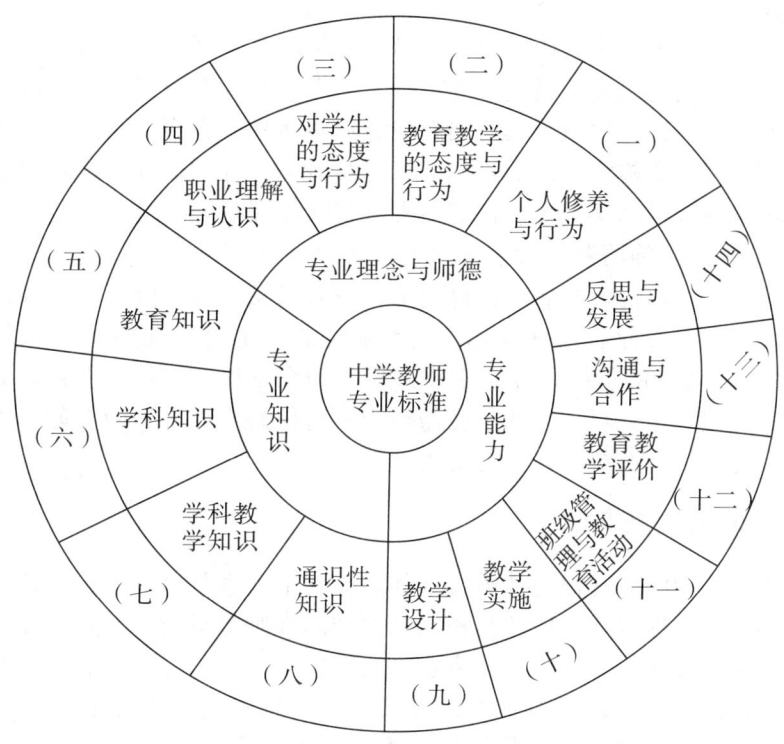

图 2 - 1　《中学教师专业标准（试行）》的主要内容

课堂讨论：请联系你的中小学语文学习经历，说一说你心目中的好老师所具有的素质特征。

第二节　语文教师的专业理念与师德（上）

教师的专业理念与师德是教师所持有的专业理念及其所拥有的师德的统称，是教师专业发展的一个关键维度，在教师专业标准的结构框架中居于首要位置。其中，专业理念是关于教育教学的观念和信念，是教师对自身专业的性质、标准、价值等的理解、判断、期待与认同，指引着教师的思考方式和行为举止。语文教师的专业理念指语文教师在理解教育工作本质的基础上形成的关于教育的观念和理性认识，为语文教师的专业行为提供了理性支点，使得作为专业人员的语文教师和其他非专业人员区别开来。语文教师所持有的专业理念会直接决定其组织教育教学活动的目的、内容和方式，影响其教育教学活动的效果以及自身专业发展的方向。

师德即教师的职业道德，是指教师在教师职业生活中处理各种关系所遵循的基本行为规范以及遵循这些规范所表现出来的观念意识和行为品质，是教师的思想觉悟、道德品质和精神面貌的集中体现，也可以称之为教师的专业伦理规范。语文教师的师德是一定社会对语文教师的职业行为提出的基本道德要求，通常以师德理想、师德原则以及师德规则等方式表现出来。

"专业理念与师德"既超越了"专业理念"所属的"认识论"范畴，延伸至情感、意志和行为的层次；也超出了一般意义上的"师德"范畴，要求教师形成坚定的专业认同和信念。"专业理念与师德"是对语文教师"愿教""乐教"提出的素质要求，主要体现在四个领域。对待职业：职业理解与认识；对待学生：对学生的态度与行为；对待教育教学：教育教学的态度与行为；对待自身：个人修养与行为。

一、职业理解与认识

对职业的理解与认识是从语文教师对教育事业和教师职业的认识等宏观层面，对一名合格教师所应该具备的专业理念和师德进行的规定。正确地对教师职业进行理解与认识是职前教师"愿教""乐教"的基础。主要要求：依法执教；爱岗敬业；为人师表；团结协作。其中最为核心的是"爱岗敬业"和"为人师表"，它们是教师作为专业人员应有的基本素质要求和追求。而对教师职业是一个专业性职业的职业理解与认识，是教师"爱岗敬业"和"为人师表"的前提和基础。

1. 依法执教

这是对语文教师职业的一个基本要求。依法执教就是要贯彻党和国家的教育方针政策，遵守教育法律法规。依法执教包含三层含义。首先，教师需要了解我国已经颁布的教育法律和行政法规，特别需要熟知与义务教育相关的法律法规以及政策，深刻理解我国教育的方针、政策、精神以及阶段性的教育事业发展目标等，用以指导教育教学工作。其次，教师需要在实践中勤于反思，对照法律法规中的具体规定反思自己的教育实践活动，时时检视并不断完善自己的专业理念和师德，在教育教学工作中全面贯彻落实党的教育政策和教育法律法规。最后，依据相关教育法律法规，维护自身权利，同时切实履行教育法律法规对教师规定的各项义务，依法维护学生权益。

▶ **补充材料2.1**

什么是教育方针、教育政策、教育法规

教育方针是国家或政党在一定历史阶段提出的有关教育工作的总的方向

和总指针，是教育基本政策的总概括。它是确定教育事业发展方向，指导整个教育事业发展的战略原则和行动纲领。其内容包括教育的性质、地位、目的和基本途径等。不同的历史时期有不同的教育方针；相同的历史时期因需要强调某个方面，教育方针的表述也会有所不同。党的十八大报告指出，要"坚持教育为社会主义现代化建设服务、为人民服务，把立德、树人作为教育的根本任务，全面实施素质教育，培养德智体美全面发展的社会主义建设者和接班人，努力办好人民满意的教育"。

教育政策是一个政党和国家为实现一定历史时期的教育发展目标和任务，依据党和国家在一定历史时期的基本任务、基本方针而制定的关于教育的行动准则。如2001年教育部颁布的《基础教育课程改革纲要（试行）》、2010年教育部颁布的《国家中长期教育改革和发展规划纲要（2010—2020年）》。

教育法规是有关教育方面的法令、条例、规则、规章等规范性文件的总称，也是对人们的教育行为具有法律约束力的行为规则的总和。它是由国家政权机关制定，以国家暴力机器为后盾而实施的，它对人们接受教育的权利和义务起着保护和规范的作用。

中小学教师须了解的教育法规主要有：《中华人民共和国教育法》《中华人民共和国义务教育法》《中华人民共和国教师法》《教师资格条例》《国家教育考试违规处理办法》《教育行政处罚暂行实施办法》《中小学校电化教育规程》《中小学德育工作规程》《少年儿童校外教育机构工作规程》《流动儿童少年就学暂行办法》《学校食堂与学生集体用餐卫生管理规定》《学生伤害事故处理办法》《中小学校长培训规定》《中小学教师继续教育规定》《教师和教育工作者奖励规定》《中华人民共和国未成年人保护法》。

案例2.1

老师罚抄课文 学生自缢身亡

新疆某市附小六年级小学生徐某，因班主任老师罚抄作业而在家用红领巾自缢身亡。徐某平时性格开朗，活泼调皮，纪律性较差，学习成绩属中下水平。某日上午早读课上，徐某因没按要求补写老师布置的家庭作业——抄写课文而受到班主任老师的批评。班主任派徐某的同学打电话叫来其父亲，让徐父将儿子带回家补家庭作业，并罚他将语文课从第一课一直抄到第十八课。当日13时40分，徐某父母回家，发现门从里面反锁着，反复敲门都无动静，遂破门而入，发现徐某横躺在客厅门前，一条红领巾拘成的圈一头套着离地面约90厘米的门把手，一头套着徐某的脖子。徐某父母抱起已失去体温的儿子直奔附近医院急救，但徐某终因发现太晚，抢救无效而亡。事发后，引起该市教育界的广泛关注。一些专家指出，徐某事件一方面反映出我们教师在教育方法上的简单粗暴，另一方面也说明学生的心理素质教育亟待加强。

（资料来源：刘云芳. 老师罚抄课文　学生自缢身亡 [J]. 现代健康人，2001（9）.）

▶ **评析**

　　本次事件中，徐某自杀的主要原因在于其自己。他自杀的主要原因在于他自己心理承受能力太弱，不能正确对待班主任对他的错误做法。班主任罚他抄作业的做法虽然是错误的，但并不是导致他自杀的必然原因，因此徐某对其自杀负有主要责任。

　　班主任的做法是错误的，违反了教育法规的有关规定。《中华人民共和国未成年人保护法》第二十一条规定："学校、幼儿园的教职员工应当尊重未成年人的人格尊严，不得对未成年学生和儿童实施体罚、变相体罚或者其他侮辱人格尊严的行为。"《中华人民共和国义务教育法》第二十九条规定："教师在教育教学中应当平等对待学生，关注学生的个体差异，因材施教，促进学生的充分发展。教师应当尊重学生的人格，不得歧视学生，不得对学生实施体罚、变相体罚或者其他侮辱人格尊严的行为，不得侵犯学生合法权益。"《义务教育法实施细则》第二十二条第二款规定："学校和教师不得对学生实施体罚、变相体罚或其他侮辱人格尊严的行为；对品行有缺陷，学习有困难的儿童、少年应当给予帮助，不得歧视。"在事件中，班主任采取的是变相体罚的做法，即间接使学生感到肉体痛苦的做法，如罚站、罚饿、罚劳动以及本案中的罚抄作业。我们既反对直接体罚，也反对间接体罚。本事件中的班主任间接体罚的错误做法给学生造成了伤害，同样要承担一定责任。

　　对班主任应当如何处罚？在本事件中，班主任老师对学生实施了变相体罚，造成学生自杀身亡，情节严重，应由其所在学校或上级机关给予行政处分。对于死者家属所遭受的损失，他应当适当予以赔偿，因为尽管他不是造成学生死亡的直接原因，但必定与其死亡有一定因果关系，故应该承担一部分民事责任。

　　2. 爱岗敬业

　　爱岗就是热爱自己的工作岗位，热爱本职工作，敬业就是要用一种恭敬严肃的态度对待自己的工作。爱岗敬业作为最基本的职业道德规范，是对人们工作态度的一种普遍要求。教师爱岗敬业就是热爱教育教学工作，认真对待教育教学工作，并对教育教学工作持之以恒，负责到底。这是对教师职业的本质要求。

　　首先，要正确理解中学教育工作的意义。《说文解字》解释："教，上所施，下所效也"；"育，养子使作善也"。在西方，"教育"一词源于拉丁文 educate，本义为"引出"或"导出"，意思就是通过一定的手段，把某种本来潜在于身体和心灵内部的东西引发出来。教育是一种以促进人的发展、社会的发展为目的，以传授知识、经验和文化为手段的培养人的社会活动。从个体的角度来讲，教育就是促进学生个体的发展，完善其人格，发掘其潜力，让每个学生都能做更好的自己。从社会的角度来讲，教育就是为社会培养合格的公民，使其拥有独立的人格，具有强烈的权利意识和责任意识，积极参与社会公共事务，维护社会正义与公平。从文化的角度来讲，教育就是人类薪火相传的过程，将前人的智慧和文化传承给后人，使人类文明生生不息。

　　其次，树立专业理想。专业理想是人对自身所从事专业的向往和追求，是人行动的精神动力。教师的专业理想是教师对自身教育理想的向往和追求，是完善专业素养促进其专业发展的核心和灵魂。

　　再次，坚守专业情操。专业情操是人对自身所从事专业工作的理智性价值评价的情感体验，是其人格和品行的重要因素。教师的专业情操是教师对教育教学工作带有理智性的价值评价的情感体验，是促进教师专业发展的动力和情感支撑。

　　最后，强化专业自我。专业自我是人对自我所从事专业的感受、接纳和肯定的心理倾向，是提高工作效率的重要因素。教师的专业自我是教师个体对自我从事教育教学工作的感受、接纳和肯定的心理倾向，是提高教学效果、创新教学行为和完善专业发展的重要途径。

▶ **补充材料2.2**

教育是什么

　　（1）柏拉图："什么是教育？教育是为了以后的生活所进行的训练，它能使人变善，从而高尚的行动。"

　　（2）夸美纽斯："只有受过恰当教育之后，人才能成为一个人。"

　　（3）福禄贝尔："人的教育就是激发和教导作为一种自我觉醒中的、具有思想和理智的生物的人有意识地和自觉地、完美无缺地表现内在的法则，即上帝精神，并指明达到这一目的的途径和手段。"

　　（4）裴斯泰洛齐："人的全部教育就是促进自然天性遵循它固有的方式发展的艺术"，"教育意味着完整的人的发展"。

（5）斯宾塞："从教育的生物学方面来看，可以把教育看作一个使有机体的结构臻于完善并使它适合生活事物的过程"，"教育即为未来人的完美生活做准备"。

（6）皮亚杰："教育是什么？教育是认知发展的陶冶过程，就是创造条件，促使儿童与外界相互作用，使认知结构不断成熟和发展的过程。因此，教育目的不在于增加儿童多少知识，而在于使儿童的认知结构得到发展，把内心潜在的发明和发展的可能性表现出来。教育的首要目的是培养儿童能做新事，有创造能力和发明兴趣，而不在于只训练重复既有事情的人；教育的第二个目的就是，要培养儿童的批评性，具有求证的能力，而不只是接受知识。教育最主要目的不在于接受事实，而是培养创造力、想象力、洞察力。"

（7）马克思主义认为教育目的应该是"人的全面发展"。

（8）鲁迅："教育是要立人。"

（9）卢梭："我们在出生的时候没有的东西，我们在长大的时候需要的东西，全都需要由教育赐给我们。"

（10）联合国教科文组织《反思教育：向"全球共同利益"的理念转变?》：教育应该以人文主义为基础，以尊重生命和人类尊严、权利平等、社会正义、文化多样性、国际团结和为可持续的未来承担共同责任。

（11）雅斯贝尔斯："教育就是一棵树摇动一棵树，一朵云推动一朵云，一个灵魂唤醒另一个灵魂。"

（12）杜威："教育即生长""教育即生活""教育即经验的继续不断的改造"。

（13）苏格拉底：教育目标就是培养美德，"美德即知识"。

（14）斯普朗格："教育的最终目的不是传授已有的东西，而是要把人内在的创造力量诱导出来，将生命感、价值感唤醒。"

（15）马克思："教育绝非单纯的文化传递，教育之为教育，正在于它是一种人格心灵的'唤醒'，这是教育的核心所在。"

 案例2.2

痴迷语文教育——于漪的教育信念

于漪的教育信念有三方面：一是"天下兴亡匹夫有责"的使命意识，二是教文育人的价值观，三是语文学科人文性的性质观，三者构成她教育观念的核心系统。"天下兴亡匹夫有责"的使命意识，是她生命的原动力，"作为中华儿女，我深感自己肩负的历史责任，天下兴亡，匹夫有责。身为基础教育的一名普通教师，这种忧患意识与使命意识使我深深地认识到，奉献是教师的天职，也是一名炎黄子孙无可推卸的责任，因此，'让生命与使命结伴同行'成了我的人生名言。我体会到，教师，既是一种职业，更是一种人生理想，是需要以整个生命拥抱的伟大事业，教师应该拥有这样的人生标杆和生命境界。"① 因此，"树中华教师魂，立民族教育根"成为她终生奋斗的目标、始终不变的精神追求，是她从事教育工作伊始就拥有的远大理想。而教文育人是她对语文教育价值的思考，是语文教育价值观。她认为："语文教学的目标就是培养人，语文学科就是要树立'育人'的大目标，既教文又育人，要全面培养学生。"② 语文学科人文性的性质观，是于漪老师近 20 年的探索。她提出："给语文教育定位，先得给语言定位，给汉语定位……语言不但有自然代码的性质，而且有文化代码的性质；不但有工具属性，而且有人文属性。"③ 观察三者关系，可发现于漪老师拥有的强大的责任感与使命感，让她把教育工作、教师职业与国家兴亡、个人生命融合在一起，构成她教育思想与教育行为产生的强有力的动力，促使她带着坚定的信念、强烈的热爱之情与坚强的意志从事着教育事业、教育改革并乐此不疲，成就了"一辈子做教师，一辈子学做教师"的"学而不厌、诲人不倦"的孔子般的人生境界。如此的人生追求带领于漪老师深入语文教育实践，探索语文教育的真谛与奥秘，使她明确了语文教育就是在教文中育人的大方向，并结合语文学科特点，经过长达 20 年的研究，形成了她语文学科人文性的性质观。

（资料来源：赵宏梅. 痴迷语文教育：于漪的教育信念及其形成因素探析 [J]. 语文建设，2013（26）.）

▶ 评析

于漪老师个人的教育信念是其语文教育实践理论体系的重要组成部分。其形成主要源于于漪老师在教育实践中善于发现问题，并结合教育理论不懈地研究问题，把理论的学习与实践的研究有机地结合起来，从而形成了她个人的教育信念。而明确的教育信念作为她教育实践的指导性观念，会派生出灵活与多元的教育行为系统，产生无限生机的教育效果。因此，她的教育教学经历充分证明了一个追求卓越的教师专业成长与发展的规律。这对于职前教师教育、入职教育与职后教师培训都具有不可估量的价值。即教师教育信念的形成是一个优秀教师专业成熟的标志，也是一个优秀教师专业成长的关

---

① 教育部师范教育司. 于漪与教育教学求索：第 1 辑 [M]. 北京：北京师范大学出版社，2006：2，64，59，60，1，6，56-57.

②③ 教育部师范教育司. 于漪与教育教学求索：第 1 辑 [M]. 北京：北京师范大学出版社，2006：64，59.

键。在关注教师教育行为产生的效率，注重教师教育行为的培养与培训的今天，重视教师的教育信念的养成应成为教师教育的重要内容。

案例2.3

品味为人师者的幸福

当初是糊里糊涂地走进师范的大门的，可从事小学教育工作13年来，我感受到的却是无法比拟的喜悦和幸福。走进学校，我快乐；看到孩子们，我快乐；教会他们知识和做人的道理时，我最快乐。快乐是那么简单，那么平淡，那么自然。快乐是我身体不舒服时，孩子们稚嫩的话语和关切的眼神；快乐是夜幕降临时，前来接孩子的家长感激的话语和会心的微笑；快乐是与办公室的老师围在一起就教育教学展开激烈的讨论；快乐是课下时，我孩子般地钻进孩子堆里和他们一起跳绳、打沙包、踢毽子；快乐是一个人静坐办公桌前批改学生作业，欣赏他们工整的字体、生动而真诚的语言的陶醉；快乐是在梦中还能和孩子们相会，一起打扫卫生，一起去社区体验，一起为一篇感人的文章流泪……快乐是那么简单，快乐又是那么醉人。

我是个崇尚快乐的人，我希望身边的每一个人快乐，尤其希望我的孩子们快乐。我把"快乐每一天"当成座右铭，并努力做到让我的每一个孩子都能健康快乐地成长，让他们学会"挫折也要快乐面对"。在我看来，"快乐是人的一生中最重要的东西"。作为成人，我们有义务让孩子们快乐；作为教师，我们有责任让学生快乐。而且教学理应是快乐的，让孩子们喜欢学习，主动学习，快乐学习。我的"快乐语文"课题正是为了实现此愿景而设立的。我的教学口号是"快乐语文，快快乐乐学"。在教育教学中，我们首先要学会让自己快乐，让自己每天都是阳光的、快乐的，这样我们才可以用快乐去感染、去带动、去影响孩子们，让他们和我们一起快乐学习、快乐生活。

能和孩子们一起成长也是一件快乐的事情。我喜欢和孩子们一起读书，一起观察，一起交流，一起走进生活、观察生活、体验生活、描绘生活，一起创造快乐课堂、快乐语文。有几位听过我的课的老师曾经告诉我："燕老师啊，我要是你的学生该多好啊！"也有不少孩子偷偷告诉我："老师，我想做你的女儿。"我说："那我得幸福死。"其实简单地说，"工作着就是幸福的，当老师就是快乐的"，这是一种美妙的感觉。

如果每一位教师都能对自己的工作如此满足，如果每一个领导都能以他的员工为荣，如果每一个孩子都能喜欢自己的老师，那教育将是一种享受。享受教育，是为人师者的最大幸福。

写到这里，我想告诉大家一件真实的小事。前几天，我像往常一样，带几个孩子回家包饺子吃。他们这样对我说："燕老师，等我长大了给你买辆汽车。"

"燕老师，我要为你买套别墅。"

"燕老师，我要给你开家公司，还要给你100万。"

我不在意孩子们将来能否记得他们曾经说过的话，也不在意他们是否会兑现自己的诺言，因为这并不重要。重要的是孩子们心里装着我，他们平淡、真实、稚嫩的话足足可以温暖我一辈子！这也许就是为人师者的最大幸福吧。

能够在孩子们人生的旅程上送他们一程，看他们一路前行，这就是为人师者最简单、最真实的幸福。

（资料来源：燕全欣. 品味为人师者的幸福［N］. 中国教师报，2008－03－31.）

3. 专业认同

所谓"专业认同"主要是指专业人员在从事专业工作的过程中逐步形成的对于自身工作的感知、理解和情感态度，这些直接影响从业者的思想、行为，左右其对自身及工作价值的肯定程度。教师的专业认同主要是指教师个人或群体在教育教学专业实践过程中逐步形成的对自己身为教师的理解与看法，是教师对自己"我是谁""我该怎么做""我为什么要这么做"的认知、思考和看法。它对于教师理解自己的工作情境、赋予意义并采取积极有效的行动，有着十分重要的意义。从某种程度而言，教师的专业认同是促进其自身专业发展的内源性动力。

一个人对教师职业感兴趣并乐意献身于教师职业必然有其心理基础或前提，即发自内心对教师职业予以认同。就教师个体而言，教师职业认同是受教师主体内部因素与情感因素的驱动而主动发起的，是教师自觉自愿地对自身的身份定位和价值判断，需要一种强烈的自我意识的涉入，需要教师用心在实践中体验和反思获得。作为准教师的师范生缺乏对教育教学的实际体认，没有实践经验，对教师职业的认同主要受内外相关的各种信息的影响，具有多变性，其教师职业认同的建构不能仅仅停留在制度、组织和理性层面，而是要从思想和行为两方面同时进行，特别是要进一步重视在教育实践中的经常化体验，在实践的基础上加强引导。

▶ **案例2.4**

陈鹤琴：来世还想做教师

1951年8月，陈鹤琴应邀参加中央教育部召开的全国第一次初等教育及师范教育会议。在会议闭幕宴会上被推举出来讲几句话。陈鹤琴说："我今年60岁。假如有人问我：'你来世愿意干什么？'我说：'我还愿意做教师。'要问：'为什么？'我说：'因为我太喜欢孩子。'"

▶ **案例2.5**

当老师是一件很美的事

早晨6点起床，7点半准时到校。上午，负责处理实训中心所有的日常工作，下午2点到晚上8点半给学生上课，晚上回到家已经10点，才满3岁的女儿和早上他离开时一样，正在甜甜的酣睡中。

这，就是天津工程师范学院附属高级技术学校教师易贵平的一天。

易贵平至今还记得第一次走上讲台的场景。当时他22岁，刚刚毕业。面对和自己年龄差不多的学生，易贵平稍稍稳定了一下紧张的情绪，就开始讲课。条理清晰，理论结合实际，学生们很快被他吸引了。第一堂课的成功让他体会到作为一名教师的幸福。

"看到学生在课堂上认真学习，我就特别欣慰，有一种踏实幸福的感觉。逢年过节，收到学生的贺卡、电话，这种幸福感就更加强烈。想到学生毕业后，可能会记得有我这么一个老师，心里就有种巨大的成就感。当老师真是一件很美的事。"

他常常以自己的经历教育他的学生："技能改变了我的命运，也一定能改变你们的命运。技校的学生一样能够成才，一样能够走得很远！"1991年，易贵平参加中考。因为家里不富裕加上父母双双下岗，他选择了湖北孝感第一技术学校。尽管有些不甘心，但他还是努力学习钻研。1994年，他被天津工程师范学院录取。1997年，他留在学院附属高级技术学校当教师。2004年，在全国技工学校技能竞赛中，凭着过硬的技术和强烈的团队意识，他带的队最终取得包揽前三名、学生组第四名的好成绩，而他自己也获得电工教师组第一名以及"全国技术能手"等称号。

易贵平在教学上也有自己的一套。他把实践教学分成三个层次：第一让学生明白怎么做，第二让学生明白为什么这么做，第三思考怎么做才能做得更好。遇到学生难以理解的问题，他通过比喻、模拟甚至是游戏让学生体会，让学生轻松愉快地掌握原理。

10年来，他直接教过的学生有400余人，培训学员几百名。许多学生毕业后都在各自岗位上颇有建树。以易贵平的技术，完全可以跳槽。可是面对企业的高薪聘请，易贵平却说："除了当老师，我不知道还有什么更能体现我的自身价值。"

（资料来源：王珏. 当老师是一件很美的事［N］. 人民日报，2007 - 09 - 11.）

▶ **评析**

只有具有强烈的职业认同感，才会出自真心地热爱教师这个工作，才会去爱岗敬业。俗话说"强扭的瓜不甜"，一个人如果从内心不喜欢教师工作，那就最好选择其他工作。否则，不仅贻误自己，还会贻误学生。

4. 为人师表

"师表"一词，出自《史记·太史公自序》，意思与"师范"相同，是指学习的榜样。汉代韩婴在《韩诗外传》中说："智如泉涌，行可以为表仪者，人师也。"汉代扬雄所说的"师者，人之模范也"，成了传世名言。为人师表是社会对教师的要求，是教师最核心的道德标准。

教师既是学生师表又是社会师表。教师作为一个特殊的社会群体，从其产生以来，就始终作为民族素质提高、文化发展和社会进步的一种特殊动力。以教书育人及建设一个高度文明的道德社会和知识社会为己任，既做学生的表率又做社会的表率，是教师为人师表的题中应有之义。

教师在生活、教学和社会实践中所表现出来的素质与行为都应成为他人的表率，尤其是教育和教学中的素质和行为。教师为人师表的内容主要表现在品德和学识两大方面，"学高为师，身正为范"，教师应成为"善表"和"先知"。在实践中的表现形态，主要体现为诲人不倦的奉献精神、平易宽厚的博爱胸怀、教学相长的谦虚品格、熟练精湛的从教技能。现代教师为人师表的内涵要求教师具备作为现代人所应具备的全面而优秀的素质。

教师为人师表的途径是言传身教。言传是教师产生教育影响的最基本的形式和方法。言，是人的思想、观念、知识、智慧等的载体；传，是基本的特定的交流、教育方式。教师"言传"一是要"谨言"，就是"慎尔出话"，使所传之言成为真、善、美的载体，具有正确性、先进性和高质量；二是要"善言"，即讲求"传"的方式方法，讲求说话的艺术。身教就是以身作则，其优势是以身垂范，直观性强，感召力大，特点在于感化。[1]

---

① 胡相峰. 为人师表论［J］. 教育研究，2000（9）：55 - 59.

▶ **案例2.6**

教 师 戒 烟

在教学中我曾经有过一个经历，那是在 2005 年的时候，当时我接手初三（5）班，这个班里有四五名同学吸烟，我做过很多次思想工作，但效果很差，找过家长也是没有太大的效果。我干脆来个严厉措施，狠狠地批评教育，叫他们写出保证书，如果再犯叫家长领回家去反省……可是不管用什么方法就是不管事，效果不大，他们不敢在学校抽烟，但是他们在上下学的路上偷偷地抽烟。这样一来真的叫我很是头痛。后来在一次中午上自习的时候，我在教研室休息，我当时在吸烟（我有 15 年的烟龄），平时抽烟的李同学正好来教研室，他看着我吸烟就笑了，而且眼睛盯着我桌上的烟盒，发出诡笑。我当时突然醒悟，学生心里肯定想老师叫我不要吸烟可是自己为什么吸烟呢？于是在今后的工作中，我除了耐心地做他们的工作，还和他们"打赌"：我把烟戒掉，你们也不许吸烟了。大家不相信我会戒烟，都说老师可以在我们上课的时候去吸烟啊。我说这样，咱们叫班里其他不吸烟的同学来监督，因为吸烟是会有烟味的。这样，每天我们都相互检查（闻闻彼此是不是有烟味），最后他们真的不再吸烟了。我在忍受了痛苦的一段时间后也终于把烟戒掉了。现在想起来真是太有必要了，自己既节省了钱，还有利于健康，更是为孩子们树立了榜样。

（资料来源：张连军. 为人师表典型案例评析［EB/OL］.（2009 - 01 - 11）. http://www.qifaedu.com/39/1962.html.）

▶ **评析**

学生的内心把教师或者家长当成榜样，家长不吸烟的孩子大多不吸烟。教师给学生的影响很重要，如果教师吸烟却做学生的工作叫他们不吸烟，教师的榜样作用就会是反向的，因此学生内心不会服。也就是说作为教师要求学生做到的自己要首先做到才有说服力。教师就是榜样，这就是为人师表的力量。

5. 团结协作

团结协作是指建立在利益、目标一致基础上的思想和行动的统一以及感情上的和谐。团结协作是一个历史的范畴，自从人类社会出现以来，人们要以集体的力量去战胜自然、改造社会，就有了团结协作的社会要求。团结协作不仅是人类生存的基本法则，更是人类幸福生活的基础所在。

对于今天的学校和教师而言，团结协作更有其重要意义。首先，教师的团结协作是保证教育的连续性和一贯性的前提。学生的发展是一个前后连续的过程，是多方面教育影响的结果，依赖于全体教师的协作努力。教师对学生的影响统一，才能形成育人合力，从而保证教育的效果。其次，教师的团结协作是教师自我完善的途径。和谐与自然的学校环境和氛围能极大地激发教师的创造力和表现力。教师的成长不可能靠"单打独斗"，必须得到同事群体的帮助和激励。最后，教师的团结协作还能增进学校整体的教育智慧。

职前教师首先要克服自我封闭意识，学会交际，扩大交往范围。教师工作独立性强，自主性大，这就容易使教师囿于教育教学的狭窄范围之内，疏于与外界交流。然而，教育是一项系统的社会工程，人才的成长是学校、家庭和社会各方面共同施加影响的结果，教师必须克服自我封闭的心理，积极主动地和家长、社会建立联系，共商教育事宜、协调教育步骤。其次，教师要积极创造交流机会，参加各种集体活动，培养集体荣誉感。在知识爆炸，世界日新月异的时代，教师决不能再囿于自己的一方天地而孤芳自赏，要从自己的书斋走出来，树立"群己和人"的社会价值观，正确处理竞争与合作。

案例2.7

天堂与地狱的区别

上帝领着一个人到地狱，这个人发现地狱的人都瘦骨嶙峋，他们都用一个特制的勺子喝粥，勺子的把很长，勺子的头很小，盛出的粥都撒在地上，一点也喝不上，最后桶里没粥了，大家互相抱怨、互相憎恨。上帝告诉这个人，这就是地狱。

上帝又把这个人领到天堂，他发现天堂的人一个个都长得胖乎乎的，笑逐颜开，他们用的是同样的勺子，吃的是同样的粥，但是他们是把粥盛出来喂别人，你喂我，我喂你，结果大家都吃到粥了，互相感恩。

▶ 评析

团结协作才能共赢。

二、对学生的态度与行为

教学是教师的教与学生的学的有机结合。师生关系是教学中的最基本的关系。教师是除父母之外，学生接触得最多、最久的人，也是除父母之外给予学生影响最深远的人。教师对待学生的态度和行为直接关系学生学习的效率和质量，影响学生人格的形成，乃至人生发展。美国教育心理学家古诺特说："在经历了若干年的教师工作之后，我得到了一个令人惶恐的结论：教育的成功和失败，我是决定性因素。身为教师，我具有极大的力量，能够让孩子们活得愉快或悲惨，我可以是制造痛苦的工具，也可以是启发灵感的媒介，我能让人丢脸也能叫人开心，能伤人也能救人。"这番话道出了教师对学生的态度和行为的重要性。教师在对学生的态度和行为上应做到：关爱学生（全身心地关爱每一个学生，不偏爱、不歧视、不讽刺、不体罚）；尊重信任学生（尊重学生的独立人格和个体，信任学生，促进学生自主发展）。

补充材料2.3

教师对学生的态度影响学生的情绪

原国家教委基础教育司课程调查小组于1997年对全国九年义务教育课程实施状况进行了调查。其中一个重要的调查内容就是关于教师在教学过程中对待学生的态度和行为。问卷调查结果显示：中小学生对"是否见过老师厉害、不公平、讽刺、挖苦和罚站学生"等现象的回答令人吃惊。除了"有时"或"经常"见到老师"不公平"或"讽刺""挖苦"学生现象的百分比约占30%外，其余各项回答的人数均接近或超过50%！尤其是关于"老师动手或罚站"的现象，无论是中学生还是小学生，回答"经常"或"有时"的均达50%。该报告还对教师的态度和行为这些变量与学生上学的愉快体验进行了相关分析，其结果表明：学生感到老师"厉害、不公平、嘲讽、体罚"频次越高，上学不愉快的程度也就越高，其相关系数达 0.25 ~ 0.30，明显高于每天作业量与学生上学的愉快体验的相关系数。

1. 关心爱护学生

"关心、爱护全体学生，尊重学生人格，促进学生在品德、智力、体质等方面全面发展"，"制止有害于学生的行为或者其他侵犯学生合法权益的行为，批评和抵制有害于学生健康成长的现象"，这是《中华人民共和国教师法》中规定的教师的基本义务之一，也是教师职业道德的核心内容之一。

教师对学生的爱，是一种出自崇高目的、充满科学精神、持久而又深厚的无私的爱。这种爱不是基于亲缘关系，不是出于个人的，而是来源于对事业的深刻理解和高度责任感。关爱每位学生，要求教师必须尊重学生人格，要了解学生心理、生理发育的特点，因材施教。在教育教学过程中不应出现违背教师职业道德、损害学生人格尊严的现象。

保护学生的合法权益和身心健康，是全社会的共同责任，教师对学生的成长更负有义不容辞的责任。对于有害于学生健康成长的各种不良现象，教师应予以批评并自觉加以抵制，引导学生分清是非，努力营造一个相对纯洁的教育环境。同时对于侵害学生合法权益的行为应当及时制止。

关爱学生，首先要做到关心学生。关心，是情感激励的首要因素。关心学生体现在诸多方面，包括关心学生学习、生活、心理、身体等。其次，要尊重学生。尊重学生，应当体现因材施教、尊重个性的原则，不因个人的好恶评价和区分学生，尊重学生的个性发展。最后，要理解和信任学生。懂得理解学生的心思，对学生一视同仁，不偏不倚。关爱学生还需做到"爱生如生"，不溺爱，不放纵，不把学生作为自己的"附庸"。

保护学生生命安全体现为，教师在校园中发现异常情况，如校园内的第三者侵权案件时，要采取措施制止和避免案件的发生；当突发自然灾害时，教师应组织学生有序避开。同时，教师应加强学生的生命教育，使学生树立生命意识、安全意识，具备防灾自救的能力。

案例2.8

殷雪梅：爱心铸师魂

2005年3月31日，江苏金坛市城南小学一、二年级学生去观看革命传统教育影片，二（1）班班主任殷雪梅提出，自己带的二（1）班走在前面，一年级的两个班在中间，二（2）班垫后。中午12时10分，殷雪梅站在斑马线中央，护送学生过马路。突然，一辆汽车疾驶而来，向孩子们冲去，她奋力将6名学生推向路旁，自己被车子撞出老远。学生得救了，殷雪梅却倒在了血泊之中！据交警部门确认，肇事车的时速为120公里，殷雪梅被撞出25米之远。金坛市政府从南京、上海、深圳请来了医学专家，并组织市民先后输血1万多毫升，但殷雪梅老师终因伤势过重，不幸以身殉职，享年52岁。

案例2.9

如何爱学生

有些老师因为"爱"学生，在教学中对学生包办代替。有些老师唯恐学生不懂，课堂上总是不厌其烦地讲；担心学生这也不行那也不行，不敢放手让学生去做。结果，老师过分的"爱"换来的是学生过分的依赖，培养出的只能是不善思考、缺少个性、不思创新、因循守旧的学生。一位女同学，作文写得特好，自然成了语文老师的宠儿。她写的作文立意新颖而深刻，其构思总能给人以惊喜，其语言总是那么熨帖而多姿。她写的作文，不但老师欣赏，全班欣赏，还被拿到其他班展示。即便如此，语文老师还不断给她出新颖的题目，抽时间给她开"小灶"，引导她年年写、月月写、天天写，写出雨丝般的情思，写出春风般的情韵，写出雪花般的雅致……没有人怀疑她将来会成为文坛新星。然而，严重偏科导致她高考几次落榜。她复读了一年、二年、三年……一直到结婚生子，她也没有能够敲开大学的门。她的语文老师没有想到："勤浇偏爱水，多施宠爱肥"的师爱，竟毁掉了一个有着彩虹般未来的孩子的前途。仅仅只是语文老师会这样做吗？不！数学老师、物理老师、历史老师……我们的各学科老师或多或少都曾经这样做过，这样的故事日复一日、年复一年地在校园演绎。

（资料来源：王之强，赵志磊. 爱，需要节制 [J]. 教育文汇，2007 (11).）

▶ 评析

爱是中华民族的传统美德，作为教师更应该以爱为上。但是我们也应明白，过分的爱往往会产生适得其反的效果。"授之以鱼，不如授之以渔。"在课堂教学中，教师的爱不妨节制一些。教师应从点点滴滴中让学生明确自己在学习中的地位，知道学习的重要性，掌握学习的方法，真正成为学习的主人。

2. 尊重信任学生

尊重信任是人的高层次的心理需要。这不仅是成年人的心理需要，也是孩子的心理需要。从小被人尊重信任的人，有很强的自尊心、自信心，容易形成完善的人格，或者说孩子会自己努力用完善的人格来维护自己做人的尊严。被人尊重的孩子也会去尊重别人。

受教育者是有自由意志和人格尊严的具体的现实个体，尊重学生的自由意志和独立人格不仅是真正教育的条件，而且是教育根本目的的内在规定性。尊重信任学生，就是要尊重学生人格，尊重学生的爱好，尊重学生的权利，尊重学生的差异，尊重学生的隐私，尊重学生的需求，尊重学生的意见，尊重学生的创造，甚至也要尊重学生的幼稚和失误，宽容学生，相信所有学生都可教，都能成人成才。尊重信任学生，要平等公正地对待学生。平等是尊重，是伦理原则上的公正，但并不是抽象意义上的平均。在教育实践生活中，落实平等意味着如何将"一视同仁"和"因材施教"相结合。一视同仁就是学生人格上得到平等，因材施教是方法意义上的平等。

尊重信任学生，必须保护学生合法权益，保护学生隐私权。《中华人民共和国未成年人保护法》规定：任何组织或者个人不得披露未成年人的个人隐私，保护学生的受教育权。受教育权是一项基本人权，是中国公民所享有的并由国家保障实现的接受教育的权利，是宪法赋予的一项基本权利，也是公民享受其他文化教育的前提和基础。教师不得讽刺、挖苦、歧视学生，不得体罚或变相体罚学生。不得体罚学生并不等于不能批评和惩罚学生。教育中的惩罚是对学生某种思想行为给予否定的评价，使学生受到警示，旨在控制不良行为。对学生的惩罚一定要建立在尊重学生的独立人格，保护学生的合法权益的基础上。

 **案例2.10**

孙老师称呼学生

特级教师孙双金在上《林冲棒打洪教头》时，有一处值得细细品味的细节。

一学生经过鼓励举手发言后，孙老师问："你叫什么名字？""程××。""小程同学，谢谢你的回答。"并主动和他握手。

（资料来源：刘冠军. 平等对话从转变称呼始 [J]. 新课程教学案例，2007（5）.）

▶ **评析**

孙老师的一声称呼，体现的是他民主平等的对话理念，展示的是他博大的胸襟和至情至性的人格魅力，是一种艺术，是一种思想，是一种境界，更是骨子里的生命意识。

3．满足学生的不同需要

教育的对象——学生，是一个个个体，因此，存在着个体差异。所谓个体差异，指的是个体在成长过程中因受遗传与环境的交互影响，使不同个体之间在身心特征上所显示的彼此不同的现象。每个学生由于遗传因素、社会环境、家庭条件和生活经历的不同，在兴趣、爱好、动机、需要、气质、性格、智能和特长上各有侧重、各不相同。教师不仅要认识到学生的差异，而且要尊重学生的差异，了解和满足学生的不同需要，使每个学生在原有基础上得到完全、自由的发展。正如英国哲学家罗素所说：参差多态乃幸福之源。

满足学生的不同需要，首先要学会通过观察、交流访谈、问卷调查、案例分析等方式，正确认识学生之间的现实差异。其次，应当能了解个性形成差异的原因，从而明确不同背景学生的个性化需求。最后，应当正确面对并尊重个体差异，明智地选择相应的教学行为、鼓励策略和评估方式，避免偏见的影响。

面对不同个性的学生，应遵循以下一般性的原则。

（1）在构建课程和评价时充分重视学生的差异，给学生提供恰当的机会，使学生既能应用自己的优势学习，同时也帮助学生发展自己的薄弱领域。

（2）注重用不同的方式呈现主题，并精心给予多元评估。课堂应当能让所有的学生都有机会掌握材料。

（3）将对个性差异的认识与学生和家长共享，帮助学生了解自己，学会对自己的学习负责。

 **补充材料2.4**

多元智力理论

多元智力理论又叫"多元智能理论"。传统的智力理论认为人类的认知是一元的，个体的智能是单一的、可量化的，而美国教育家、心理学家霍华德·加德纳在1983年出版的《智力的结构：多元智能理论》一书中提出"智力是在某种社会或文化环境的价值标准下，个体用以解决自己遇到的真正的难题或生产及创造出有效产品所需要的能力"。每个人都至少应具备语言智力、数理逻辑智力、音乐智力、空间智力、身体智力、人际交往智力和自我认知智力，后来，加德纳又添加了自然主义智力和存在主义智力，这一理论被称为多元智力理论。多元智能理论告诉我们："教育者要善于发现和挖掘受教育者的不同智能，提供适合每个受教育者个体不同智能的教育需求，进而使受教育者的各种智能得到充分、全面发展和完善。"

案例2.11

让"最差的"也成为最好的

学完了杜甫的《绝句》后，我便准备布置本节课的作业。"同学们，这首诗你们学得都很好，今天的作业是……""老师，还是由我们自己定吧！"学生七嘴八舌，兴致很浓。"好吧！"我微笑着说，"你们打算给自己留点什么作业呢？"学生顿时来了兴趣。

A是班里画画的能手，她说："诗人真了不起，短短一首小诗，就描绘了那么多的色彩，我想画一幅画，把诗中的美景画下来。"我趁机鼓励激发："你很能发挥自己的特长。同学们设计自己的作业时，也可以侧重自己的特长和爱好。"

学生B是个读书迷，她说："我要收集杜甫更多的诗，甚至想去感受杜甫诗的风格，不过这不只是我今天的作业，也并不一定是我一个人的作业，我想请爸爸和我一起完成。"我借此引导全班："与人合作完成作业，也是一种好方法。"

学生C说："我想把这首诗改写成一个生动的故事。"学生D说："我们家有电脑，我想和爸爸一起把这首诗制作成幻灯片或者Flash动画。"

　　学生 E 说："我听说过一道鸡蛋青菜汤，可以用上诗句：两个黄鹂（蛋黄）鸣翠柳（菜叶），一行白鹭（蛋清）上青天（菜汤），我想今天晚上回家试一试。"我表扬他说："你的作业是别出心裁的，出自你这双勤劳而灵巧双手的美味佳肴，与杜甫诗句一定很相配。"

　　后来，一位成绩不太好而又少言寡语的男生举起了手，他站起来，用颤抖的声音说："今天的作业，我只能背诵这首古诗……"没等他说完，"扑哧……"有几个同学便笑出了声。他用小得几乎只有他自己能听见的声音接着说："老师，我的作业设计也许最差，不过请您不要认为我是贪玩，因为……我只能完成这些。"

　　听了他的话，我反而有些感动，走过去摸了摸他的头，微笑着说："你很坦诚，用心设计了最适合你自己的作业，所以我认为你的作业设计是最好的。"

　　我转身对全班学生说："孩子们，你们的作业设计都非常棒，因为你们都是根据自己的兴趣、特长、能力设计的。"最后，学生的作业完成得非常出色。尤其是那位男生，他流利而有感情的背诵赢得了同学们阵阵掌声。

　　（资料来源：孙海燕. 让"最差的"也成为最好的［J］. 江西教育，2007（4）.）

▶ **评析**

　　学生的思维是活跃的，情感是丰富的，自主设计的作业一定会比教师"古板的命令"更活、更妙、更精。每个学生都存在着阅历、知识准备和思维的差异，教师只有承认并尊重他们的差异，引导学生自主设计作业，学生才会乐于实践、勇于创新。

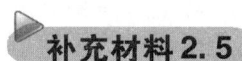

学生个体差异：研究方法与基本结构

　　对课堂教学中学生个体差异的研究主要有两种方法：一是类型化研究，二是差异变量分析。其中差异变量分析是全面动态把握学生个体差异的较好方法。从影响学生学习的主体因素角度来分析，课堂教学中学生的个体差异主要包括基础性差异、动力性差异、操作性差异和方向性差异等四个方面，它们共同构成了课堂教学中学生个体差异变量的分析框架，为我们全面检视课堂教学中学生个体差异的真实状况提供了有效的检视工具（见表 2 -2）。

表2-2　课堂教学中学生个体差异变量分析表

学习要素	差异变量（一级）	差异变量（二级）
基础系统 （on what）	身体状态	神经系统、身体机能和体质
	知识基础	陈述性知识、程序性知识和策略性知识
		正式知识和缄默知识
动力系统 （why）	学习动机	内部动机与外部动机
操作系统 （how）	学习能力	认知性学习能力
		交往性学习能力
	学习风格	认知风格
方向系统 （toward what）	潜在优势领域	九种智力

（资料来源：曾继耘. 学生个体差异：研究方法与基本结构［J］. 课程·教材·教法，2006（3）.）

4. 促进学生自主发展

所谓自主发展就是以学生作为学习的主体，通过学生独立的分析、探索、质疑、实践、创造等方面来实现自身在生理和心理上的变化。生理的发展不言自明，心理的发展不仅包括学生知识与技能等认知方面的提高，也包括社会情感、态度、道德等方面的进步。

促进学生的自主发展是中学教育教学的目的。教师信任学生，为学生创造条件是实现学生自主发展的条件。陶行知认为教是为了不教。这既指出了教学的目的，又指出了学生掌握方法后能自主获取知识，去寻求发展。

创造条件，促进学生自主发展。教师要学习教育学和心理学知识，了解学生的身心发展规律，掌握师生沟通技巧。教师应加强自身修养与学习，增强人格魅力，增加亲和力。要多途径了解当代中学生的兴趣爱好，增加共同感兴趣的话题和活动。要掌握更多的技能，提高为学生创造条件的能力，如创设情境的能力，组织学生合作探究学习的能力，营造课堂气氛、因材施教的能力。

案例2.12

建筑师给予的启示

一位著名的建筑师为某单位设计建造了一组现代化的办公大楼。这是三幢建设在一片空地上遥遥相望的漂亮的大楼，建筑师超人的艺术素养得到了淋漓尽致的体现。大楼轮廓初具的时候，看到的人都已经赞不绝口了。工程快竣工时，工人们问他："三幢大楼之间的人行道如何铺设？""在大楼之间的空地上全种上草。"建筑师回答。大楼主人和工人们都感到纳闷，但这是著名的建筑师的话，他们不好反对，就在这空地上全种上了草。一个夏天过后，在三幢大楼之间和三幢大楼通往外面的草地上，已经被来来往往的行人踩出了若干条小路，这些小路有些因为走的人多，就宽些，有些因为走的人少，就窄些，但它们蜿蜒伸展，错落有致，就像是几条树林间的小道。到了秋天，建筑师又带着工人们来了。他让工人沿着行人踩出的路痕铺就了大楼之间和通向外面的人行道，然后在道路两旁种上了树木和花草。

（资料来源：谭长清. 建筑师给予的启示 [J]. 湖南教育（教育综合），2007（8）.）

评析

这位建筑师的高明之处就在于，他不是按自己想当然的方式来铺设道路，而是巧妙地利用铺草的方法，弄清了大楼里的人们经常往返的路线，然后，"因脚施路"，从而铺设出了一条条"人性化"的道路，极大地方便了人们的出行，故而得到了众人的交口称赞。其实，我们教育者的责任，就像对待每一粒不同的种子，应给予不同的栽培方法，顺应他们自身的生长习性，使他们自主地成长，能够成为他们自己的样子。

课堂讨论：你报考师范院校的原因是什么？你是如何理解师生关系的？

第三节 语文教师的专业理念与师德（下）

教师的专业理念与师德除了教师对职业的理解与认识，对学生的态度与行为，还包括教育教学的态度与行为以及个人修养与行为。

一、教育教学的态度与行为

教师的主要工作就是教育教学。教师拥有什么样的教育教学态度，直接影响着教师的知觉、判断，进而影响其教育教学行为。而教师的教育教学行为又影响学生的行为，进而影响学生的学业，最终影响学生的发展。因此，树立正确的教育教学态度，是职前语文教师专业奠基的一个重要内容。

1．育人为本、德育为先的理念

学校教育的宗旨和归宿就是培养学生，即"育人"——使学生有能力掌握自身的发展，促进人的发展。教育应该把人培养成"人"，而不是工具。知识的学习，技能的掌握，能力的提高，其本身都不是目的，而是促进和实现学生全面发展的手段和内容，所有的教育教学都要以"育人"为出发点和落脚点。

人的全面发展，可以概括为德智体美等方面的协调发展。德育应该放在人的发展的首要地位。事实上，一直以来，"育人为本，德育为先"是我国的教育特色，是科学发展观的重要内容和本质要求。

赫尔巴特认为在教学中，既没有"无教学的教育"——只有在掌握知识的基础上才能形成道德意识和行为，同样也没有"无教育的教学"——教育如果没有教学，就是一种失去了手段的目的。"育人为本，德育为先"，要求教师重视将学生的知识、能力发展与品德养成结合起来，重视学生的全面发展。教师应具备在学科教学中实施德育的意识和能力，具有通过社会实践开展德育的意识和能力。

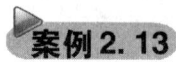

案例2.13

用美德占据灵魂

一位哲学家带着他的一群学生去漫游世界。十年间，他们游历了许多国家，拜访了许多有学问的人。现在他们回来了，个个都是满腹经纶。在进城之前，哲学家在郊外的一片草地上坐了下来，对他的学生说："十年游历，你们都已是饱学之士，现在就要毕业了，我们上最后一课吧！"学生们围着哲学家坐了下来。

哲学家问："现在我们坐在什么地方？"学生们答："我们坐在旷野里。"哲学家又问："旷野里长满什么？"学生们回答："旷野里长满杂草。"哲学家说："对，旷野里长满杂草，现在我想知道的是如何除掉这些杂草。"学生们非常惊愕，他们都没有想到一直在探讨人生哲理的哲学家，最后一课问的竟是这么简单的一个问题。

一个学生首先开口："老师，只要有铲子就够了。"哲学家点点头。另一个学生接着说："用火烧也是一种很好的办法。"哲学家微笑了一下，示意下一个学生说。第三个学生说："撒上石灰就会除掉所有的杂草。"第四个学生接着说："斩草除根，只要把根挖出来就行了。"等学生们都说完了，哲学家站了起来，说："课就上到这里了，你们回去后，按照各自的方法除去一片杂草，一年后，再来相聚。"

一年后，学生们都来了，不过原来相聚的地方已不再是杂草丛生，而是变成了一片长满谷子的庄稼地。学生们围坐在一起，等着哲学家的到来。可是，哲学家始终没有来。

几十年后，哲学家去世了，学生们在整理他的书稿时，在书稿的最后补了一章：要想除掉旷野里的杂草，方法只有一种，就是在上面种上庄稼。同样，要想让灵魂无纷扰，唯一的方法就是用美德占据它……

（资料来源：王文华. 用美德占据灵魂 ［J］. 基础教育，2007（6）.）

▶ **评析**

每个人的灵魂都有可能长满"杂草"，这样不可能有健康的人生、正直的追求；只有用美德去占据灵魂，我们才能永远拒绝"杂草"，永远保持健康的心态。教育，就是引导学生拥有美德。

2. 理解并尊重教育规律和学生身心发展规律

教育是艺术，也是科学。教育有自身的规律。教育的基本规律有三点：一是教育必须同国民经济和社会发展相适应；二是教育必须保持内部结构比例的合理；三是教育要尊重人的发展的规律。

中学教育必须尊重中学生身心发展的规律。中学生身心发展的规律体现在：顺序性、阶段性、不平衡性、差异性。

教师理解和尊重教育规律和中学生身心发展规律，同时为每一位学生提供适合的教育，对促进教育教学水平，提升教师专业素养具有重要意义。苏霍姆林斯基说：只有那些始终不忘记自己曾经是一个孩子的人，才能成为真正的教师。[1]

▶ **案例2.14**

要孩子，不要神童

印度有一个叫布提亚·辛格的小男孩，在四岁半时就完成了42.195公里的马拉松长跑，此举震惊了印度，人们称他为马拉松神童。2007年，五岁半的辛格计划用10天时间跑完500公里行程。然而就在他准备开始自己的漫漫征程时，大量警察封锁了辛格的长跑路线。原来，警方接到政府的指令，严禁辛格参加这项长跑活动。印度政府的理由是：辛格只是一个五岁的

---

[1] 苏霍姆林斯基. 给教师的建议（修订本全一册）［M］. 杜殿坤，编译. 北京：教育科学出版社，1984：92.

孩子，而500公里的路程，对他的体力和情绪都是一个负担。让一个孩子去尝试不属于他年龄的生活，是一种极大的残忍。国家可以不要神童，但有责任保护一个孩子的生命健康。

（资料来源：李明远. 要孩子，不要神童［J］. 中小学心理健康教育，2011（12）.）

▶ 评析

"要孩子，不要神童"，这是多么振聋发聩的呼唤。这是对孩子身心发展规律的尊重。

3. 激发学生求知欲和爱好

"求知是人类的本性"，亚里士多德这一著名的哲学命题说明人具有一种求知的自然倾向。这种自然倾向在具体的求知活动中一旦表现出来，就会成为人们求知的内在动力，对人们的求知活动产生重要的影响。

在教育过程中，求知是学生的一种基本活动。这种活动不仅制约着学生对知识的掌握，而且为学生思想品德的形成、智能的发展、个性的完善提供了重要的基础和条件。要使学生积极主动地开展求知活动，首先就要注意激发和培养他们的求知欲。学生有了求知欲，就能够持久地集中注意力，保持清晰感知，引起积极思维和丰富的想象，产生愉快的情绪体验，并在求知活动中用意志去克服困难，较好地掌握知识，并在思想品德、智能、个性等方面得到发展。

学习兴趣是指学生在学习活动中产生的心理上的爱好和追求的倾向。它与求知欲也具有密切的联系，甚至是求知欲的一种基本表现形式。孔子提出"知之者不如好之者"的命题，意即知道学习的重要，不如对学习有爱好。怎样才算对学习爱好呢？在孔子看来，"君子食无求饱，居无求安，敏于事而慎于言，就有道而正焉，可谓好学也已"。因此，一个真正好学的人，他不会计较个人的生活，而是热烈地追求、热情地探讨事理，这好学便与人的兴趣有关，如果一个人没有浓厚而笃定的学习兴趣，他就不会好学。

激发学生求知欲和爱好，须注意教学的良好开端，注意教学内容的适当新颖性，加强教学语言的修养性，建立良好的师生关系，开展多种多样的课外活动。教师要鼓励学生猜测、创新，充分利用学生原有的知识，创设问题情境，制造矛盾，引发争议。根据有关研究成果和我国教育的实际，教师还应着重注意引导学生在学习上不断获得成功，并及时地表扬和鼓励学生，使学生进入良性循环的学习"魔力圈"。①

4. 培养学生自主学习能力和思维习惯

学生的自主学习本质上是对学习的各方面或者学习的整个过程主动做出

---

①

调节和控制，它具有能动性、有效性和相对独立性等特征。学生自主学习水平的高低不仅影响其学业成绩，而且对其毕生发展也将产生深远的影响。

学生的自主学习依赖于自我意识、元认知发展水平、内在学习动机、学习策略、意志控制等内部条件和教育指导等外部条件。教学中更好地培养学生的自主学习能力，可以从宏观和微观两个层面着手。

从宏观方面着手，就是要确立一种有利于学生自主学习的教学模式，凸现学生的自主学习过程。打破传统的以教师为中心的讲授式教学，把教学的基本顺序由讲授式教学的"先讲后学"变为"先学后讲"。从微观方面着手是指从学生学习的某些方面着手来促进学生的自主学习。它要求教师掌握一些具体的促进学生自主学习的方法。齐莫曼和里森伯格主张从以下四个方面来促进学生的自主学习：一是激发学生的内在学习动机，二是注重学习策略教学，三是指导学生对学习进行自我监控，四是教会学生利用社会性的和物质性的资源。①

▶ **补充材料2.6**

自主学习策略

一、支架式策略

支架式教学是为学习者建构对知识的理解提供某种概念框架的教学。教师事先把复杂的学习任务加以分解，以便于把学习者的理解引向深入。支架揭示或给予线索，帮助学生在停滞时找到出路，通过提问帮助他们去诊断错误的原因并且发展修正的策略，激发学生达到任务所要求的目标的兴趣及指引学生的活动朝向预定目标。

支架式策略步骤：

（1）搭脚手架：围绕当前学习主题，建立概念框架。

（2）进入情境：将学生引入一定的问题情境（概念框架中的某个层次）。

（3）独立探索：探索内容包括确定与当前所学概念有关的各种属性，并将这些属性按其重要性排序。探索开始时要先由教师启发引导，然后让学生自己去分析；探索过程中教师要适当提示，帮助学生沿概念框架逐步攀升。

（4）协作学习：进行小组协商、讨论，在共享集体思维成果的基础上获得对当前所学概念比较全面、正确的理解，即最终完成对所学知识的意义

---

① 涂艳国. 简论学生求知欲的激发与培养 ［J］. 教育研究与试验，1994（2）：36－39.

建构。

（5）效果评价：对学习效果的评价包括学生个人的自我评价和学习小组对个人的学习评价，评价内容包括自主学习能力、对小组协作学习所做出的贡献、是否完成对所学知识的意义建构等。

二、抛锚式策略

抛锚式教学策略建立在有感染力的真实事件或真实问题的基础上。确定这类真实事件或问题的过程被形象地比喻为"抛锚"，因为一旦这类事件或问题被确定，整个教学内容和教学进程也就被确定（就像轮船被锚固定一样）。教学中使用的锚一般是有情节的故事，而且这些故事要设计得有助于教师和学生进行探索。

抛锚式策略步骤：

（1）创设情境：使学习能在和现实情况基本一致或相类似的情境中发生。

（2）确定问题：在创设的情境中，选择出与当前学习主题密切相关的真实性事件或问题作为学习的中心内容。选出的事件或问题就是"锚"，这一环节的作用就是"抛锚"。

（3）自主学习：不是由教师直接告诉学生应当如何去解决面临的问题，而是由教师向学生提供解决该问题的有关线索，并要特别注意发展学生的自主学习能力。

（4）协作学习：讨论、交流，通过不同观点的交锋、补充、修正，加深每个学生对当前问题的理解。

（5）效果评价：由于抛锚式教学要求学生解决现实问题，学习过程就是解决问题的过程，即由该过程可以直接反映出学生的学习效果。对这种教学效果的评价往往不需要进行独立于教学过程的专门测验，只需在学习过程中随时观察并记录学生的表现即可。

三、随机进入式策略

学习者可以随意通过不同途径，以不同方式进入同样的教学内容，从而获得对同一事物或同一问题的多方面的认识与理解，这就是随机进入教学。这种多次进入，不是像传统教学中那样，只是为巩固一般的知识、技能而实施的简单重复。每次进入都有不同的学习目的，都有不同的问题侧重点。其结果，绝不仅仅是对同一知识内容的简单重复和巩固，而是使学习者获得对事物全貌的理解与认识上的飞跃。

随机进入式策略步骤：

（1）呈现基本情境：向学生呈现与当前学习的基本内容相关的情境。

（2）随机进入学习：依据学生随机进入学习所选择的内容，呈现与当前学习主题不同侧面特性相关联的情境。

（3）思维发展训练：由于随机进入学习的内容通常比较复杂，所研究的问题往往涉及许多方面，因此在这类学习中，教师还应特别注意发展学生的思维能力。

（4）小组协作学习：围绕依据不同情境所获得的认识展开小组讨论。在讨论中，每个学生的观点在和其他学生以及教师一起建立的社会协商环境中受到考查、评论。同时，每个学生也对别人的观点、看法进行思考并做出反应。

（5）学习效果评价：包括自我评价与小组评价，评价内容与支架式教学的相同。

（资料来源：何克抗. 建构主义的教学模式、教学方法与教学设计［J］. 北京师范大学学报（社会科学版），1997（5）.）

二、教师良好的个人修养与行为

个人修养与行为是从教师的个性品质、人格特质以及心理健康等个人修养的角度对合格的中学语文教师所应该具备的专业理念和师德进行的规定。教师的个人修养主要体现为胜任本职工作所必须具备的性格特征、积极的心理倾向、创造性的认知方式、丰富的情感、坚强的意志、高尚的道德品质以及规范的行为方式等人格特征的综合体。

1. 富有"四心"

四心即爱心、责任心、耐心和细心。教育是一项为人和人为的活动。"安其学而亲其师，乐其友而信其道"，教师只有具备爱心、责任心、耐心和细心，才能顺利完成育人的任务和使命。

爱心是一种属于教育者的天性，是成为一名合格教师的必要条件。裴斯泰洛齐认为教育活动就是爱的活动，教育纪律就是爱的纪律。按照凯兴斯泰纳的解释，教育者的爱是一种超越其他的爱，这是一种贯穿于整个教育过程中的，不受时间限制，不分对象（道德高尚者和过失者），充满希望的、不懈怠的对工作对象的情感，是通过"移情""共振"的方式进行、以"施予"为根本特征的爱。

耐心表现为一种怀着期望的等待和引导、遗忘和谅解，一种诚恳的帮助。孩子的成长不可能一蹴而就，教师的教育效果也不能立竿见影。教师始于学生的教育可能在很长的时间才能显示出效果。所以有人认为教育是一种等待。而且教育教学活动是一项繁杂的活动，其中各种问题都可能出现，甚至给教师带来困难和尴尬，这就更要求教师具备耐心。

细心，就是教师能够捕捉学生心理的细微变化，善于观察他们各种表情、动作，以判断其内心活动，发现学生心里每一次激发出来的火花，使每个学生都能进步。苏霍姆林斯基说："教育是一种最为精细的精神活动。"细心是教师专业性向的要素之一，穆特修斯将这强调为"是否适宜从事教师专业的基本条件"①，马克斯·范梅南称之为"教育的感知力"。

高度的责任心几乎是古今中外一切教师人格要求的共同特征。教师这个专业所特有的责任实质是指教师应为学生、为每一个人的发展负责。这种责任是对人的生命的承诺。人的生命只有一次，而且人的生命经验和生命历程不可重复，其价值无法衡量。教育工作的特点决定了教师如果不负责任就无异于对文明、对人类自身的变相"毁灭"。

教师的"四心"构成了引导和规约教师行为的力量，使教师能够真正尽职尽责，从事专业化的教育实践。

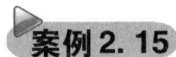
案例 2.15

细心的教师

有一位特级教师在上观摩课，听课教师发现在上课过程中有一位学生走了出去，约 5 分钟后又有一位学生走出，过一会儿，两位学生先后回来。可在这过程中，教师从没有中断过教学活动。这是怎么回事呢？听课教师闹不明白。下课后询问这位特级教师，他说：我在上课时发现一个学生坐立不安，知道他可能要大小便，便踱到他身边示意他出去。过了好一会儿这学生还没有回来。我便猜想他可能来不及带手纸，便悄悄让第二个学生拿了手纸去厕所，果然他们就回来了。听课教师恍然大悟，无不表示钦佩。

▶ 评析

只有热爱学生的教师才会细心、耐心、有责任心。耐心、细心和责任心是爱学生的体现，也是爱心的保证。

案例 2.16

桑枣中学：责任高于一切

2008 年 5 月 12 日，四川汶川发生特大地震，很多学校屋毁人亡，伤亡惨重。但安县桑枣中学，虽与汶川大地震伤亡最为惨烈的北川县毗邻，学生无一伤亡，老师无一伤亡。这所学校的校长叶志平被网友们称为"史上最牛

① 凯兴斯泰纳. 凯兴斯泰纳教育论著选 [M]. 郑惠卿，译. 北京：人民教育出版社，1993：150.

校长"。这所学校每年举办事故逃亡求生演习，地震发生时，全校师生数分钟内全部秩序井然而又迅速地进入安全地带。叶校长说："老师们的收入都不高，平均月收入只有 1 126.78 元。但学校的墙上写着：'责任高于一切，成就源于付出。'"

 **评析**

教师的责任心换来的是学生的生命。责任高于一切，成就源于付出，所有为师者，以及即将为师者必须谨记。

2. 乐观向上、热情开朗、有亲和力

教师是学生生活中最重要的人物。学生每天生活的主要部分，是同教师在一起或在教师的影响、支配下度过的。儿童是一个身心都亟待成熟的个体，在人生的成长过程中需要有人扶持、引路，需要榜样的指引。罗曼·罗兰说："要撒播阳光到别人心中，总得自己心中有阳光。"乌申斯基说："教师的人格对于年轻的心灵来说是任何东西都不能代替的有益于发展的阳光，教育者的人格是教育事业的一切。"只有人格才能影响人格的发展和形成，只有性格才能影响性格。俗话说：亲其师，则信其道；信其道，则循其步。

如果希望青少年乐观向上、热情开朗，就要让他们与乐观向上、热情开朗的人在一起。一个内心充实、积极向上、活力四射的教师带给学生的将是温暖、刚强和对生命的热爱与渴望。心理学研究表明，恶劣情绪和细菌病毒一样具有传染性。美国洛杉矶大学医学院的心理学家加利·斯梅尔经长期研究发现，本来心情舒畅、开朗的人，若与一个成天愁眉苦脸、抑郁难解的人相处，不久也会变得情绪沮丧起来。[①] 一个人敏感性和同情心越强，越容易感染上坏情绪，这种传染过程是在不知不觉中完成的。因此，乐观向上、热情开朗、有亲和力就成为教师必须具备的人格。

案例2.17

亲和力是隐性资源

亲和力是一种非常微妙的东西。歌手的亲和力能打动听众，教师的亲和力同样能感染学生，也就是我们常说的"亲其师，信其道"。

不久前，我听了《金色的脚印》一课。文章讲的是，一只小狐狸被人类捉住了，其父母在救子无望的情况下，在正太郎家的地板下做了个窝，天天照顾小狐狸。正太郎被老狐狸的精神感动了，经常给它们送食物。就这样，

---

① 李斌辉. 语文课程与生命教育［M］. 北京：光明日报出版社，2010：35.

它们和正太郎成了朋友。当正太郎发现小狐狸被别人带走时，着急地想要找回小狐狸，却不小心跌下悬崖，被老狐狸救了……这是一个多么美丽的故事。狐狸一家的亲情感动了多少人？狐狸一家和人类之间的真情又打动了多少人？阅读这篇文章时，人性中最柔软的那个位置被击中了。教师只有真情流露，才能使课堂教学渲染出"未成曲调先有情"的效果。

然而，这节课上，执教者身上太有"师道尊严"的派头了。教师表情呆板，语调严厉，充满了命令口吻，动辄就是"把这几句话画出来""齐读""有什么感受"。如此简单的命令，让人对之产生一种敬畏的感觉。不用说，在教师如此"感召"之下，本是一节歌颂真情的课却让人觉得缺"情"少"味"，索然无趣。

（资料来源：毛林英. 亲和力是隐性资源［N］. 教育时报，2010 – 02 – 24.）

▶ 评析

教师的亲和力是一种隐性资源，它可以与文本的真善美交相辉映、相得益彰。一个有亲和力的教师会使整个课堂诗意盎然、趣味十足。然而，一位缺乏亲和力的教师，无论如何也演绎不了充满真情的文章；一位缺乏亲和力的教师，无论如何也不会很好地把学生"团结"到自己身边；一位缺乏亲和力的教师，其课堂教学永远无法彰显人性中最柔、最美的力量。

3. 情绪可控，心态平和

情绪，是对一系列主观认知经验的通称，是多种感觉、思想和行为综合产生的心理和生理状态。最普遍、通俗的情绪有喜、怒、哀、惊、恐、爱等，也有一些细腻微妙的情绪如嫉妒、惭愧、羞耻、自豪等。情绪常和心情、性格、脾气、目的等因素互相作用，也受到荷尔蒙和神经递质影响。情绪有正面（积极）和负面（消极）之分，无论是正面还是负面的情绪，都会引发人们行动的动机。

教师工作是一种情绪性劳动，也是一种危险的职业。因为，很难判断在哪时哪刻，教师的哪一言哪一行正影响着学生的学习状态、影响着学生的生命姿态。教师情绪是教师心理健康的重要标准之一，是教师专业化内容的重要组成部分。有学者在教师专业素养内容中，提出了教师情绪胜任素质。该素质界定为，能够导致教师在工作上杰出的绩效表现的潜在的、个人情绪方面的素质。[1] 这些情绪素质是教师在觉察自己和他人情绪，调节自己和他人情绪过程中所表现出来的知识、技能、自我概念、特质和动机。

作为教师，要做情绪的主人而不是奴隶。要管理好情绪，做一个拥有积

---

[1] 徐长江. 教师情绪胜任素质探析［J］. 教育研究与实验，2010（3）：57 – 61.

极心态的人，在教育活动和日常生活中均应能真实地感受情绪并恰如其分地控制情绪，保持和平的心态，这样才能为人师表，成为一名好教师。

▶ **案例2.18**

教师"火重"掌掴学生

四川绵阳某中学女生小霞因没交资料费遭老师掌掴。

2010年6月19日上午最后两节课，蒲老师叫学生买复习资料，但小霞等同学没买。蒲老师说没有买复习资料的就不用进教室了，后来，蒲老师走出教室，见有同学在笑，就打了两名同学的耳光，随后又把小霞叫到办公室，说她嬉皮笑脸的，不停地打了她十几个耳光。

蒲老师表示，打小霞跟是否买资料没有关系，当时自己"恨铁不成钢"，又因身体有病，导致情绪失控，才打了小霞十余个耳光。"我患有一种病，最大的特征就是'火重'。在问情况的过程中，我没有控制住自己的情绪，就打了小霞的耳光。"蒲老师说。

蒲老师最后受到了处分。

（资料来源：四川绵阳一教师情绪失控 连打学生十几耳光［EB/OL］.（2010－06－28）. http://edu.qq.com/a/20100628/000012.htm.）

▶ **评析**

蒲老师的"火"，其实是"心火"，也就是负面情绪过重的表现。教师一旦情绪失控，就可能做出很多对学生不利的行为，甚至会触及法律。管控情绪，心态平和，对教师来说非常需要。

▶ **补充材料2.7**

教师调适不良情绪的方法与技巧

尽快离开刺激源。离开不是逃避，而是转移注意力，给自己留出理智思考的时间。当人处于强烈的情绪体验时，很难做到理智思考，因此，需要学会提示自己"离开、先离开这个地方"。离开刺激情境会使自己尽快从事件中恢复平静，开始能够用理智来思考所发生的事件。

恰当表达情绪。第一，精确而单纯地描述你的情绪，让对方知道。第二，问对方为什么要说这些话、做这些事。不指责，只是寻求原因，给对方解释机会。第三，比较对方的说明和你自己的推测。第四，再表达一次自己的情绪。

调整行为。如通过放松练习，包括呼吸放松、肌肉放松，帮助缓解焦虑、恐惧等不良情绪；通过有意识地让自己微笑，帮助自己缓解郁闷、痛苦的情绪。

合理宣泄。如试着将自己的强烈情绪体验写下来，写的过程中自己会慢慢恢复平静。体育运动也是宣泄不良情绪的一个重要途径。此外，还可以选择向亲人、朋友倾诉。因此，日常生活中要有意识地主动维持良好的人际关系，这是社会支持系统。

（资料来源：崔艳丽. 情绪管理：教师最新必修课［N］. 中国教育报，2012 - 05 - 03.）

4. 勤于学习，不断进取

教师工作是一个动态、复杂的专业领域，充满了未知和不可预测性，不可能有现成的模式和套路因循，教师的专业活动永远处于变动、探索和创新之中。因此，教师专业发展必然是个持续和动态的过程。所以布莱克曼认为，不论时代如何演变，教师始终都是持续的学习者。教师必须日新其德、日勤其业，才能学为人师，身为世范。可以说，终身学习是教师专业持续发展的根本途径。教师只有做到学而不厌，才能诲人不倦。

▶ **案例2.19**

于漪：一辈子学做教师

于漪是著名的语文教育家、特级教师，语文教育界的一面旗帜。她的名言：我做了一辈子教师，但一辈子还在学做教师。于漪成功的秘诀在于用好两把尺子，一把尺子是量别人的长处，取长补短；另一把尺子是量自己的不足，补己之短。于漪特别重视自我反思和教学研究。"我用两根支柱支撑自我教育，一是勤于学习，二是勇于实践，二者的聚焦点是反思。"学一点，消化一点，日积月累，真才实学大有长进。重要的理论要反复学，力求正确理解，学得深入，用能浅出。学习中要紧扣一点入学，把其中的道理搞清楚，弄明白；要开阔视野广泛学，不仅要学习学科本身相关的知识，而且要了解其他方面的一些信息。

▶ **评析**

于漪老师教学的一生，就是学习的一生。她的成就不是偶然的，终身学习是教师专业成长的必经途径，也是一名优秀教师的必备品质。

5. 举止文明，形象端庄

教师要为人师表，身教言传。因此，教师应重视外在形象，讲究言谈举止、待人接物、仪容仪表。外在形象是教师内在素质、个人修养和审美情趣的体现，内外兼修应是教师素养发展的内容和要求。这是由教师工作的特性和教书育人的师德原则所决定的。

教师应有着整洁的仪容仪表。成功学大师戴尔·卡耐基说，良好的仪表"不仅能够给自己提供自信，也能给别人带来审美愉悦；既符合自己的心意，又能左右别人的感觉"。教师的仪容仪表，应干净整洁，美观大方，有时代感，符合教师身份。着装应该力求整洁、文雅、端庄、大方，符合职业规范。在具体的教学情境中，最好能将衣着与教学内容相契合，使之成为一种特殊的课程资源。

语言是教师工作的重要工具，是与学生交流的最主要媒介。语言运用是否得当，决定了教师工作的结果和效果的好坏。一般而言，教师语言要求具有纯洁性、准确性、激励性和启发性。更高的追求，教师语言要符合学生的认识水平，精准清晰，合乎逻辑，具有专业性和学术性；热情诚恳，富有哲理，进行情感教育时，要有感染力；要含蓄幽默，措辞优美，以激发学生兴趣，活跃课堂气氛。

讲台是教师的人生舞台，教态是教师举止的集中体现。高雅自如、自然洒脱的教态有助于学生的学习。课堂上教师姿态要充满活力，自然适度，与教学环境和内容相符，并充分利用体态语言管理班级。教师在与学生和他人交往过程中要稳重大方，热情文雅，有礼有节。正如荀子所说："礼，所以正身也；师，所以正礼也。"

▶ **补充材料2.8**

教师语言禁忌和仪表规范

一忌病语，二忌冷语，三忌脏语，四忌咒语，五忌浮语，六忌烦语，七忌谤语，八忌妄语，九忌逆语。

教师仪表规范：口清、面净、发理、衣整、纽结、头正、肩平、胸挺、背直、自然。

▶ **案例2.20**

老师的衣着有"另一双眼"在看

普通人的衣着打扮可以按自己的喜好来，但是老师的衣着打扮一定要端庄大方，既不能落伍，也不能太时尚，因为有"另一双眼"在看。

1. 学生：我们"以貌取人"

"妈妈，我特别不喜欢数学老师，你不知道她打扮得有多难看，头上扎了三个辫子，旁边还戴朵花。"这是一个小学二年级的学生给老师穿着打扮的评价，虽然她年纪不大，但是有自己的审美观。

一个初二学生说，有的女老师在上课时爱做一些不文雅的小动作，比如时常把手伸进衣服里拽内衣带子，真让人难以接受。

就老师的衣着打扮问题，记者随机采访了几个学生，大部分学生表示，老师的衣着打扮应该适合自己的职业特点。如果老师适当修饰一下自己，化淡妆、做发型，他们表示欢迎，但不接受浓妆艳抹。

有学生说，老师打扮得端庄大方或者时髦一点，容易跟学生打成一片。同时，学生也会有兴趣听老师的课。如果老师不注意自己的言行，穿着邋遢，无精打采，学生的情绪也会受到影响。

2. 家长：老师打扮要得体

家长关心的是老师的教学水平及是否真正关心学生，至于老师打扮得时尚与否，他们并不关心。

"我女儿今年上小学三年级，她就读的学校里有一个男老师，绝对属于时尚人士。"有学生家长说。这个老师头发剪成毛寸，穿一条有破洞的牛仔裤，裤子一边还挂了一条链子，这样的打扮让许多家长难以认同。不可否认，这个男老师打扮得的确很时尚，甚至有点摇滚味，走在大街上回头率一定不低，但为人师表，不能过分追求时尚。如果老师打扮得过于"拉风"，上课时有可能会分散学生的注意力，学生可能会有意识地模仿老师。

爱美之心人皆有之，老师也不例外。尤其是女老师想打扮得漂亮一点无可厚非，但是，老师打扮要把握好度，要符合自己的职业特点。

3. 老师：打扮得要像荷花

过去，很多人认为老师的主要任务是给学生传授知识，至于个人衣着、形象不必太在意。但是，现在的学生了解信息的渠道很多，视野也很开阔，在接受知识的同时，对老师的衣着打扮也很挑剔。

一个语文老师买了一件新衣服，兴冲冲地穿着去上班。上了一节课后，一个女学生拉着她说："老师，你新衣服很好看，但是搭配得不合适。"语文老师听后很吃惊，原来老师的衣着打扮有"另一双眼"在看。

市第八中学蔡老师说："老师的衣着打扮会潜移默化地影响学生，老师打扮得体，能使学生心情愉悦，也有利于培养学生的审美观；反之，如果一个老师很邋遢，多年后，他邋遢的形象仍然会留在学生的心中，甚至会引起学生的反感，会让学生对老师所教的学科不感兴趣。"

"教师这个职业很特殊，他的衣着打扮不仅受家人和同事的关注，更受到学生的关注。"市第二中学胡校长说，打扮得体是为人师表的基本素质，老师打扮要像荷花一样，"濯清涟而不妖，中通外直，不蔓不枝"。同时，老师更应提高自己的讲课水平，以此来吸引学生，内在修炼比外在修饰更重要。

（资料来源：朱娜. 老师的衣着有"另一双眼"在看［N］. 洛阳晚报，2011 - 11 - 29.）

▶ **评析**

老师的衣着打扮并不是一件简单的事，它关系着教育教学的效果。"另一只眼睛"始终在关注着教师的举止言行，作为老师举止无小事，一定得谨慎。

本 章 小 结

教师的专业素养由多个维度构成。"专业理念与师德"维度，从教师对待职业、对待学生、对待教育教学和对待自身四个方面，确定了"职业理解与认识""对待学生的态度和行为""教育教学的态度和行为""个人修养和行为"四个领域，并提出了若干基本要求。这些基本要求指向造就具有良好职业道德和专业精神的合格教师。作为一名职前语文教师，首先应该在此领域加强学习和修养，使自己能够打下成为语文教师的情意基础。

▶ **思考与练习**

1. 中学教师的专业理念与师德是从哪四个领域确定要求的？
2. 请你说说专业认同在教师职业中的重要性。
3. 结合你的求学经历，说说正确的师生关系的特征。

▶ **实践课堂**

活动主题：理解学生观以及教育教学的态度与行为对学生发展的影响

活动目标：

学生通过观看电影《放牛班的春天》，分析影片中主人公马修、校长拉奇、学生皮埃尔和孟丹的形象，理解学生观以及教育教学的态度与行为对学生发展的影响。

活动步骤：

1. 学生课后观看电影《放牛班的春天》。
2. 学生分组对以上人物形象进行分析。
3. 课堂中，每组推荐一名学生发言，并相互评论。教师组织活动，并随机点评。

▶ **推荐阅读**

1．教育部教师工作司．中学教师专业标准（试行）解读［M］．北京：北京师范大学出版社，2013.

2．洛克．教育漫话［M］．徐大建，译．上海：上海人民出版社，2014.

3．卢梭．爱弥儿［M］．方卿，编译．北京：北京出版社，2008.

4．伯恩斯坦．情绪管理［M］．范蕾，等译．北京：中国水利水电出版社，2005.

5．摩尔，帕克．批判性思维：带你走出思维的误区［M］．朱素梅，译．北京：机械工业出版社，2012.

倘若要推进教师专业化，就必须证明存在着保障专业属性的知识基础，阐明教师职域里发挥作用的专业知识领域与结构。

——舒尔曼

教学若被视为一种专业，则首先需要教师具有专门的知识与能力；教师要学习应该教的知识和如何教授这些知识的专门知识。

——联合国教科文组织

—— 第三章 ——
谁能成为语文教师（下）
——语文教师的专业知识和能力

职前语文教师具备了专业理念和师德，表明其愿意成为一名语文教师，乐于成为一名教师，即"愿教"和"乐教"。这是从教的内在动力。但是，"愿教"还只是一种主观的意愿，能否成为一名语文教师，还需要具备从教的专业知识和专业能力，也即"能教"。愿教、乐教、能教三者齐备，那么你就能成为一名语文教师了。

▶ **本章学习目标**

（1）了解教师专业知识和能力的特点及类型。

（2）理解教师专业知识和能力的意义。

（3）理解教师专业知识和能力的内涵，并能够与以后的专业学习相联系。

▶ **本章核心概念**

教师知识　教师能力　学科教学知识

**导入案例**

小偷教学高手和驯猫捕鼠的启示

有个偷盗高手的儿子，见父亲年事已高，便想，父亲日渐变老，行动多有不便，我该学会这偷盗之术，以免未来无法谋生。父亲欣然答应，于是决定把一身技艺传给儿子。

一个月黑风高之夜，他带着儿子钻进一个富翁家里，撬开柜门，让儿子进去偷东西。儿子刚进去，他就一把关上柜门，扣上了门锁，然后故意弄出声响，把富豪全家惊动了起来，自己则飞快地逃跑脱身。富豪全家出动，上下搜寻窃贼，这时柜子里的儿子心急如焚，恨死了他那无情的父亲。突然，他急中生智，想出了一个主意。他在柜子里弄出了点动静，学老鼠啃咬声。富翁举着油灯去开柜子，门一打开，儿子便一口气把油灯吹灭，然后从柜子中跳了出来，向外逃窜。富翁派人从后追赶。跑到村头，眼看就要追上了，这时儿子看到路旁有一口水井，便搬起一块石头投入井里，别人都以为他跳到井里去了，于是围在井口，向下张望，希望找到尸首。儿子抓住这个空当，跑回家去了。

儿子回到家，见父亲正在睡觉，就气呼呼地说："你怎么这么狠心，居然把我锁在柜子里，你自己却在这里睡觉!"父亲看他平安回来，就满意地对他说："很好，以后你可以顶替我了!"

俄国作家契诃夫讲过一个他叔叔养猫的故事，契诃夫的叔叔希望他的猫成为一名训练有素的捕鼠高手，所以在它很小的时候就在猫笼里放了一只老鼠。小猫的捕鼠本能这时还没有发育完全，所以它只是好奇地观察那只老鼠，不带任何敌意。叔叔想教育小猫认敌为友是不对的，所以他对小猫一顿鞭打责备，还羞辱它，甚至把它赶出去。第二天，那只老鼠又被带到小猫面前，这次，小猫心生恐惧，更没有任何攻击的意向了。于是叔叔又是一顿打骂羞辱。如此的管教一天一天地重复。一段时间下来，只要这只猫见到或是嗅到老鼠，它就会惊叫起来，吓得往墙上爬。事已至此，叔叔终于失去耐心，只好把猫送人，说它太笨了，什么也学不会。

其实这只猫是个称职的学生，教它什么它就学什么，但是不幸的是，它学到的不是那位叔叔本来想教的。"我完全同情那只小猫的境遇，"契诃夫说，"因为我叔叔也曾试图教过我拉丁文。"

（资料来源：邹为诚. 中国基础教育阶段外语教师的职前教育［J］. 外语教学理论与实践，2009（1）.）

▶ **评析**

这两个故事向我们展示了成为教师需要具备的基本元素。

小偷教学高手故事说明：①教师必须是一个双料专家（故事中的父亲既是偷盗高手，又是偷盗教学的高手）。②教师要能够找到核心技能（从训练"逃逸本领"开始，因为这是偷盗能力发展的基础）。③教师要善于发现教学机会（故事中的父亲并未事先想好利用柜子来训练逃逸技能，他显然是在现场获得灵感，并及时将其用于实践）。④训练任务难度必须与学习者能力高度相关（父亲设计的训练任务并没有超出儿子的能力。例如，他不是将儿子绑在柱子上，这说明他对儿子能做什么、不能做什么十分清楚，其子有哪些"学习"上的有利/不利因素他都了然于胸）。⑤学习要求最好由学习者启动（故事中，儿子自发地启动了学习要求，因此，他能不计较学习环境的险恶和父亲严厉的教育方法）。⑥学习者要具备一些基本素养（在故事中，偷儿身手敏捷，能急中生智，如学鼠叫声、投石落井等。而且受过专业熏陶，譬如出生于惯偷世家等）。

驯猫捕鼠故事说明了如果缺乏专业知识，则①教师认识不到"显性教学"（Explicit Curriculum）和"隐性教学"（Implicit Curriculum）之间的关系，教师在实施教学时，他的态度、方法和环境共同向学生传达另一种信息，这种信息对学习者的影响往往会超过"显性教学"（在这个故事中，"显性教学"的内容是"教育小猫不得认敌为友"，但契诃夫叔叔的教学方法、态度和教学环境却在向小猫传达另一种信息：只要老鼠出现，小猫就有可能挨打）。②教师不了解学习者的认知发展规律（契诃夫叔叔不理解小猫的捕鼠本领是如何发展的，他企图通过生硬的办法一步达到目的）。③教师缺乏"反思"能力（契诃夫叔叔在遇到教学挫折时，不是对自己的教育进行反思，寻找失败的原因，反而把所有的责任推到小猫身上，责怪小猫笨，羞辱小猫，最后甚至把小猫赶走）。④教师本人不是学科专家，缺乏必要的专业知识（契诃夫叔叔本人并不是猫，自己没有捕捉过老鼠，因而无法理解专业知识的结构和特点）。

这两个故事启示我们，要成为教师就必须具备完备的专业知识和能力。

教师知识与能力是教师专业素质的重要组成部分。教师知识和能力必须能体现教学作为一种专门职业的独特性，即能够说明教师知识和能力在教师专业素养构成中的独特规定性与不可替代性。教师知识与能力不仅是教师从事教学活动所必须具备的智力和技能资源，而且，其丰富程度和运作情况也直接决定着教师的专业水准，是教师"能教"之所在。

第一节 语文教师的专业知识（上）

古往今来，教师与知识都是紧密相连的。从某种意义上说，教师所从事的是一种知识的事业，是以某程度和类型的知识为标志、为工具、为对象的。教育过程是教师站在教育的立场上选择知识、组织知识、呈现知识和传授知识，同时在一定的情境下创造条件，促使和帮助学生掌握知识、理解知识、运用知识和探究知识，并在此基础上追求个体智力、情感、品德和体质的全面发展。美国学者舒尔曼指出，"倘若要推进教师专业化，就必须证明存在着保障专业属性的知识基础，阐明教师职域里发挥作用的专业知识领域与结构"①。联合国教科文组织也指出，"教学若被视为一种专业，则首先需要教师具有专门的知识与能力；教师要学习应该教的知识和如何教授这些知识的专门知识"②。

一、教师专业知识的性质、特点和类型

正如兹南尼基所说："每个人无论承担何种社会角色都必须具备正常担任该角色必不可少的知识。"③ 哲学对知识的传统的看法认为，知识是由客观事物本身的特性所决定的，具有普遍性、客观性，与人的认识程度、兴趣爱好等个人的主观意志无关。因此，只有像物理学这样的与认识个体的主观性无关的自然科学知识才能被称为知识，人在实践中所获得的技能与经验是因人而异的，不具有客观性、普遍性的特征，因此，不配享有知识的称号，无法进入知识的殿堂。这种知识观称为狭义知识观。英国哲学家赖尔最早对此提出异议，他明确提出要区别"知道是什么"和"知道怎样做"，认为这是两种不同的知识。波兰尼赞同赖尔的观点，认为知识不仅包括上面所说的这些，也包括人类关于实践活动的认识，也就是那些内在于行动的隐性知识，这使得知识的范围扩大了。这种知识观称为广义知识观。

---

① SHULMAN L. Knowledge and teaching：foundations of the new reform［J］. Harvard educational review，1987（1）：355－356.

② 联合国教科文组织. 教育：财富蕴藏其中［M］. 2 版. 联合国教科文组织总部中文科，译. 北京：教育科学出版社，1996.

③ ZNANIEDKI F. The social role of the man of knowledge［M］. NewYork：Octagon Books，1975：24.

广义知识观是整个教师知识研究的哲学基础。教师知识是指教师所知道的与教学有关的认识，是一种个体的认识，这种认识具有主观性、情境性等特点，与自然科学知识相比，个体的有些认识不具有客观性、普遍性等特点。如果从狭义知识观的立场出发，教师个体所知道的有些认识不能被称为知识。但从广义知识观的角度来看，知识不仅包括那些能够用概念、命题等明确表达出来的具有客观性、普遍性的原理和规律，也包括那些蕴含在个体行动中的知识，教师个体所知道的那些与教学有关的经验认识可以被称为知识。波兰尼和赖尔对知识这个基本概念的重新审视，确定了蕴含在实践中的认识与知识的地位，使教师知识这个概念具有了合法性。因此，谈到教师知识，就是广义知识观意义下的知识。[①]

教师的知识包括哪些内容，经历了一个历史的发展过程，至今学术界还无定论。目前国内外关于教师知识结构类型的观点主要有以下几种（如表3-1所示）。

表3-1　几种有代表性的教师知识分类

研究者	教师知识分类
舒尔曼	教材内容知识、学科教学法知识、课程知识、一般教学法知识、有关学习者的知识、情境知识、其他课程的知识
伯利纳	学科内容知识、学科教学法知识、一般教学法知识
格罗斯曼	学科内容知识、学习者和学习的知识、一般教学法知识、课程知识、情境知识、自我知识
考尔德黑德	学科知识、机智知识、个人实践知识、个案知识、理论性知识、隐喻和映像
博科和帕特南	一般教学法知识、教材内容知识、学科教学法知识
申继亮，辛涛	本体性知识、条件性知识
《中学教师专业标准（试行）》	教育知识、学科知识、学科教学知识、通识性知识

依据教育部颁布的《中学教师专业标准（试行）》对教师专业标准的划分，一般把教师专业知识分为教育知识、学科知识、学科教学知识和通识性知识。鉴于《中学教师专业标准（试行）》是合格教师的专业标准，是指导

---

① 韩继伟，等. 西方国家教师知识研究的演变与启示［J］. 教育研究，2008（1）：88-92.

教师专业发展的纲领性文件，本书按这种观点对语文教师的专业知识进行分类。

二、语文教师应具备的教育知识

教师的教育知识是指教师在从事教育教学过程中所具有的教育学知识和心理学知识，这是教师知识构成的重要部分，是开展教育教学活动的基础和前提，只有具备了教育知识，才能使教师认清各种复杂的教育教学现象，不断增强工作的自觉性，才能更好地掌握教育教学的基本规律，了解学生身心发展的特点，并能够运用科学方法有效地对学生进行教育和管理。因此有学者把这部分知识称为教师的"条件性知识"，是所有教师（不单是语文教师）应具备的知识。

1. 中学教育的基础知识和基本原理

把握中学教育的基本原理有助于教师坚持正确的办学方向，更好地贯彻教育目标，树立正确的教育理念，准确地分析、理解教育现象、教育规律以及教育方针政策，从而提高工作的自觉性，避免工作中的盲目性，促进教育和学生的全面发展。中学教育基础知识和原理内容主要包括以下几方面。

（1）国内外著名教育家的代表著作及主要教育思想；发达国家学制改革发展的主要趋势；教育的含义及构成要素；教育的起源、基本形态及其历史发展脉络；教育目的和基本功能；教育与社会发展的基本关系，包括教育与人口、教育与社会生产力、教育与社会政治经济制度、教育与精神文化等的相互关系；教育与人的发展的基本关系，包括教育与人的发展，教育与人的个性形成，以及影响人发展的主要因素——遗传、环境、教育、人的主观能动性等及它们在人的发展中的各自作用；义务教育的特点；中学生青春期生理的变化，包括中学生的身体外形、体内机能、脑的发育、性的发育和成熟的变化和特点。

（2）我国教育基本国情；我国现代学制的沿革；我国当前的学制，中华人民共和国成立后颁布的教育方针，国家当前的教育方针、教育目的及实现教育目的的要求；全面发展教育的组成部分（德育、智育、体育、美育、劳动技术教育）及其相互关系；国家教育改革发展纲要；我国课程改革的现状及走向；我国中学教育的现状、存在的问题，有关教育时事中的焦点和热点。

（3）教育研究的基本方法，包括观察法、调查法、历史法、实验法和行动研究法等。

2. 关于中学课程的知识

课程是指学校学生所应学习的学科总和及其进程与安排。广义的课程是指学校为实现培养目标而选择的教育内容及其进程的总和，它包括学校老师所教授的各门学科和有目的、有计划的教育活动。狭义的课程是指某一门学科。关于课程的知识的掌握有利于教师更好地实施课程。中学课程的知识主要包括以下几方面。

（1）不同课程流派的基本观点，包括学科中心课程论、活动中心课程论、社会中心课程论等；课程开发的主要影响因素，包括儿童、社会以及学科特征等。

（2）基本的课程类型及其特征，包括分科课程、综合课程、活动课程，必修课程、选修课程，国家课程、地方课程、校本课程，显性课程、隐性课程等。

（3）课程目标、课程内容、课程评价等含义和相关理论。

（4）我国当前基础教育课程改革的理念、改革目标及其基本的实施状况。

3．中学教学的知识

教师的教学知识是指教师关于课堂管理、课堂组织、教学规范等的原理与策略的知识。它包括教师的一般教学法知识和学科教学知识。

（1）教学的意义，有关教学过程的各种本质观。

（2）教学过程的基本规律，包括教学过程中学生认识的特殊性规律（直接经验与间接经验相统一的规律）、教学过程中掌握知识与发展能力相统一的规律、教学过程中教师的主导作用与学生的主体作用相统一的规律、教学过程中传授知识与思想教育相统一的规律（教学的教育性规律），分析和解决中学教学实际中的问题。

（3）教学工作的基本环节及要求；中学常用的教学原则、教学方法；教学组织形式的内容及要求。

（4）我国当前教学改革的主要观点与趋势。

4．中学生学习心理知识

学习心理学立足于学生的学习本质，从人的学习过程、思维方式、行为方式、生理机制、学习类型、认知理论、信息加工、记忆原理、学习策略、学习技巧、学习迁移等领域的研究，总结出一系列的学习理论和学说。运用学习心理学理论和方法，可以从根本上解决学生的学习和行为问题，达到科学地学习，提高教学效果。

具体来说教师应掌握以下中学生学习心理知识：感觉的特性；知觉的特性；注意的分类、品质及影响因素；记忆的分类，遗忘的规律和原因；思维的种类和创造性思维的特征，皮亚杰认知发展阶段论和影响问题解决的因素；学习动机的功能，动机理论，激发与培养中学生学习动机的方法；学习迁移的分类，形式训练说、共同要素说、概括化理论、关系转换理论、认知结构迁移理论，有效促进学习迁移的措施；学习策略的分类；认知策略、元认知策略和资源管理策略；行为主义、认知学说、人本主义、建构主义等学习理论。

5. 中学生发展心理知识

发展心理学主要是研究人类随着年龄的增长时在发展过程的心理转变。这当中包括了儿童的心理与成人的差异、儿童的心理发展过程，以及当儿童有心理障碍时应当如何处理。

中学语文教师应具备的学生发展和心理知识有：中学生认知发展的理论、特点与规律；情绪的分类；情绪理论；中学生的情绪特点；中学生的情绪表现的两极性；情绪的种类等；中学生良好情绪的标准、培养方法，指导中学生进行有效的情绪调节方法；人格的特征；人格的结构；根据学生的个体差异塑造良好人格的方法；弗洛伊德的人格发展理论及埃里克森的社会性发展阶段理论；影响人格发展的因素；中学生身心发展的特点、性心理的特点；中学生异性交往的原则。

6. 中学生心理辅导知识

教师是学生的心灵导师，也是心理理疗师，因此，必须具备基本的中学生心理辅导知识，主要有以下方面。

（1）心理健康的标准，中学生常见的心理健康问题，包括抑郁症、恐惧症、焦虑症、强迫症、网络成瘾等。

（2）心理辅导的主要方法，包括强化法、系统脱敏法、认知疗法、来访者中心疗法、理性—情绪疗法等。

7. 中学德育知识

学校教育要育人为本，德育为先，有关德育的基本知识体现在以下方面。

（1）品德结构，中学生品德发展的特点；皮亚杰和科尔伯格的道德发展理论，影响品德发展的因素，促进中学生形成良好品德的方法。

（2）德育的主要内容，包括爱国主义和国际主义教育、理想和传统教育、集体主义教育、劳动教育、纪律和法制教育、辩证唯物主义世界观和人生观教育等。

（3）德育过程的基本规律；德育原则，德育方法，德育途径。

（4）生存教育、生活教育、生命教育、安全教育、升学就业指导等的意义及基本途径。

8. 中学班级管理与教师心理知识

没有做过班主任的教师其专业生涯是不完整的，而且，教师教学过程中很大的一部分时间与精力都须用在组织教学上，因此班级管理知识也须为教师所掌握。主要包括以下方面。

（1）班集体的发展阶段；课堂管理的原则；影响课堂管理的因素；课堂气氛的类型；影响课堂气氛的因素；创设良好课堂气氛的条件。

（2）课堂纪律的类型；课堂结构；有效管理课堂的方法；课堂问题行为的性质、类型；课堂问题行为产生的主要原因；处置与矫正课堂问题行为的方法。

（3）班主任工作的内容和方法，培养班集体的方法；课外活动组织和管理的有关知识，包括课外活动的意义、主要内容、特点、组织形式以及课外活动组织管理的要求；协调学校与家庭联系的基本内容和方式，协调学校与社会教育机构联系的方式等。

教师以人格影响学生，因此，教师必须学会把握自己的心理，注重心理健康发展，必要的教师心理知识也就不是可有可无的事。教师应理解和把握：教师角色心理和教师心理特征；教师成长心理；促进教师心理健康的理论与方法。

一句话，一个学生的命运

"我一看你修长的小拇指就知道，将来你一定会是纽约州的州长。"一句普通的话，改变了一个学生的人生。此话出自美国纽约大沙头诺必塔小学校长皮尔·保罗之口，话语中的"你"是指当时一名调皮捣蛋的学生罗杰·罗尔斯。小罗尔斯出生于美国纽约声名狼藉的大沙头贫民窟，这里环境肮脏、充满暴力，是偷渡者和流浪汉的聚集地。因此，他从小就受到了不良影响，读小学时经常逃学、打架、偷窃。一天，当他又从窗台上跳下，伸着小手走向讲台时，校长皮尔·保罗将他逮个正着。出乎意料的是，校长不但没有批评他，反而诚恳地说了上面的那句话并给予语重心长的引导和鼓励。当时的罗尔斯大吃一惊，因为在他不长的人生经历中只有奶奶让他振奋过一次，说他可以成为五吨重小船的船长。他记下了校长的话并坚信这是真实的。从那天起，"纽约州州长"就像一面旗帜在他心里高高飘扬。罗尔斯的衣服不再沾满泥土、罗尔斯的语言不再肮脏难听、罗尔斯的行动不再拖沓和漫无目的。在此后的40多年间，他没有一天不按州长的身份要求自己。51岁那年，他终于成了纽约州的州长。

▶ **评析**

对罗杰·罗尔斯而言，这不是简单的一句话，这无疑给他树立了一个目标，指引着他向那个终极目标努力奋斗，这就是我们常说的"赏识教育"。没有绝对的差生，更没有绝对的坏学生，关键在于老师如何引导。保罗校长懂得孩子的心理，他的引导和鼓励挽救了罗尔斯，成就了一位州长。这是心理学上"罗森塔尔效应"在教育教学上的成功运用。

 **案例3.2**

无人举手

开始上课后，老师首先调查前两首诗的背诵情况，并问："有把握背诵的同学请举手。"结果无一人举手。于是，老师点名叫一学生背，不料该生却说："我今天早上就没背，我把书忘家了。"老师迫于无奈说："咱们试着集体背一遍。"结果全班声音响亮、熟练整齐。

▶ **评析**

为什么会出现这种情况呢？很大一部分原因是教师忽视了学生的心理。老师问："有把握背诵的同学请举手。"其实学生心里想的是："我就一定能背出来吗？""老师说是有把握才举手，我如果背不出呢？"自然就没人举手了。就如有老师在课堂中问学生："有何高见？"本意是抬举鼓励学生，但学生理解起来会认为，"我的回答可不是'高见'，甚至是'低见'，老师要的是'高见'"。结果同样无人举手回答。

三、语文教师应具备的语文知识

学科知识是关于教师所教学科的知识，是教师成为该专业教师的本体性知识。学科知识关系到教师"教什么"，学生"学什么"。语文教师必须精通语文知识，化学教师必须精通化学知识，否则，他就不能承担该学科的教学。依据雷诺兹的研究，学科知识包括以下方面

（1）内容知识：学科有关的事实、概念、原理、理论等。

（2）实质知识：一个学科领域的主要诠释架构与概念架构。

（3）章法知识：一个学科领域里新知被引入的方式及研究者对知识的追求与探究的标准或思考方式等。

（4）有关学科信念。

（5）有关学科的发展前沿：最新的发展、正在进行的研究以及最近取得的成果。[①]

语言学、文学、文章学和心理学是支撑语文学科的四根支柱，因而是语文学科的基础知识。

---

① REYNOLDS M C. Knowledge base for the beginning teacher [M]. New York: Pergamon Press，1989.

1．语言学知识①

语言是以语音为形式，以语义为内容，由词汇和语法构成的系统。关于语言基本规律的学科包括两个层面：一是人类某一种语言基本规律的学科，即专语语言学，对于中国的语文教师而言，就是汉语语言学；二是人类语言一般规律的学科，即普通语言学。二者相辅相成。

汉语语言学揭示了汉语的基本规律，在语文教师知识结构中具有奠基石的作用。一种语言的演变绝不可能是突变的，古今汉语之间有很强的传承性。大量的语言事实证明，口语词的构词能量，往往低于来自先秦文献语言的文言词。如不懂文字学、音韵学、训诂学，就难以科学高效地开展字词教学；不懂汉语语法的演变，就难以科学高效地开展语言规范的教学。语文教师只有充分掌握汉语知识才能从容自如地从事语文教学。

普通语言学揭示了人类语言的一般规律，对学好具体的一门语言具有重要的理性指导意义。语文教师只有充分掌握普通语言学的知识，懂得语言的基本规律，才能理性地学语言、用语言、教语言。人类要充分理解和灵活运用一种语言，仅仅懂得构成这门语言的语音、词汇和语法是远远不够的，因为在语言的实际运用中，说话人往往并不是单纯地表达语言符号的静态意义，听话人通常要结合特定的语境，通过一系列心理推断去理解说话人的实际意图。语文教师必须懂得语用学的知识，才能在语文教学中准确而深刻地把握语言的策略。

因此，语文教师应具备汉语言学和普通语言学知识。具体有以下几个方面。

（1）普通语言学：语言的本质、结构及其发展规律；语言与社会以及其他学科的关系；语言学的研究方法及其最新成果；语言学的发展趋势。

（2）古代汉语：较为系统的古汉语基础知识；常用的文言实词和虚词；古今词义的变化；古汉语的句型结构；古代重要辞书的查检方法。

（3）现代汉语：汉语的声、韵、调；汉语拼音方案和普通话语音系统；语义学和词汇学的基本原理；语义和语境；语境与词义；词的构成和组合规则；词的基本意义与引申意义、比喻意义；辨析词义的方法；词语的感情色彩；词汇的发展变化；语体；语篇；修辞格；现代汉语基本语法。

（4）文字学：文字的性质和作用；文字的起源和发展规律；一般文字的基本原理；汉字的起源和发展；汉字的音、形、义的构成；汉字的笔画、笔顺与各种结构；汉字造字法；规范汉字、检字的各种方法；识字法，正字法

---

① 马磊. 语文教师的"语文学科知识"重构刍议［J］. 教育与教学研究，2015（2）：15 – 19.

和写字法；标点符号及其使用。

2. 文章学和文艺学知识

按照"现代语言学之父"索绪尔的观点，语言是抽象的、静态的系统，而言语是具体的、动态的现象。只有通过"言语"，才能认识"语言"。因为语文教学就是借助于一系列具体的言语材料，供学生利用来进行听、说、读、写训练，最终达到让学生学会和掌握作为社会现象的语言的目的。所以，语文教师必须掌握言语作品的规律。言语作品，可以分为语素、语词、语句、语段、语篇等不同层级，而对语言的学习来说，最重要的语言材料就是语篇。语篇，按照其功能，大致可以分为实用文章（狭义的"文章"）、文学作品两类，关于这两类言语作品基本规律的学科就是文章学、文艺学。

文章学揭示了文章的基本规律，是语文教师进行文章教学的知识基础。曾祥芹教授认为："鉴于文章学的独立性、桥梁性、动力性、学术性，我们应确认它在语文课程体系中的主干地位，从而建立语言学、文章学、文艺学三足鼎立的结构。"文艺学揭示了文学的基本规律，是语文教师进行文学教学的知识基础。如果语文教师文学理论不扎实，那么，他们离开了教学参考书，就不能精准、深入地对教科书中的文学作品进行赏析；他们离开了"参考答案"，就不能解读作品。尤其值得注意的是，儿童的精神世界与成人的精神世界有着巨大的差别，教师只有走进儿童的精神世界，才能更好地进行文学教学。因此，作为语文教师，我们要重视儿童文学理论的学习。

文章学基础知识：文章学的基本理论；文章的构成规律；文章的主旨、结构、表达方式等要素；文章的内部联系；文章的阅读、分析和鉴赏方法；文体的分类；不同文体的阅读方法；各种阅读方式及目的和要求；阅读的反应过程和训练方式；阅读与写作的关系；写作的基本理论及常用文体知识；内容与形式、素材与题材、思想与思路、语言与文风。

文艺学基础知识：文艺学的基本理论；中国古代文论、诗论；文艺和文艺批评的基本理论；美学基础知识；审美方法和原则；文学作品的结构规律；中国古代文学、现代文学和当代文学的基本内容；各个时期主要的作家与作品；驰名中外的作家作品；熟悉常见的作品；文学作品的阅读、解析和鉴赏方法；文学接受理论。

3. 口语学、阅读学、写作学知识

言语作品是通过言语活动得以创造的，因此，语文教师不能不懂得言语活动过程的规律。言语活动，按照其载体，可以分为口头言语活动和书面言语活动；按照言语交际的方向，可以分为语言的接受和语言的表达。简而言之，言语活动包括听、说、读、写四个方面。相应的，关于言语活动规律的学科就包括口语学、阅读学、写作学。

　　口语学即关于听说活动过程规律的学科，是教师培养学生口语能力的知识基础。阅读学即关于阅读活动过程规律的学科，是教师培养学生阅读能力的知识基础。写作学即关于写作活动过程规律的学科，是教师培养学生写作能力的知识基础。

　　语文教师应该懂得口语交际的基本原理、口语交际的方法、训练口语交际的方法和途径，以及口语交际的评价方法。学习文章学，首先，语文教师要了解和学习阅读学，研究文章的阅读、分析和鉴赏。其次，语文教师要掌握各种实用文章的阅读方法，熟悉各种阅读方式、明确各种阅读方式的目的要求，研究阅读的反应过程和训练方式，懂得阅读与写作的关系以及阅读效应。再次，语文教师要掌握朗读、诵读、默读、精读、略读、浏览 6 种阅读方法，明确其训练程序。最后，语文教师要学习写作学，掌握写作的基本理论及常用文体知识，对内容与形式、素材与题材、思想与思路、语言与文风等有深刻的理解，能对中学生的写作起到切实而有效的指导。

　　4. 语言思维学知识

　　语言与思维密切相连，"语文的内在本质是语言和思维的辩证统一"。例如，从婴儿学习语言的过程来看，"独词句的出现和从独词句到双词句，这是孩子学话中关键的两步，因为语言的基本的奥秘已开始渗入这些简单的学习之中"。独词句体现了词语和事物的联系，双词句体现了语法的规则。"语文教学是通过促发学生的语言发展来促进其思维发展的；通过思维发展来促进语言发展，旨在达到能够并且善于运用语言来思考、来求知、来表达、来交际的目的，这就是所谓的'语言思维'。"①

　　语文思维学是关于语言与思维相互关系的学科，是语文教师培养学生语言思维的理论基础。首先，语文教师要通晓语文思维学的基础理论——思维学。其次，语文教师要懂得它的技术理论——科学方法论。最后，语文教师要熟悉它的应用理论——思维培育学。思维培育学，包括抽象思维的培育、表象思维的培育、直观动作的培育及创造性思维的培育等。

　　5. 语文学习学知识

　　语文学习的过程，就是人们不断提高语言能力的过程，揭示其规律的学科称为"语文学习学"。"学习学"是"以学习现象为研究对象的学科领域"。"语文学习学"揭示语文学习的规律，是语文课程教学实践的理论基础。部分语文教师不懂语文学习的规律，教学设计的思维路线总是从"我要怎么教"到"要让学生怎么学"，而不是从"学生怎么学"到"我要怎么适应学生的学"，这是语文教学效率不高的基本原因。学习，包含"学得"和

---

　　①　黄伟. 语文教学内容确定的几个问题［J］. 江苏教育，2013（26）：7 - 10.

"习得"，语文既靠"学得"也靠"习得"。这就意味着语文学习的规律不同于其他课程的学习规律。而母语的学习，是在经历了漫长的"习得"之后才进入"习得""学得"并存的时期，课后又将进入生活中广阔的"习得"空间，这是母语学习与外语学习的不同之处。因此，语文教师必须懂得语文学习的这个规律。

▶ **案例 3.3**

关于"朔方"

某老师讲鲁迅先生的文章《雪》，然后谈到"朔方"一词。他解释说："朔方"就是北方，来源于英语"north"，因为鲁迅那个时代盛行西学东渐，所以，鲁迅常用西方词语。这就让我奇怪了。"朔方"怎么是来源于英语"north"，无论是音译还是怎么的都挂不上边？"朔方"明明就是土生土长的汉语词汇。诗经中就有"城彼朔方"之句，尔雅就解释道：朔，北方也。古代还有"朔方郡（州）"的地名。一款网游的名字也叫"朔方城"。我给他提出来后，他说，他看了很多别人的教案，都是这么说的。这让我也怀疑自己了。后来，我百度了一下，原来百度是这样解释的：朔方，拼音 shuò fāng，意为北方，英文 north。我的同学和老师啊，你们上课不能都"百度"啊，即使可以百度也得看懂啊，百度明明是用英文解释这个词，而不是说朔方就是来源于英语的"north"。我对学生说，备课一定要有自己的主张，对拿不定的知识、道理，最好先不要给学生讲，否则会害了学生。其实，在我的印象中，古诗中还有很多与"朔"连起来的词语，比如朔漠，杜甫写王昭君的诗句就有："一去紫台连朔漠，独留青冢向黄昏。""朔北"一词，左思的《魏都赋》写道："荆南怀惎，朔北思惴"，唐贾岛诗："今夕曲江雨，寒摧朔北风"。还有"朔垂"一词，陆机诗："逝将去我，陟彼朔垂。"更有我们非常熟悉的诗句"朔气传金柝，寒光照铁衣"，这是《木兰诗》中的诗句。因此，朔方肯定不是外来词。

▶ **评析**

这是一个因缺少语文学科知识而造成教学错误、失败的典型案例。语文教师语文学科知识不足，是不能称之为语文教师的。

▶ **案例 3.4**

文体知识对语文教学的作用

王荣生教授曾以相同文字构成的不同文体来说明文体体式对阅读方法的

限制。①

　　例 1.

　　亲爱的，你放在冰箱里的两颗葡萄，我把它吃了。

　　例 2.

亲爱的

你

放在冰箱里的

两颗葡萄

我

把它吃了

　　例 1 是便条，通常采取实用的阅读取向，运用获取资讯的阅读方法。阅读便条，着重点在于她说了什么，即所指。例 2 是诗歌的形式，阅读采取的是文学鉴赏的取向："冰箱"和"葡萄"必须看成意象，或许还有象征意味；"你"与"我"的突出对举，则逼迫阅读者在对举中寻求诗的意味。

▶ **评析**

　　这个例子说明，文体的不同，阅读的目的和方式也是不同的。那么，作为教师，在教学的过程中，我们就必须具备各种基本文体的知识，能够对不同的文体采用不同的阅读教学策略，否则，语文教学将难以开展。

　　课堂讨论：有人认为，只要能认字识字就能当语文教师，你认同这种观点吗？为什么？

第二节　语文教师的专业知识（下）

　　除了应具备条件性的教育学、心理学知识，以及本体性的语文知识外，语文教师还需具备语文教学知识和通识知识。

一、语文教学知识

　　舒尔曼认为，学科教学知识是教师在面对特定的学科主题或问题时，如何针对学生的不同兴趣与能力，将学科知识组织、调整与呈现，以进行有效教学的知识。全美教师资格鉴定委员会（NCATE）把学科教学知识界定为：

---

　　① 王荣生. 阅读教学设计的要诀：王荣生给语文教师的建议 [M]. 北京：中国轻工业出版社，2014：18.

教师通过学科内容知识和有效教学策略交互作用帮助学生有效学习的知识。这种知识要求教师在完全理解所教内容，了解和掌握学生的文化背景、先前知识和经验的基础之上，运用多种方式进行教学。总的来说，学科教学知识是关于教师"如何教"的知识，是一种构成相对复杂的，融合了学科内容知识、课程知识、教学法知识、学生知识、情景知识和其他相关知识，将特定学科内容予以组织及调整，并通过解释、示范、比喻、举例等教学策略来呈现和转化给学生学习的知识。它是教师知识的核心，也是教师从事教育教学活动的知识基础。我们常说"学者未必是良师"，指的就是学者具备学科知识，但如果不具备学科教学知识，那么，他的教学的效果并不比其他老师好。具体来说，语文教师应具备以下学科教学知识。①

1．语文课程知识

语文教师应从整体上对语文学科有正确的认识和定位，关注语文学科的价值、特点、目标等。关于语文课程的价值取向、性质、目标等观念有多种，这些观念影响教师的教学实践。比如，持"工具性"观点的教师侧重于知识和能力，上课多采用训练的方式；而重"人文性"的教师上课出现抛却文本、漫无边际地拓展的现象。因此，中学语文教师应该熟悉《义务教育语文课程标准（2011年版）》，能够正确理解语文课程的基本理念，语文课程性质、特点与地位，课程目标以及课程实施、评价的建议。

中学语文教师还应熟悉语文教育史，语文教育史包括传统语文教育的经验与教训、现代语文教育的演变与发展、语文教育论争的脉络与实质。中学语文教师应理解语文教学的目的、要求、过程、原则、方法和内容；熟悉语文教育的对象，研究他们的共性与个性，掌握在教学全过程中根据语文性质、特点结合学生特点实施教学的策略。

2．语文教材内容和教学内容知识

教科书是教学的媒介。教师要熟悉所用语文教科书的内容、结构和编写思路。

语文教材内容是语文教材形态层面的概念，指为了有效反映、传递课程内容诸要素而组织的文字与非文字材料及所传递的信息。语文教学内容是语文教学形态层面的概念。从教的方面说，它指教师在教的实践中呈现的种种材料及所传递的信息，既包括在教学中对现有材料的沿用，也包括教师对教材内容的重构：处理、加工、改编，乃至增删、更换。语文教材并不代表语文教学内容。教师需要具备分析语文学科特定内容特点的意识和能力，针对

---

① 李丽华. 语文教师学科教学知识结构及建构［J］. 宁夏大学学报（人文社会科学版），2010（4）：189－192.

特定情境和学生特点来确立合适的教学内容。具体说来，这一方面的知识包括熟悉语文课程的目标和主要内容，领会教学的基本要求以及教学内容和教学材料的体系、范围与深度。它具体包括：①语文课程目标三个维度"知识与能力""过程与方法""情感态度与价值观"各自具体包括哪些方面；②语文学习的领域：识字写字、阅读、作文、口语交际，综合性学习的总目标和具体阶段性目标以及教学内容；③语言知识的要求，如各阶段语言知识的组成、语言知识教学策略；④文学作品与非文学类作品的目标及教学要求；⑤教材内容结构体系，如各部分内容的结构、特征，确定其在各个年级的分布、进度、目标等。

教学内容是在教学过程中创造的，是师生在教学过程中各项活动对象及活动方式的组合，具有具体而动态性，是主体与客体相互作用的过程与结果，是对静态教材内容多次教学处理的过程与结果。语文学科与其他学科不同，其他学科如物理、生物是直接学习教材中的内容；而在语文课程中，教材是个例子，是用于训练和培养学生听说读写能力的媒介材料。选取什么样的教学材料，课堂上教什么，对于达到教学目标非常重要。这就要求语文教师要根据教学情境如单元教学目标，具体学习对象如课文的特点、学生的现有能力、需求等因素，对教材内容进行处理、加工、改编、设计适合的教学内容。这是最能体现和建构语文学科教学知识的一个要素。

3. 语文教学情境知识

语文教学情境知识包括：①对学生的充分了解，包括学生的学习经历、文化背景、性格爱好，以及现有语文知识能力状况、认知风格、个性特质、学习习惯、思想品德、智能发展、实践能力、价值取向、审美情操等等。语文教师可通过各种方式对学生语文学习状况进行测量和评价，包括正式学习，如课堂发言、作文、考试试卷、各类作业等，非正式的学习或实践活动，如课外阅读等。通过定性评价和定量评价两个方面，语文教师对学生的学习进行分类，增强教学的预见性和针对性。②根据语文学科的知识体系和学生的心理特征，建立合理的逻辑关系。在备课时，针对具体学科思考：这篇课文中哪一部分是学生较难懂的？哪些方法能够有效地促使学生理解难点？

4. 语文教学策略知识

教师需要在充分了解教学情境和充分预先设定教学内容的情况下，灵活运用各种教学策略。比如朗读和默读方式的时机选择，朗读是用以体会感情，明确字音，默读用以理解思考的，各自有适合的情境，边朗读边思考显然是没有考虑学生的心理特点；比如文学作品与实用文，文体相同但语言风格却不同的作品，其教学策略是完全不同的；比如课堂导入的环节，不同课文、不同学生、不同的目的，采用的策略可有多种。总之，特定内容需要特定的教学策略。教师需要在实践中学习、积累、创新并灵活运用这些策略知识。

送客与解诗

一位老师在教学《黄鹤楼送别》这首古诗时提问："'孤帆远影碧空尽，惟见长江天际流'两句诗表达了作者什么样的思想感情？"学生一时答不出来。老师则列举了一段生活现象：一位远方的客人与主人告别时的情景。①主人和客人打了个告别的招呼就让客人上路了；②主人把客人送到门外，然后才回头进屋去；③主人不仅把客人送出家门，还把他送上大路才回家；④主人把客人一直送上车，对着已经发动的车子和对方招手致意，并目送着客人乘坐的汽车开到路的尽头还没有舍得离开。老师先让学生比较在这几种情况下主人对客人情感上的差异，然后再去体会那两句诗的意思，学生则可以思考到：诗人是通过分别时的画面来写那种离别时难舍难分的情形，抒发对对方深厚的感情。假如这位老师单纯地从字面上去死抠，是不能像这样水到渠成地解决问题的。

▶ 评析

教师将教学内容予以组织及调整，并通过解释、举例、联系生活实际等教学策略来呈现，最终使学生获得对学习内容的理解。这是教师学科教学知识发挥的作用。

案例3.6

"游泳"释义

为帮助学生准确理解《岳阳楼记》"锦鳞游泳"一句中"游泳"一词，教师给出了两种解释：①美丽的鱼儿游来游去；②美丽的鱼儿有时浮出，有时潜入，引导学生从文句语境、修辞手法两个角度理解，确认了第二种解释的合理性；同时又提醒学生注意现代汉语中"游泳"的词义变化。

▶ 评析

该教师在教学中充分体现了学科知识以及学科教学知识的完美结合。游泳在此是涉及汉语的古今异义的一种现象，为了将这一现象讲清楚，教师用了比较教学的方法。

案例3.7

在编创剧本中感悟英雄精神

课前，我让学生参考课文《记念刘和珍君》背景及相关资料，根据课文第五节编创剧本。

师：我想，提到拍电影，大家都会感兴趣，但拍电影要先创作剧本。我这里有咱班同学创作的电影剧本《府门喋血》片段，大家愿意看吗？

生（鼓掌）：愿意。

师（播放课件）：

（民国十五年三月十八日上午。北京段祺瑞执政府门前。五千人组成的游行队伍手擎旗子、条幅，高喊口号，激愤走来。卫兵持枪，推弹上膛，惊慌瞄准）

刘和珍（走在队伍前，挥拳高喊）：拒绝八国通牒，反对投敌卖国，恢复中华主权……

卫兵甲（手指刘和珍）：刘和珍，她就是刘和珍……

（队伍激愤走来，卫兵惊慌后退。卫兵队长慌忙下令开枪。枪声大作，人群混乱）

刘和珍：大家快走……啊……（中弹倒地）

张静淑（忙拉刘）：和珍，快起来……啊……（中弹扑地）

杨德群（忙扶刘）：和珍，起来，快起来……

刘和珍（挣扎，推杨）：快走……别管我……

杨德群：……啊……（中弹扑地）

（人群混乱，大家慌忙躲避，卫兵甲边跑边开枪）

刘和珍（挣扎，强坐起，手指卫兵）：住手……你们住手……

（卫兵甲用警棍猛击刘头部和胸部，刘头一沉，倒下）

师：大家觉得怎样？

生：好！

师：这是姜浩翔同学根据课本第五节改编的，再现了惨案的经过，表现了反动政府的残暴，昭示了刘和珍勇于抗争、殒身爱国的光辉形象。请大家仿照刚才的例子，结合事件背景和刘和珍的简介材料创作《喋血前夜》片段，构想游行前一天晚上的情景，以此彰显刘和珍的伟大精神。

（教师分发材料，指导学生分组讨论、编写剧本）

生（展示作品）：

（夜。北京女子师范大学礼堂。几名学生自治会干部在讨论）

杨德群：和珍，明天你还是不去的好！学校又要开除你了，他们对你又恨又怕……

刘和珍（微笑）：我一定要去。列强侵凌，同胞遭难，段祺瑞政府投敌卖国。我们要坚决拒绝最后通牒，反对段祺瑞政府。青年是国家的基石砥柱，国难当头，舍我其谁？

张静淑：那么，明天你就别带队了，我来带。

刘和珍（柔和而坚定）：不，还是按原计划，由我带队吧，我有斗争经验……

杨德群（深思地）：如果和卫队冲突，他们要开枪呢？

刘和珍（坚定地）：黑暗是凝重的，唯有勇士的刀枪和鲜血才能驱散阴霾、迎来黎明。如果他们真开枪，你们就先走，不要管我……

杨德群（坚定地）：不，我们绝不会丢下你，我们要一起和他们斗争……

张静淑：对……我们要一起和他们斗争……

（展示后，我让学生继续讨论，进一步明确刘和珍的精神、形象）

师：大家的创作都很好！一千个读者心中有一千个哈姆雷特。每个同学都有自己心中的刘和珍，虽有差别，但都是刘和珍。那么，刘和珍究竟有着怎样的精神、形象呢？

生：勇敢坚毅，忠贞爱国，殒身不恤。

生：以复兴国家为己任，有强烈的社会责任感，勇敢和反动势力做斗争。

生：有崇高理想，英勇无畏，为民请命，为国献身。

师：大家说得很好！刘和珍是有着坚定信念和理想的热血青年，以振兴家国为己任，以拯救民族为职责，为中华崛起而献身，是社会的砥柱、民族的精魂、人民的英雄。我们要敬仰她、学习她，从今日起，努力做一个对社会有用的人！

（资料来源：安稳. 在编创剧本中感悟英雄精神 [J]. 红蕾·教育文摘月刊，2010(2).）

▷ **评析**

教师通过让学生编创剧本并进行表演的方式，化文字为形象，创设特定的教学情境，激发学生的学习热情，拉近文本与学生心灵间的距离，使学生在合作讨论中提取文本信息，观照刘和珍的精神，建构刘和珍的形象，最大限度地走进刘和珍的精神世界。这样的课堂，既避免了逐段逐句分析造成的人物形象的"破碎"，又让学生在创作和表演中体会到成功的快感，是自由开放、富有生命活力的语文课堂。

二、语文教师应具备的通识性知识

苏霍姆林斯基说："教师所知道的东西，就应当比他在课堂上要讲的东西多十倍、多二十倍，以便能够应付自如地掌握教材，到了课堂上，能从大量的事实中挑选出最重要的来讲。如果我知道的东西比我教给学生的东西多二十倍，那么我在课堂上的思想和语言就不知不觉地是针对学生而产生的……""只有当教师的知识视野比学校教学大纲宽广得无可比拟的时候，教师才能成为教育过程的真正的能手、艺术家和诗人。"① 钱梦龙老师说："语文教师虽然天天和语法、修辞、逻辑、文学打交道，但他既不必成为语言学家，也不必成为逻辑学家、文学家……从知识结构的角度来考虑，中学语文教师如果也应该成家的话，那么最好是成为杂家。"② 语文教师首先是个体的人，因此，他需具备作为一般的人应该具有的常识、经验。同时，作为专业人员，语文教师承担着母语教学的重任，应向学生传授必要的汉语言文字与文学知识，还担负着传播几千年中华文明的使命，这是语文学科与其他基础学科最重要的区别。语文作为一门容纳古今中外优秀文化、包罗世间万象综合性极强的学科，要求语文教师必须具有极深厚的知识和理论功底。因而，语文教师既要有精深的语文学科专业知识，又要有广博的科学文化基础知识，还必须具备丰富的教育理论知识。丰厚的知识积累是一个优秀语文教师的必备条件。语文教材包括了古今中外各行各业极其丰富的内容，反映了多姿多彩的社会生活，贯穿着语文的全部基础知识和语文能力。因而，语文教师要有效地从事语文教学，就必须有广博的知识。

语文学科的综合性决定了语文教学内容的丰富性，语文学科教学内容所涉及的知识，大至宏观宇宙，小至微观世界，古今中外，包罗万象，无所不有。这就要求语文教师必须具有广博的科学文化知识（社会科学、自然科学、思维科学、文化艺术），必须了解各个学科的发展动态，把知识的触角伸向各个学科的最前沿领域。否则，语文教师不但会落后于时代，而且还会落后于自己的学生。例如，语文教师不直接向学生教授系统的自然科学知识，但无论如何不能是"科盲"。小而言之，语文教师要教好语文教材中的有关介绍自然科学的说明文，就必须弄懂文中所介绍的有关科学知识，如宇宙学、气象学、物候学、生物学、物理学等；大而言之，语文教师应使学生具有很强的科学意识。如果语文教师对课文涉及数学、物理、化学、地学等

---

① 苏霍姆林斯基. 给教师的建议（修订本全一册）［M］. 杜殿坤，编译. 北京：教育科学出版社，1984.

② 朱安义. 语文教师听说读写能力浅说［J］. 师资培训研究，2004（3）：51－53.

方面的知识知之甚少甚至一窍不通，就势必会在教学中出现科学性、常识性的错误。

教师具备的通识性知识应是教师的"基本素养"，教师应掌握一定的自然和人文社会科学知识，具有较好的文化修养；掌握一定的艺术鉴赏知识。具体来说，中学语文教师应了解中外历史上的重大事件；了解中外科技发展史上的代表人物及其主要成就；了解一定的科学常识，熟悉常见的科普读物，具有一定的科学素养；了解重要的中国传统文化知识；了解中外文学史上重要的作家作品；了解一定的艺术鉴赏知识；了解艺术鉴赏的一般规律，并能有效地运用于教育教学活动；了解中国教育基本情况；具有相应的艺术欣赏与表现知识；具有适应教育内容、教学手段和方法现代化的信息技术知识。

案例3.8

语文课上的"秋娘"

在上白居易《琵琶行》一课时，学生问道："妆成每被秋娘妒"，那么"秋娘"是谁呢？结果，老师这样给学生进行了解释。一般认为"秋娘"在唐时是歌女的代称，也就是说琵琶女很美，梳妆打扮后常引来歌女们的嫉妒。

"秋娘"一词最早在《琵琶行》中出现。在白居易的其他诗中还有写到"秋娘"的。《和元九与吕二同宿话旧感赠》有"闻道秋娘犹且在，至今时复问微之"，《江南喜逢萧九彻因话长安旧游戏赠五十韵》有"名情推阿软，巧语许秋娘"。与白同期的诗人元稹《赠吕三校书》也有"共占花园争赵璧，竞添钱贯定秋娘"之句。有人考察《全唐诗》中"秋娘"出现5次，《全宋词》中出现34次，《全元曲》中出现10次。那么，我又继续追问，为何秋娘会成为歌女的代称？据说与两个女子有关。一个叫谢秋娘，一个叫杜秋娘。据唐段安节《乐府杂录》载，谢秋娘是宰相李德裕（787—849）的家姬，死于德裕镇浙西日。李德裕感念这个叫谢秋娘的女子，专门作词《谢秋娘》，"谢秋娘"还成为一种词牌，最后又称《望江南》。杜秋娘，本名杜丽，唐德宗贞元元年（785）出生，长于青楼，后被镇海节度使李锜看中，买来作为家姬，后又作为侍妾，改名杜秋娘。杜秋娘美貌多才，写了劝人珍惜光阴的《金缕衣》："劝君莫惜金缕衣，劝君惜取少年时。花开堪折直须折，莫待无花空折枝。"我更认为这是一首叫人及时行乐的诗歌。后来，李锜叛乱被杀，杜秋娘被充为宫中歌女，在一次表演中被宪宗看中，竟被纳为妃子，封为"秋妃"。一个青楼歌妓一夜竟成为"娘娘"，人世间的事真的难以预料。后来，杜秋娘生下皇子李凑，后来又因为宫中斗争被削籍为民，返回故乡南京。大诗人杜牧在南京时曾看到了人老珠黄、容颜憔悴、穷困厄顿的昔日帝妃，唏嘘不已，写下了长诗《杜秋娘》。再后来，南京兵变，杜秋娘为避战祸，饿冻死于玄武湖畔，年仅44岁。后人认为，以"秋娘"来泛指歌女，就是因为谢秋娘和杜秋娘的缘故。但我认为刚刚相反，那时以秋娘做歌姬的艺名应相当普遍，正因如此才有谢秋娘、杜秋娘之称，甚至还有各种姓氏的"秋娘"。可以看出，无论谢秋娘还是杜秋娘，她们本名应不叫秋娘的，只是成为歌姬后才以"秋娘"作为艺名。这就又涉及一个问题，为啥中晚唐的歌女那么多被取"秋娘"之名呢，而不是春娘、夏娘呢？在这之前有"谢娘"的叫法而没有"秋娘"之称呢？我认为这跟"秋"的文化意蕴有关，跟中晚唐的士民心理有关。秋，在古人看来是萧杀、衰老的象征，也是美人迟暮的象征。"秋娘"盛行的年代正是中晚唐时代，这时候的大唐帝国已经日薄西山，远非盛唐时的气象，正是美人迟暮之时。这种对盛唐的向往和惋惜，以及对时下局面的哀怨应该已经渗透到了中晚唐民众特别是知识分子的骨髓中。那些出入青楼的男人们大多都是些舞文弄墨的文艺青年，或者官二代、官三代们，他们一方面出入青楼寻欢作乐，另一方面也借此麻醉自己。为迎合这种心境，他们把歌姬们叫作"秋娘"也就顺理成章了。秋娘也就成为他们抒发自己"怅怨""凄凉"情绪的最佳载体了。至于后来的文人把"秋娘"作为一种意象，那已经是一种中国文人伤春悲秋、美人叹老的审美心理的反映了。所以，方岳有"明日海棠犹旧，春风未老秋娘"之叹，赵翼有"秋娘老去容颜减，犹仗声名压后生"之句，清人魏子安所作小说《花月痕》第52回就写到"老去秋娘无限情"。

课上完了，所有学生意犹未尽，同时无不对老师充满了钦佩之情，很多学生表示，这样的语文课"真爽"！

▶ 评析

试想一下，如果教师对学生的提问是这样回答：这与考试无关，你无须知道。或者说：就你哪来那么多问题。这节语文课将会如何呢？学生对教师的看法将会如何呢？一个有着丰富通识知识的语文教师，他的课是左右逢源、游刃有余的，他的课是信息含量大、情趣多姿多彩的。通识性知识为语文教师的课堂教学提供强大的背景。

案例3.9

语文教学与其他学科的联系

一、语文教学与历史

语文与其他人文学科具有密切相关的纽带联系，把学语文与用语文渗透到其他人文学科，能综合性地提高学生的人文素养。在教学具有较强历史背景的课文时，为了让学生更好地理解课文、了解历史，我特别注意把历史知识渗透到语文教学中，并有针对性地采取了不同的教学方法。如教学《就英法联军远征中国给巴特勒上尉的信》时，为了让学生更好地把握作者雨果在文中的感情，更好地揭露英法联军的罪行，我除了介绍相关的历史背景外，还组织学生观看了电影《火烧圆明园》，然后布置写观后感或给雨果写一封信等作业形式。学生不但真实地了解了那一段历史，深刻地认清了历史上英法联军所犯下的滔天罪行，而且无不为法国作家雨果的胸怀和品质所折服。

二、语文教学与自然科学

语文学科的人文性表现在对人、人与社会、人与自然的深刻反映，因此，语文学科是不能脱离自然科学的。正因为如此，语文课本中有许多课文都与自然科学知识有紧密的联系。如《看云识天气》《绿色蝈蝈》《大自然的语言》《奇妙的克隆》《恐龙无处不在》等等。所以，语文教学应巧妙地应用自然科学知识。如教学《奇妙的克隆》，介绍了什么是克隆、有关克隆的实验及克隆技术对人类的利与弊，这是同学们感兴趣的话题，但同时又是当今世界的新兴生物技术。为了上好这一课，我请教了自然科学老师，详细了解了有关克隆是怎么一回事及当今世界对克隆人的争议。这样，自己上起课来得心应手，学生听起来也就津津有味了。

三、语文教学与艺术

用音乐艺术的力量也就是教师通过美的感受对学生所进行的教育是难以使人忘怀的，将音乐融入语文教学中会收到意想不到的效果。如教学《音乐巨人贝多芬》时，上新课之前，教师让学生欣赏《命运交响乐》，然后问学生："从这支乐曲中，你感受到了什么？"问题抛出后，学生发言热烈，虽然表述不一，但都能紧扣"命运""挫折""不屈"等词，而这恰恰是音乐巨人贝多芬性格的核心，有助于对课文的理解，然而内涵却又远远大于课文内容。

除音乐外，有时在语文教学中借助画画这一艺术形式，教学也能取得很好的效果。学生把抽象的语言文字变成形象的图画的过程往往就是一个对课文内容自主回味、自主鉴赏的过程，待这幅画完成之后，他们的体会和情感体验都加深了。例如，学习完吴冠中的《桥之美》后，我让学生把作者在文中所列举的四种与周围环境和谐配合的桥画成图。学生有的画成水粉画，有的画成水墨画，有的画成简笔画。通过交流，学生们找出了自己图画的不足，并且再把图画描绘成文字，从而加深了对课文的理解，提高了语言表达能力。画笔走进学生的语文学习，不仅培养了学生的创新能力，也提高了学生的审美能力，增强了他们学习语文的兴趣。

四、语文教学与信息技术

信息技术课程为语文教学提供了强有力的学习工具和方法，给语文教学带来了新的生机和活力。语文教学要促进学生主动地发展，就要充分地利用信息技术为学生建构一个乐于学习的环境，让学生利用信息技术进行探究性学习。现代信息技术的合理应用，可以把语文教学中那些深奥的、不易理解的内容具体化、简明化，可把事物发展变化的过程形象化、程序化，还可以把语文课文中的文字描述与鲜明的视听形象有机地结合起来。例如，在学习《人民解放军百万大军横渡长江》一课时，对于三路大军渡江的时间、路线，学生很难把握，我运用多媒体把三路大军渡江的情况演示出来，然后再让学生对着画面学习课文，这样一下子形象、直观起来。

（资料来源：陈孟菊. 语文教学如何与其他学科整合［J］. 语文教学研究：综合天地，2005（20）.）

▶ **评析**

因为教师具有较丰富的通识知识，所以语文教学中可以依据自身的特长和学识采取相应的教学策略。通识知识成为提高语文教学效益的重要途径，为语文教师上好语文课提供了强大的背景支持。

课堂讨论：你是如何认识"教什么"与"怎么教"的关系的？钱梦龙认为语文教师应该是"杂家"，你是如何理解的？

第三节 语文教师的专业能力（上）

教师专业能力就是教师在先进教育理念的指导下，把自己掌握的专业知识和技能具体运用于实际教育教学情境的过程中所表现出来的心理特征。我们可以从两个角度来对教师专业能力进行性质定位：从职业定位而言，它具有教师职业的特殊性，区别于一般职业能力；从目标定位而言，它是一种实践能力，以解决实际教学问题为基本目标。

一、教师专业能力的内涵和特征

能力是"顺利实现某种活动的心理条件"，可以分为一般能力和特殊能力，前者指人们从事大多数活动所共同需要的能力，后者指人们从事专门活动时需要的能力。师范生的"教师专业能力"，属于特殊能力的范畴。它是指师范生进入教师职业后，顺利开展教育教学活动所具备的个性心理特征。

之所以"特殊",是因为教师专业具有不同于其他职业的特点。

教师职业的特殊性,是由这个职业的社会功能决定的。首先,从职业目的来说,教师职业是为了实现自身发展与社会发展的统一。教师促进社会发展的主要途径是促进学生的素质发展,通过为国家培养人才,促进国家经济、社会和文化发展。教师职业目的之实现,是个人前途和国家未来发展的保证。其次,从职业对象来说,教师职业面对的是"人",是活生生的生命个体,而不是没有生命的"物"。学生个体具有自己的生活经验和思想观念,具有不同的兴趣特点和情绪状态,他们是具有能动性、自主性和创造性的个体。这些特点,使得教师工作比其他任何工作都更加复杂。

各国从事职业能力研究的学者一致把"问题解决能力"作为职业关键能力的基本要素之一。教师需要解决的问题是教学问题,也就是在教学情境中发生的需要教师付出努力才能解决的各种问题。这些问题大多属于"结构不良"的问题,它们没有确定的答案,却需要教师做出回应和处置。有时问题还会隐藏在现象的背后,需要教师仔细思考和分析,才能弄清楚"到底出了什么问题"。教师专业能力的目标定位,即具备合格专业能力的教师应该能够解决主要教学活动领域内出现的各种实际问题。[①]

专业能力对于教师胜任具有重要意义。《中学教师专业标准(试行)》就明确以"能力为重",把专业能力作为教师专业素养的重要维度,指出教师要"把学科知识、教育理论与教育实践相结合,突出教书育人实践能力;研究中学生,遵循中学生成长规律,提升教育教学专业化水平;坚持实践、反思、再实践、再反思,不断提高专业能力"。

二、语文教学设计能力

语文教学设计能力是教师根据语文课程标准的要求和教学对象的特点,将教学诸要素有序安排,确定合适的教学方案的设想和计划的能力。依据语文教学设计的各要素,语文教学设计的能力具体有:教师能够根据语文学科特点及高中学生的认知特征,分析学生在语文学习方面的个体差异;能够根据所选教学内容和学生已有知识水平,分析学生的学习需求;能够根据学生的学习需求和已有知识水平,诊断并确定学生的学习起点;能够根据学生的学习起点,明确教学内容与学生已有知识之间的关系;能够把握所选教学内容及其特点,准确分析教学任务,确定教学内容的相互关系和呈现顺序;能够根据《义务教育语文课程标准(2011年版)》规定的课程目标,所选教学

---

① 李家清,冯士季. 论基于《标准》的职前教师专业能力形成机理〔J〕. 教师教育研究,2013(6):41-46.

内容及学生语文学习特点，确定教学目标、教学重点和教学难点；能够设计合理的教学流程，选择恰当的教学方法，突出与教学重点、难点相关的教学环节；了解语文教学资源的多样性，能根据所选教学内容合理开发、选择和利用教学资源；能够设计多样化的课外活动（如读书报告会、书评交流会），引导学生分享阅读乐趣，交流阅读成果，共同提高阅读和写作能力；了解编制教学方案的基本规范与要求，能在规定时间内完成教学方案。

▶ 补充材料 3.1

教学设计与备课的关系

传统的备课不同于现代的教学设计，我们需要用现代教学设计的理念来改造传统的备课活动，使备课活动更趋高效。

"教学设计"（Instructional Design，简称 ID）也称"教学系统设计"，是20世纪70年代后，在系统理论指导下发展起来的一项现代教学技术。它是运用系统方法，将学习理论与教学理论的原理转换成对教学目标、教学条件、教学方法、教学评价等教学环节进行具体计划的系统化过程。

"教学设计"包括两层重要的内涵：①教学设计的研究对象是用系统方法对各个教学环节进行具体计划的过程。②指导计划过程的主要理论基础（即教学设计的主要理论基础）是学习理论和教学理论。

从上述的分析中，我们不难发现，教学设计不同于传统备课。二者既有相似之处，又有明显区别。相似在于它们都是课堂教学蓝图的计划设计过程。而二者的明显区别是：教学设计更强调着眼于学生的变化，采用系统方法，追求课堂教学的最优化；而传统备课则多关注教师的教法，采用经验方法，追求知识传授的数量与进度。

从现代教学设计的理念来审视备课，备课就不仅是一个"准备"的问题，而更多的是一个"设计"的问题。即教师一定要从设计的角度出发，全盘认真分析思考有关教学的各种问题，包括教学目的、教学对象、教学过程（环节、步骤、活动事件）、教学资源、教学评价等，并在此基础上进行合理的系统安排和统筹规划，努力实现教学优化。为此，教师就一定要首先把自己看成是一个设计师、工程师或管理大师，看成是一个导演和艺术家，而不仅是一个"工匠"或知识信息的传声筒。

（资料来源：苏鸿. 高效课堂：备课、上课、说课、听课、评课［M］. 上海：华东师范大学出版社，2013.）

案例3.10

范金豹老师两次教《死水》

第一次教《死水》，我只是按照教材编排的顺序，亦步亦趋地教教材。可以说是"死"的教师，用"死"的教材去教"死"了学生，产生"死"的课堂。

第二次教《死水》，我在处理教材时，从整体着眼，使教材为我所用。从《再别康桥》中学习诗歌"三美"理论；在《赞美》中学习象征主义创作方法，让它们为学生学习《死水》奠定基础（教科书按照《再别康桥》《死水》《赞美》的顺序组成一个单元）。爱国主义是闻一多诗歌的主旋律，我以《死水》为主，以《死水》创作前后体现闻一多不同风格的七首诗歌为宾，形成前呼后拥之势，布局成众星拱月之态，用《红烛》《太阳吟》《忆菊》和《七子之歌》这四首诗为《死水》的出场渲染和铺垫；用《发现》点明《死水》的背景；用《静夜》和《一句话》来引证、延伸《死水》的意义，然后用爱国主义这条红线把它们串联起来。

教学过程中，我创设适当的教学情境，让学生看闻一多的照片，聆听《七子之歌》的乐曲，等等。课后布置的作业是阅读贾平凹的《丑石》，然后模仿《死水》，把它改写成诗歌。

（资料来源：范金豹.《死水》教学生长过程 [J]. 语文学习，2004（6）.）

▶ 评析

范老师两次不同的方法教《死水》，效果截然不同。如何根据学生、教材的实际情况进行教学设计，对教师的教学至关重要。

案例3.11

语文教材单元组元整合教"探险"

人教版语文七年级下册第五单元共选编了四篇课文，以"探险"为组元方向。四篇课文从不同的角度回答了谁是"真正的英雄"的问题，诠释了英雄的含义。

四篇课文的体裁分别是传记（《伟大的悲剧》）、小说（《荒岛余生》）、通讯（《登上地球之巅》）、演讲词（《真正的英雄》），总阅读量大约为17 280字。如此大阅读量的四篇文章编排在一个单元中，初中一年级的学生似乎很难在规定课时内完成。因为四篇课文的语言特点及故事的可读性，学生自主阅读并初步理解文章内容并不存在障碍，所以教科书的编者将本单元的学习重点设定为：练习快速默读课文，抓住课文主要信息，概括内容要点。教师引领学生最终要达成的学习目标是：默读速度、选择信息、概括内容。目标达成后，学生的行为表现是：①快速阅读；②快速阅读的基本方法；③依据信息源筛选有效信息的初步能力；④根据有效信息用自己的语言概括文本内容的表达能力。综上所述，若采用常规教学组织形式及教学手段，教师完成四篇课文的教学至少需要16课时，用时4周。

如何整合四篇课文的教学内容？教师采用以点带面的方法，建构"教读—导读—写读—自读"的单元教学课堂模式：《伟大的悲剧》承担教读任务，教学时引导学生知道什么是跳读法；《登上地球之巅》承担导读任务，教学时引导学生使用已初步掌握的跳读法速读课文，迅速提取有效信息，教师的职责是针对学生使用跳读法时反映出来的问题，给予及时的肯定或纠正；《真正的英雄》承担写读任务，教学时引导学生反复阅读文中的排比段落，感悟排比段落语言表达的特点，体会所使用的表达方式，指导学生仿写排比段落，写作素材就是学生在文章中认识的各位英雄；《荒岛余生》承担课外自读的任务，教师强调学生在课下阅读本文时，根据"研讨与练习"中的提问，尽量使用跳读法。整个单元教学以"真正的英雄"为整合后的总标题。教学过程分为三个环节：整体感知文本，初步认识跳读的概念；细读文本人物，基本掌握跳读的方法；认识英雄群体，读写互动迁移。整合后的教学内容精炼、密度大，适宜教学。

（资料来源：闫苹，张秋玲. 语文教学内容整合设计的专家引领［J］. 语文建设，2007（9）.）

▶ **评析**

创造性地使用教材，是语文教学设计能力的重要方面。"用教材"与"教教材"的区别在这个设计中就非常明显。

三、语文教学实施能力

语文教学实施能力是指教师将教学设计实施、落实并实现预期的能力。语文教师的教学实施能力具体来说有以下一些。

教师能够根据阅读与鉴赏、表达与交流等教学内容的特点创设教学情境，合理安排教学环节，组织学生参与语文学习活动；能够根据学生语文学习的个体差异，指导学生课前预习、课堂学习和课后总结；能够选择恰当的课堂教学评价方式，有效发挥评价的激励功能，促进学生的语文学习；能够根据高中语文的不同课型（如讲读课、自读课、活动课），运用恰当的组织形式和教学方法，指导学生的学习；能够在阅读、写作教学过程中，将学生的学习反馈转化为新的教学资源；能够在研究性学习过程中，培养学生的问题意识，指导学生根据问题制订计划、搜集资料、分工合作、交流展示、评价反思；善于发现和利用生活中的语文资源，引导学生在生活中学习、运用语文；能够恰当选用教学媒体，整合多种教学资源，提高语文教学效率。

▶ **案例 3.12**

教学设计中的学习方式转变

比如说，面对《将相和》这篇课文，如果是"讲"，你完全可能是这样：板书课题后，从第一自然段讲到最后一个自然段，中间可能面对三个故事，对学生提几个问题，让他们思考、回答，但主旋律是你的讲（教育学家说这是"独白式"的教学），学生发言只不过是"友情客串"，讲完了，布置学生做作业。但如果是作为"组织者"的老师，他就尽可能把教学变成学生的学习活动。安徽的王静邦老师教学处理就是组织活动式的。在讲解《将相和》中的第一个小故事"完璧归赵"时，王老师让学生在初步理解课文内容的基础上，将这个故事改编为课本剧来演一演。由学生自由结合组成剧组，并安排好编剧、导演、演员、剧务等，做到人人参与。学生的积极性很高，经过认真的准备，各剧组先后在班里公演了。给人印象最深刻的是"秦宫献璧"这段戏，小演员演得十分逼真……第二个故事"渑池之会"，老师就不再让学生演了，而是让学生说。怎么说？自行读文章，然后模仿说书人的语言、动作、表情把课文内容"演绎"出来，自然是妙趣横生。第三个故事"负荆请罪"，则是让学生写了。怎么写？课文只是大略地说廉颇背着荆条到蔺相如家向他请罪，但具体这个请罪的过程，包括人物的动作、语言、神态、表情等都没有写出来，于是请同学们认真读课文，大胆发挥想象，把这个过程描写出来，结果学生写得非常生动、有趣，还模仿出古人的语言、动作特征。

（资料来源：熊生贵. 新课程教学设计与传统备课之差异［J］. 语文教学通讯，2004（13）.）

▶ **评析**

上述案例中，王静邦老师在教学策略的设计方面注重引导学生主动参与，通过引导学生演故事、说故事、写故事，极大地增强了学生学习的主动性。由此可见，教学策略的设计必须要把转变学生的学习方式作为最根本的出发点。如果教学策略的选择仍然局限于教师单边"教"的策略，而忽视学生"学"的方式与"学"的质量，那这种教学活动必然是低效的。

案例3.13

教学策略的创生

《〈诗经〉三首》集中编排在人教版高中语文第三册内。从一本诗集里同时选取三首作品来学习，在教科书的编排中是极少见的。如果教师都采用同一教学模式，学生既不能充分感受到我国第一部诗歌总集的艺术魅力，也不能很好地掌握这三首诗不同的思想内容。因此宜分别采用下述三种不同的课型：

"说"课型：《卫风·氓》是一首第一人称的叙事诗，教师可以采用"说"即主要让学生动口讲的教学模式来学习，其主要依据是：课文让学生有话可"说"。作者顺着"恋爱—婚变—决绝"的情节叙事，表现了女主人公从恋爱、结婚到被遗弃的生活经历和怨恨感情，鲜明地塑造了一个勤劳、温柔、坚强的妇女形象，表现了古代妇女追求自主婚姻和幸福生活的强烈愿望。学生可以讲故事、也可以分析人物形象。

"读"课型：古诗文辞意典雅，诵读好能把人引入辽阔无际的优美意境之中。《秦风·无衣》是秦国人民抗击西戎入侵的军中战歌，宜采用诵读法进行教学。采用此法，能促进学生领悟诗旨，在诵读中完成联想和想象这一思维过程，体味到《诗经》的韵味美和意境美。

"写"课型：《邶风·静女》描写一个青年男子与心爱女子的约会过程，诗共三章。第一章重在写场景，后两章重在写心理，即写青年男子的回忆。本诗尽管也有叙述和描写，但没有完整的故事情节，没有清晰的叙事线索，只是截取其中一个片段来描写，因而不宜采用"说"的方式学习。如果教师采取写作课来教学，则能很好地挖掘作品的内涵……"写"的内容：可将《静女》改写成白话诗或小故事。

（资料来源：刘天皓，叶春梅. 三种课型学《诗经》 ［J］. 中学语文教学，2004 (5).)

▶ 评析

针对《〈诗经〉三首》中的三首不同作品，教师采用了三种不同的教学策略安排，这些多元生动的教学策略蕴含着教师个性化的实践智慧，体现了教学策略的生成性特质。

案例3.14

《项脊轩志》课堂中的生成

特级教师呼君带领学生讨论这篇散文的精彩描写时，课堂上出现了这样一个生成：

生：我们最喜欢"枇杷如盖"的描写。

师：它好在哪里呢？请陈述理由。

生：我要是制片人，就把它拍成特写镜头，而且不给张艺谋，不给卡梅隆，我想请斯皮尔伯格来设计。

课堂气氛一下子活跃起来，不知道的赶紧打听卡梅隆和斯皮尔伯格是谁，明白的人得意地介绍两个导演风格的差异。眼看学生的反应已超出语文课的范畴，变成无意义的生成，离题而去，教师赶紧用了一个方法化解。

师：哦？他们的导演风格有什么不一样吗？能用一句话概括吗？

生：当然，张艺谋的渲染、煽情本事自不用说，您看《泰坦尼克号》的艺术处理和《拯救大兵瑞恩》的纪录片风格一样吗？

师：那咱们的"枇杷如盖"呢？

生：应该是白描。我们就给它一个特写——简简单单地摆在那儿，树长、人亡、物是、人非。我们相信越朴素平淡越震撼人心。

师：你是个好导演，处理得不错。经历了科考的坎坷，淡泊了功名之心，磨平了少年的锐气，中年归有光更珍重人世间最深挚的亲情；可是，妻子却离他而去。这里描写越朴素，传递的东西就越丰富。

简单几句话，课堂生成终于回到了应有的轨道。看着学生意犹未尽的表情，老师索性又给了一处空白：

师：其实，中国古典诗词中这样看似简单但却含蓄隽永、极富深情的描写有很多，大家能不能举出几个实例来？我先抛砖引玉，唐代诗人崔护就有一首《题都城南庄》……

生：去年今日此门中，人面桃花相映红。人面不知何处去，桃花依旧笑春风。

生：（急忙站起）还有苏轼的《江城子》："十年生死两茫茫，不思量，自难忘。千里孤坟，无处话凄凉。纵使相逢应不识，尘满面，鬓如霜。夜来幽梦忽还乡，小轩窗，正梳妆。相顾无言，唯有泪千行。料得年年肠断处，明月夜，短松冈。"你们看啊，本来感情到高潮了，人家就一句"明月夜，短松冈"，此时无声胜有声，自己品去吧。

生：还有辛弃疾的"少年不识愁滋味，爱上层楼，爱上层楼，为赋新词强说愁。而今识尽愁滋味，欲说还休，欲说还休，却道天凉好个秋"。

结果，师生共同跳出文本，开发利用了动态的课程资源，丰富了教学内容。这个偶然的生成反而变成了课堂的高潮，收到了意想不到的效果。

（资料来源：呼君.《项脊轩志》课堂实录 [J]. 语文建设，2008（11）.）

▶ **评析**

　　教学设计是对课堂教学的假设，但课堂教学实施不可能完全按照设计执行，此时预设与生成就成为一个矛盾体。如何处理课堂教学中的生成与预设是教学设施能力的一个重要方面。

四、语文教学评价能力

　　语文教学评价是以教学目标为依据，按照科学的标准，运用有效的技术手段，对教学过程及结果进行测量，并给予价值判断的过程。语文教学评价是对语文教学质量所做的测量、分析和评定，包括：对学生学业成绩的评价，对教师教学质量的评价和进行课程评价。

　　语文教师具备的语文教学评价能力主要有：教师能够在教学中综合运用形成性与终结性、定性与定量等不同类型的评价方式，恰当评价学生的语文学习过程和结果；能够依据《义务教育语文课程标准（2011 年版）》倡导的评价理念，发挥教学评价检查、诊断、反馈、激励、甄别等功能，促进学生的发展；能够根据阅读与鉴赏、表达与交流的教学内容，选择和使用恰当的评价策略；能够结合学生自我评价、学生相互评价、教师评价，帮助学生了解自身语文学习的状况，形成个性化的学习策略；能够分析、评价自己的教学，针对教学中存在的问题，提出改进思路，完善教学方案，提升教学能力。

▶ **补充材料 3.2**

语文课堂教学评价——评什么

　　杭州师范大学倪文锦教授认为，语文课堂教学评价要着重考查教师教了什么、怎么教的、教得怎样。具体而言，"教了什么"是看教师在教学中能否立足语言，引领学生准确解读文本，把握文本语言；"怎么教的"是看教师能否指导学生开展读写听说的言语实践活动，教学方式方法是否遵循学生的心理特点和认知规律；"教得怎样"主要通过考查学生在语言积累、理解、鉴赏和运用等方面的具体表现，评估教师的教学行为。

　　（资料来源：倪文锦. 语文课堂教学评价：评什么 [J]. 语文建设，2015（28）.）

▶ **补充材料 3.3**

诊断性评价、形成性评价和终结性评价

　　布卢姆依据评价在教学中的作用，把它分为三类：诊断性评价、形成性

评价和终结性评价。这三种评价适合于教学活动的不同阶段，具有不同的功能。

诊断性评价是在学期教学开始或一个单元教学开始时对学生现有知识水平、能力发展的评价，旨在弄清学生已有的知识和能力发展情况，了解学生学习上的特点、优点与不足之处，以便更好地组织教育内容、选择教学方法，因材施教，故又称前测。它包括各种通常所称的摸底考试。

形成性评价通常在教学过程中实施，意在使师生能够及时了解到教与学的进展情况，故又称为进展性测评。它包括在一节课或一个单元教学中对学生的口头提问或书面测验，使教师与学生都能及时获得反馈信息。其目的是更好地改进教学过程，提高教育教学质量。

终结性评价是在一个大的学习阶段、一个学期或一门学科终结时对学生学习成绩的总评。其目的是给学生评定成绩，以作为某种资格认定或升、留级的根据。

▶ **案例3.15**

一个不恰当评价的案例

一位教师在上课时让学生猜歇后语的"注解"部分，他的歇后语是"孕妇过独木桥"。过了很久，才有一位女同学回答出正确答案"挺（铤）儿（而）走险"。教师为了活跃课堂气氛，说："看来你很有经验。"当时全班同学都吃惊地笑了，取笑的目的达到了，但那位女同学从此再也不愿跟那位教师交谈了。

（资料来源：陆昌萍. 教师课堂评价言语行为的语用特征［J］. 语文建设，2009（5）.）

▶ **评析**

在这个案例中，学生不仅回答了，而且回答对了，教师评价言语行为应当是肯定性的。可这位教师的评价却是"看来你很有经验"。这句话有两种语用含义：一是你很聪明，二是"你有过'怀孕'的经验"。从教师的言后结果看，大多数学生理解的是第二种含义。这位教师在实施评价言语行为时，一没有考虑语境——面对的是全班同学，而且对象是女生；二没有考虑中国文化背景——中国传统是女性要洁身自好，何况还是学生；三违反了教师所扮演的角色——教师应是有文化、有修养、有爱心及品德高尚的人。教师仅仅为了活跃课堂气氛就轻率地实施了言语行为，导致这个女同学在全班同学面前被羞辱，言语评价的结果是这个女同学再也不愿跟那位教师交谈了。

五、听说读写的能力

听、说、读、写能力是语文素养的重要内容，听、说、读、写，既是学生基本的语文能力，也是语文教学的基本任务，它是语文课程学习的内容，也是语文课程的目标。①

1. 说

说，即是教师要掌握教学语言，指的是语文教师在教学中运用口头语言连贯地有条理地传导教学信息，启发学生积极思维的能力。教师的语言表达能力，直接决定着课堂教学的效果，并密切关系着学生的感知、注意、记忆、想象、思维、情感和兴趣等一系列心智能力发展的程度。不善于说，即口头表达能力不强，即使满腹经纶也未必教得好书。古人如韩非子"退而著书"，同他有口吃的毛病有关；今人也有知识丰富，科研领先，但因言迟口钝而不能当一个优秀的中学教师的例子。在语文教学中，学生不仅要从教师的说话中了解他所讲述的内容，而且要向教师学习说话。教师的语言对教学效果起着直接作用。

2. 写

写，指的是语文教师在教学中运用书面布局谋篇、表情达意、传播信息的能力。一个含义是文字书写的能力，语文教师要写好钢笔字、毛笔字、粉笔字，最起码的要求是写得规范、写得工整。最好还要学会写几种美术字，以便组织学生出墙报、黑板报、手抄报等。另一个含义是文章写作的能力，这是语文教师业务修养的重点内容之一。叶圣陶先生认为："唯有教师善读善写，乃能引导学生渐进于善读善写。""教师要指导写作不能空讲些作法，一定要有写作的切实经验，才能随机应变，给学生真正的有益的帮助。"② 课标提出要让学生"自由地表达、有个性地表达、有创意地表达"，作为语文教师，怎能不首先做到这样呢？语文教师写的能力除文字书写能力、文章写作能力之外，还包括教学应用写作能力、指导学生作文的能力等。教师能写善写，对自身业务水平的提高也是一个很大的促进。全面系统地把自己的教学心得、经验写出来，可以充实教科理论的宝库。

3. 听

听，指的是语文教师在教学的过程中接受口头语言信息并经过思维活动加以分辨、理解和评判的能力。教师要教育学生就必须了解学生，而了解学

---

① 朱安义. 语文教师听说读写能力浅说［J］. 师资培训研究，2004（3）：51 – 53.

② 叶圣陶. 关于《一篇宣言》及其他（致李保光）［J］. 语文学习，1988（7）：2.

生的途径之一就是听。语文教师的听包括教学听话能力、听学评学能力、听教评教能力、指导学生听话的能力等。听力对于各科教师来说都是应当具备的，而语文教师更要敏锐、准确地听出学生语言表达中的问题，如语音正确与否、句子通顺与否、语段完整与否、语气连贯与否、语调明确与否、语感和谐与否等。听要入耳，如果听而不闻等于没听。教师听的能力由有意注意能力、辨音识义的能力、理解语意的能力、辨析评品的能力构成。在与学生的教学接触中，教师凭着较强的听力就可以迅速发现学生口头表达中的问题，可以有针对性地加以纠正，因而有助于学生口头表达能力的提高。

4. 读

读，即阅读，指的是语文教师从文本中搜集处理信息、认识世界的能力。阅读是教师熟悉、掌握教学内容、了解学生情况、获取教学信息的主要方式，也可以说是教师不断充实提高自己的主要途径。通过读，可以学习别人怎样观察、分析、立意、选材、构思、表达等，把别人文章中的长处吸收过来、积累起来，逐步做到为我所用，同时获得审美体验。显然，那种离开了参考书就讲不成课的现象，对一个合格教师来说是不应当有的。这种能力包括教学认读、理解、鉴赏的能力、掌握阅读方式的能力、教学阅读的记忆能力、分析概括的能力、阅读古代诗文的能力、指导学生课内阅读和课外阅读的能力等。

案例3.16

教师写作实践的作用

一个教师要求学生以"梦"为题写一篇记叙文。一个学生将一个梦中的许多事情有选择地写在作文中，她表示，要学习用意识流的手法来表达内心的烦乱。教师由于平时没有写作实践，也极少接触意识流作品，所以感到这篇本来很有新意的作文不仅结构混乱，而且没有表现进步的内容，把它判为最差的作文，还在评语中说它是"满纸荒唐言"，结果学生的写作积极性受到严重的挫伤。假如教师坚持经常练笔，对心理及意识流方面的内容一定会有所接触和体会，甚至会有直接表达的实践，那么，对待学生这篇习作的态度和判断就绝不至于此了。

学生作文中有这样一句话："摆在我们面前的路宽阔而平坦，只是走多了就没有了感觉；有时在没有路灯的夜晚独行于路上，却忽然感到前后是一片的光明，如同夏日的正午。"对此，不同的教师笔下出现了不同的评判，一个教师认为"前后矛盾，文理不通"；还有一个教师认为"这个学生是模仿时下盛行的卖弄高深的写法，别人看不懂，他自己也不懂"；一个长期坚持练笔并在许多报刊发表文章的语文教师对此十分感慨："学生得不到赏识，并不是学生缺少可赏识的美点，而是教师缺少赏识能力。难怪这位学生在没有路灯的夜晚，独行于路上，不仅感受到光明而且感受到温暖，现在有思想的学生实在是太孤独了。"

（资料来源：庞车养. 教师写作实践与作文教学［J］. 教育探索，2007（11）.）

▶ **评析**

通过这两个事例可以看出，语文教师的写作实践是培养和提高学生写作积极性的重要一环，更是正确判断学生作文得失的前提。教师的写作实践所积累起来的语感能力，是读懂学生作文语言内蕴的基础，也是正确制订和实施指导方案的关键。

◀ **补充材料3.4**

语文老师可会写文章

仿佛在问士兵可会放枪、农人可会耕田一样多余而可笑，既然是读了十几年中小学，又念了几年的中文专业，再加上本身又专门教语文，中学语文教师哪有不会写文章的？且请慢下结论，笔者教语文已有20年，在一线耳闻目睹过这方面许多事实，才发出这并非多虑的怀疑：几年前上海这个大城市，曾举行过一次师生作文与评改比赛，结果发现有不少教师写不过学生；苏北有个县曾让全县高二教师也同时参加当年的高考，以选择暑假后的高三教师班子。结果也发现，语文题的最后一道议论文写作，有相当一部分教师竟达不到一类卷的最低评分标准；也常听一些报刊副刊编辑说，教师写的文艺作品，其数量与质量与其职业极不相称。许多城乡学校的语文教师能发表文艺作品或教学论文的只是少数，不少人终其一生未发表过一块"豆腐干"……

这样说来，是否要求语文教师非作家才可担当？非也。语文教师自有他的工作内容、性质及要求，并不是作家所全能胜任的。但是，作为一个以评析他人文字、指导青少年作文为终生职业的语文教师，不会写一般的文章（如记叙文、应用文），不会写教研论文，且不能达到一定的档次，总说不过去吧？眼高手低的教师没有写作实际的感性认识，无论是搞文章分析，还是指导孩子作文，常常是隔靴搔痒，难得要领，甚至不着边际。试想，烧不出好菜来的厨师，尽管口述起来头头是道，但配做"良庖"么？体育教练不会"跳山羊"，能指导好受训的运动员跳出美丽与高度来么？

不仅如此，目前有不少中青年语文教师背书就背不过学生。笔者曾听过许多学生私下里的"不服气"："叫我们全背《琵琶行》《阿房宫赋》，他自己还不晓得背得背不得！"学生的话恐怕是有他们曾验证过的事实作根据的。能通背十几本语文教材上的数十篇古典名作而不打顿的教师，似不多见。还有，有的教师工作几年后读书阅刊无多，知识视野常赶不上学生，讲来讲去就是那些听惯了的老话。

甚至字也有写不过学生的……

列举上述种种不足，并非想贬低、否定包括笔者在内的广大语文教师的工作及成效，我们绝大多数同行付出了辛勤的劳动，也取得过教学的丰硕成果。只是由于笔者痛感到目前语文教学效益低微、学生普遍对语文不感兴趣、全社会语文水平较差的现象，而想指出：语文各方面素养都较高的教师才可能真正教好语文，也才可能对学生实施起真正的素质教育！"名师出高徒。"那种背不得多少华章、不太会写文章，只是在一两次公开课中"表演"得好的教师，我不认为是名师。这种"名师"如果不补上、充实、强化硬功夫，我可以肯定地说，他也绝不能真正教好语文。

如果征之于古籍或问问老辈人的求学，便可知道，很多塾师或国文先生，不是书法家，便是饱学之士，还有许多作家，或三者兼具。很难设想，过去一个字写得不怎样或背不出两三百篇诗文的国文教师，会被校方聘用、赏识！

自然，今日要完全恢复或仿效昔时老先生的一套既无必要，又不可能，但作为一名语文教师，一手好字、一笔好文章、三百篇佳作的记诵（当然也有一张"铁嘴"），永远是不可或缺的，应予强化。那种以为印刷、电脑的发展可慢待练字，背诵属于"低层次"的死记硬背，以及"述而不作"等语文教学观，必须抛弃。

只有花架子而缺乏硬功夫的语文教师，永远不可能把语文教学领出低谷。

（资料来源：卞幼平. 语文老师可会写文章 [M] //王丽. 中国语文教育忧思录. 北京：教育科学出版社，1998.）

课堂讨论：在你以往的语文老师当中，有没有经常发表作品的老师？你中小学时，语文老师是如何指导你作文的？结合现在的学习内容，分析中小学作文指导课的利弊。

第四节　语文教师的专业能力（下）

一个能上课的老师，如果总是只凭借经验来教学，而不能将自己的经验进行提升，那么，他只能永远是一个"教书匠"。语文教师还必须能从事教学研究，不断反思自己的教学行为，对自己的教育生涯精心规划，这样才能不断发展，最终向优秀语文教师、语文教育专家靠拢。

一、教学研究的能力

教师的研究主要是指教师通过对自身教育教学行为的自我观察与反思，以改进自己的教育教学实践为目的的研究，它是置身于教育教学之中的研究、改进教育教学的研究。苏霍姆林斯基说："如果你想让教师的劳动能够给教师带来乐趣，使天天上课不至于变成一种单调乏味的义务，那你就应当引导每一位教师走上从事研究这条幸福的道路上来。"

中小学教师的研究是一种特殊的"研究"，是对教师自己的教育观念和行为的思考和探究，这种研究的目的，不是为自己增加另外的负担，而是力图使自己的教育、教学以更有效的方式展开。中小学教师开展教育科研的主要目的并不是要去发现和构建"科学的"教育理论和教育方法，而是为了解决教师大多仍是处在一种经验式的，或是"非理性"和"无意识"状态下进行教育、教学的问题。教学科研通过教师对教育理论成果的学习吸纳、对教育问题的思考琢磨以及沉浸其中的体验，使他们不断领悟教育的真谛，促进教师尽快把外在的教育思想和教育观念内化为自己的教育信念，最终形成自己对教育独特的认识和理解，从而实现教育教学活动的最高境界——创造性的教育。因此，教育科研是中小学教师成长发展的手段，是中小学教师成长发展的一种方式，甚至是一种新的生存的状态。

中小学教师的研究是不断获得新的体验、不断成长的过程。从某种意义上说，中小学教师搞教育科研是在做自己的研究、研究自己，其目的就是为了提高自己、发展自己、更新自己，就是要通过研究使教师们不断获得体验并逐渐成长起来。教育现象是非常复杂的，即便是一个成功的研究，也可能是高度个人化和情境化的知识。因此，对教师来说，你自己就是你所发现的知识或规律的使用者，不是为别人而研究，是在为自己研究、在研究自己。教师的研究成果就是在和别人分享自己的认识体会，讲述自己的"教育故事"，而不是刻意为他人提供什么。

中小学教育科研是教师情感意识的深度"唤醒",是教师对自己工作的深刻体验和不断理解。中小学教师进行的研究不是要获得"那是什么"的科学知识,而是要获得"如何做"的实践智慧。其研究的终结成果不是成果的学术化,而是问题的解决和行动的完善与改进。因此,就实际层面上讲,教师的研究方式大都是情境式、体验式的;研究是在实际教学活动中随时进行的;得出的结论大都是个人化、特殊化的,而不一定具有普遍的意义;它所获得的成果很多都带有经验性。教师的研究也可以写出论文和研究报告,但教师在研究中实际收获的东西,要比在纸上写出的东西多得多。所以我们有理由说,中小学教师在进行教育、教学的研究过程,也就是他们自我情感意识深度唤醒的过程。

教师教学研究有三方面的内涵:反思是其起点,问题的求证是其本质,教育意义的实现是其旨趣所在。[①] 教师教学研究能力主要包括:调查研究的能力、选题定向的能力、搜集资料的能力、开展实验的能力、总结经验的能力、观察想象的能力、反馈验证的能力、撰写论文的能力。

▶ 案例 3.17

在教学中探索,在研究中成长

一、十年摸索,做一名合格的语文教师

我于 1980 年考入曲阜师范学院中文系,1984 年开始了我的语文教学与研究之旅。我的教学研究是在"研究高考、提高语文成绩"的背景下开始的。我要努力在枯燥的备考训练中上出语文课的真正"味儿",引导学生在品味语文"真味"的同时,也能获得高考需要的能力。1986 年,高考陡然出现了典型的给材料作文,审题难度加大,学生猝不及防,得分偏低。我在教学实践中反复思考总结,逐步提炼出给材料作文立意写作的基本思路——"引述材料、评析材料、联系现实、总结收束",简称"引、析、联、结",对当时的作文教学起到了较好的指导作用,这是我自发进行语文教学科研的开端。进入 20 世纪 90 年代,高考又出现了"多则材料作文"命题,作文难度又一次加大。面对难题,我再一次"攻关"。经过反复实践、总结和研究,我又提炼出"抓住关联点,找准聚焦处"的"多则材料作文"写作指导方法。这一研究成果实施和推广后,老师和学生们认为对"多则材料作文"的写作训练有很好的指导作用,临沂地区教研室还安排我在地区高中语文教学研讨会上举行了示范课并做了典型发言。20 世纪 90 年代中期,

---

① 李润洲,张良才. 论"教师即研究者"[J]. 教育研究,2004(12):60-64.

我又提出了"高中写作教学六个基本环节"，即"话题布置—素材加工—文章写作—交流展示—评点修改—打磨升格"。这个写作程式注重反思、补偿和提升，层次分明，方法实用，教学训练效果比较明显。这一段时间，我的教学研究主要立足高考应试和解题指导，先后发表了《顶真修辞与议论文构思》《抓住"关联点"，找准"聚焦处"》等文章，参加编写出版了《高考作文选评》《走向名校168高考总复习》等几本书。在作文教学研究中，我始终把研究和示范结合起来。为了使作文讲评课扎实高效，避免"空讲"和"干听"，我坚持写"下水作文"，还搞点文学创作，给学生示范和引领。多篇作品在报刊发表、获奖，有的还被《散文·海外版》等转载。在我的引导下，学校"春芽""心心"等文学社团先后成立，我辅导的学生有30余人获全国、省作文比赛一等奖，学生在报刊发表作品百余篇。从1984年到1997年，我送的8届高三毕业班语文成绩始终居市县前列，我的作文教学与研究在地区内也有了一点影响。我5次获市县优秀教学奖，被评为临沂市高中骨干教师，破格晋升为中学高级教师职称。

二、十年探究，做一名研究型语文教师

经过最初十多年的"摸爬滚打"，我在小范围内有了点"知名度"。但我至多也只能算"经验型教师"，而非"研究型名师"。我的教学研究还多属于零星探索，缺少系统的规划、理论的深度、课题的高度，这些都严重制约着教学教研的可持续发展。如何突破这一"瓶颈"？2000年4月，我有幸被选拔为中小学骨干教师国家级培训对象，参加了由北京教育学院承办的首批培训。抓住这一难得的机遇，我投入到紧张的充电加油中。培训期间，我聆听了叶澜、裴娣娜、袁振国、巢宗祺等专家学者的讲座，到首都一些著名中学观摩研习，完成了大量的教学研究和实践活动，教学科研能力得到提升。在读书、学习中，我发现全息理论对研究文章的结构生成很有启发。我把上述思考向张亚新、张彬福等导师做了汇报，导师们认为这一思考视角独特，建议我将"运用全息理论观照文章的结构生成"作为培训的研究课题。一年多来，我在导师们的指导下进行了艰苦的研究，终于完成了两万多字的课题论文。在国家级培训结业论文答辩会上，由章熊、苏立康、顾德希等专家组成的答辩委员会对我的课题和论文给予了高度评价。我将这篇论文投寄给中国写作学会会刊《写作》，文章在该刊2002年第2期"写作新视点"栏目上发表，随后又被收入高等教育出版社出版的《教师专业化发展的新维度》一书中。2002年，该成果又获山东省中小学教育科研优秀成果一等奖。从2003年开始，我又尝试着将"最近发展区"理论引入中小学作文教学实践中。"'最近发展区'段落写作教学研究与实践"，激发了学生的探究欲望和表达欲望。这项研究得到了山东省教研室厉复东老师、北京教育学院张彬福教授等专家和广大同行的认可。我撰写的题为《不容忽视的段落写作训练》的论文，在《中小学教材教学》2005 年第 10 期上发表，并得到广泛好评和引用。我在研究中成长，在我高中语文教学的"第二个十年"我取得了一些成绩：我逐步掌握了教育科研的基本规范和方法，对语文教学尤其是作文教学做了一些深层次的探索，举行了数次省、市级公开示范课，先后被评为县拔尖人才、临沂市教学能手、沂蒙名师、国家级骨干教师、全国模范教师等。

三、十年打磨，做一名有特色的语文教师

自 2005 年起，我进入了高中语文教学的"第三个十年"。经过 20 多年的语文教学后，我决心努力呈现出自身个性化的教学风格，形成自己的"一套"。2007 年，我又带领学校老师开始了"六步骤思维导学法"高效课堂教学模式的探索和构建，力图在课堂教学上形成自己的一些特色。"六步骤思维导学法"自 2008 年被列为省、市科研规划重点课题以来，经过几学期的探讨和实践，形成了一套比较系统的理论、经验和操作方法，被大面积应用到多学科课堂教学中，激发了师生教与学的积极性，促进了高效课堂的构建。课题在省内外也产生了一定反响："导学法"多次在市县教学科研会议上宣讲和推介，在媒体上介绍；几年来，已有 20 余所学校和教研单位来我校听课、观摩、交流。在这一阶段，我在新课改和课堂教学艺术方面也做了一些探索，举行公开示范课多次，应邀到山东、江苏等数所重点中学做示范课、观摩课；承担了数项省市级研究课题，先后有《新课改背景下语文教学的应有之变》《基于新课标理念下的中学文学教育：功能与操作》《试论语文课堂教学中的"即兴"艺术》等 20 余篇论文分别在《中国教育学刊》《当代教育科学》《中小学教材教学》《现代中小学教育》《中学语文教学参考》《写作》《阅读与写作》《山东教育》等国家级或省级刊物上发表，其中，我的《基于新课标理念下的中学文学教育》《试论语文课堂教学中的"即兴"艺术》两篇论文在《当代教育科学》和《现代中小学教育》发表后，先后被人大复印报刊资料《中学语文教与学》全文转载，《新课程研究》摘登，《现代教育》转载，被数十篇研究中学文学教育的文献综述或论文引用；还有几篇语言研究的文章在高校学报发表后，被大陆和台湾的多篇博士论文或硕士论文列为参考文献。语文教学的"第三个十年"已经过半，自我感觉视野有所开阔、心态渐趋平静、教研比较沉稳。经过多年的历练，我逐渐接近形成"质朴平易、稳健扎实、善于诱导、机智幽默"的教学特色。2010 年 9 月，我先被评为山东省特级教师，后又被评为全国模范教师。

（资料来源：张则桥. 在教学中探索　在研究中成长：我的语文教研三十年 [J]. 当代教育科学，2010（24）.）

▶ **评析**

张则桥老师的研究之路是从自发到自觉，从个人的"小打小闹"到最后的专家支持，团队合作，从教学实践入手，发现问题、研究问题、解决问题，最终使自己走向成功，也通过研究促进教学，提高了教学质量。

二、沟通合作能力

教育是传递社会生活经验的社会活动，交流则是进行这种活动并实现其目的的基本途径，交流、沟通是教育、教学过程中一个非常重要的组成部分。所有教育目的的实现、教育意图的表达、对学生个性特征和学习情况的了解、帮助学生克服困难等都是通过交流来实现的。在教育教学过程中，教师必须发挥影响学生的多因素的教育力量的作用，例如家庭、社区等，通过各种教育力量充分合作，共同完成对学生的教育任务。因此，沟通交流和合作能力，是教师专业素养的重要内容。

（1）师生对话能力。学生是教师的教育对象。教师的"师生对话"能力，就是教师运用适当的语言媒介与学生进行平等交流与沟通，从而实现师生共同建构知识、分享情感体验、共同发展的能力。师生对话能力是教育本质对教师的要求，是高质量课堂教学对教师的要求，是学生健康成长对教师的要求，也是实现教学相长、促进教师自身发展的需要。师生对话要求教师赋予每一位学生平等对话的权利和机会，善于创设宽松的对话氛围，掌握师生对话的技巧。

（2）同事合作能力。教师"同事合作"的内涵就是教师们为了追求专业发展和改善学校教育实践，就共同感兴趣的问题，共同探讨解决的办法，从而形成的一种批判互动关系。对教师来说，促进学生全面发展需要与同事合作的能力，自身专业发展需要与同事合作的能力，学校整体发展也离不开与同事合作的能力。同事合作能力要求教师善于倾听和交流，通过同事合作来取长补短、获得自我发展，能积极主动地帮助同事、带动他人发展，能利用多种方式与同事展开合作。

（3）家校合作能力。家校合作的实质是联合对学校最具影响的两个机构——家庭和学校的力量，对学生进行教育。教师的家校合作能力是顺利开展教育教学工作的重要手段，是赢得家长信任和支持的基本保证。家校合作能力要求教师能够正确定位自己和家长的教育角色，能够尊重家长的想法和意见、平等交流，能够利用多种方式和渠道。与家长进行合作，教师能够科学设计家校合作活动，不断提升家校合作的质量。

（4）校地合作能力。《第 44 届国际教育大会宣言》指出：不仅家长而且整个社会都应当担负起同所有教育系统的工作者、非政府组织一起工作的重大责任，一起全面实现为和平、人权和民主的教育等各项目标，并以此方式对可持续发展及和平文化做出贡献。社区与中学的密切关系和良性互动是基础教育融入社会的必然趋势。学校主动融入社区可以获得更广泛的发展平台，实现学校教育与社区教育的统一；社区把学校纳入社区建设发展之中，有利于整合社区资源形成合力，提高社区自制能力和教育功能。教师应协助中学与社区建立合作互助的良好关系，做到了解并善用社区资源，承担社区责任，关心社区事务。

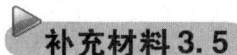 **补充材料3.5**

师生关系中常见的沟通障碍

1. 命令、控制、指挥学生

学生产生对教师权力的内在害怕和自己内心的软弱感——怨恨、恼怒、敌对，如："不许你谈恋爱了，去把学习抓好！"

2. 警告、威胁学生

教师使学生感到恐惧和屈从、敌意，常用句式："如果再……就……"。

3. 训诫、说教、说"应该"和"必须"

教师预先设立了立场，使学生感受到与教师之间地位的不平等，权威，导致防卫心、抗拒，常常"你应该……"。

4. 过度忠告或建议

教师不信任学生依赖教师，教师削弱学生独立判断的能力和创造力。

5. 中伤、归类、揶揄学生

学生自尊心受伤害、反攻击，常见："你以为你很聪明吗？不要自以为懂得很多了。"

6. 给予泛泛之谈：隔靴搔痒

如"你是一个好孩子。""不要难过！""不要着急，太阳每天都会是新的。"

7. 不愿积极地聆听

教师注意力放在说服学生，单向输送信息给学生。例如：

"今天找你来是要与你讨论你这次考试失误的事情。经过我对你的试卷的分析，我发现你存在的问题是粗心。你说是吗？记住：下次考试要专心！你回去以后再好好记住我的话！"

8. 强加于学生

学生防卫、抵触，削弱对教师尊重。

如"昨天晚上你有没有照我的话去做功课？你知道如何来安排时间吗？

让我来告诉你……"

9．随意指责与批评

很多教师认为批评是为了帮助学生，实际上，过多指责令学生自卑、不安和愚笨，激起反批评，掩饰。

案例3.18

不同沟通，不同效果

同一事件，教师沟通能力不一样，效果也会不一样。

一、教师甲与学生的沟通

师："进来，坐下。我想跟你谈谈昨天在林老师课堂上发生的事情。"

生："好的，老师。"

师："林老师告诉我你的行为不够好。"

生："是的，老师。"

师："在课堂上你跟别人聊了有半节课的时间，不但没有做功课，而且还干扰了周围的同学?"

生："是的，老师。"

师："那么，你说你该怎么办?"

生："我不知道。"

师："你为什么聊天?"

生："我不知道。"

师："想一想。好吧，你为什么不做功课?"

生："我不会做，老师。"

师："你为什么不会做?"

生："太难了，老师。"

师："为什么太难?"

生："我不知道，老师。"

师："你知道的，如果你不懂，你就应该问老师。"

生："是的，老师。"

师："那么，你为什么没问老师呢?"

……

谈话很难再进行下去，使师生沟通不了了之。

二、教师乙的沟通

师："××，进来。请坐下，我想同你谈谈。因为我听到一些关于你的事情，特别是林老师和我讲的一些情况，我很担心。"

生："好的，老师。"

师："林老师告诉我，昨天你在他的课堂上表现不好。"

生："我只是在课堂上说话。"

师："你能告诉我事情的具体经过吗？"

生："好的。当他进来时，我正同我的好友说着话。这时，老师只告诫我别说话了，但他却并没有制止我的好友。"

师："你当时是怎么想的？"

生："平时林老师对我就很挑剔，他使我心烦。"

师："好。后来又发生了什么事？"

生："我坐好了，我发现我没有带书。"

师："你将此事告诉林老师了吗？"

生："没有，那样他的火气会更大。"

师："那你怎么做的？"

生："什么也没做，我就坐在那儿。"

师："就坐在那儿？"

生："我说了一会儿话。这时，坐在我后面的那个家伙踢我的书包，于是，我转身警告他。后面的事情你知道了，林老师责骂了我，之后让我离开教室。"

师："好的，××，让我们再回忆一下。我可以告诉你，林老师并不是你所想象的那样老挑剔你。他今天告诉我，他认为你是一个很聪明的、有很大潜力的人，他担心你跟不上功课。他说你经常忘记带书，是这样吗？"

生："是的，老师，我想是这样。"

师："那么，我们能不能采取一点办法来补救呢？"

生："有什么办法呢？"

师："我们可以为你制定一个时间表，你必须严格执行并告诉我每天的结果。你说这样做会有帮助吗？"

生："会的，老师。"

师："你认为功课落得多吗？"

生："是的，老师，上周我没来上课。只要落掉一点就很难赶上。"

师："好，我告诉你怎么做。我让林老师来看看你所落下的功课，我知道他很想让你赶上。当你迎头赶上时，你就不会再有什么被挑剔的问题了。"

生："是的，老师。谢谢老师！"

师："你跟林老师说完后赶紧回来，我们一块儿制订一个时间表。"

生（微笑着）："好的，谢谢老师！"

▶ **评析**

第一个教师由于缺乏师生沟通能力，结果师生交流只能陷入僵局。而第二个教师沟通能力较强，能揣摩出学生心理，对话能够深入，师生相谈甚欢，效果很好。

▶ **补充材料3.6**

与同事相处要注意的细节

（1）自我欣赏要有限度。

（2）孤独的人，不能满足于管好自己的"责任田"。

（3）真实地对待别人。

（4）让体态和眼神说出你的秘密。

（5）要有包容和宽容的心态。

办公室里最不受欢迎的行为

（1）拒绝帮助同事。

（2）在办公室比家里还懒。

（3）热衷于探听家事。

（4）只"进"不"出"。

（5）越级"控诉"（喜欢打小报告）。

（6）有好事儿不通报。

（7）进出不互相告知。

（8）常和一人"咬耳朵"。

老师希望家长做些啥?

（1）了解学校里孩子的真实情况。

（2）过问孩子的功课。

（3）做孩子的支持者。

（4）耐心对待孩子的落后。

（5）多与孩子沟通交流。

（6）确定帮助孩子的具体计划。

（7）积极的伙伴关系。

家长会，怎么开?

（1）交流式：就教育中的共性问题进行理论探索，或做个案分析，或开经验交流会。

（2）对话讨论式：就一两个突出的问题进行亲子、师生、教师与家长的对话。

（3）展示式：展览孩子的作业、作品、获奖证书或学生现场表演等，让家长在班级背景中了解自己的孩子。

（4）专家报告式：就学生入学后某个阶段或某个共性问题，请专家做报告并现场答疑，以提高家长的教育素质。

（5）联谊式：教师、家长、学生相聚在一起，用表演等欢快的形式，共同营造和谐的气氛，增进感情和了解。

（6）参观游览式：学生、家长、教师一同外出参观游览，在活动中发现问题，促进沟通。

教师与家长合作的误区

（1）利用家长。

（2）排斥家长。

（3）教师一言堂。

（4）向家长推卸责任。

——"你的孩子屡教不改，你把他领回去吧，我们无法教育了。"

——"你是怎么教育孩子的，让孩子变成了这样!? 回去好好重新管教管教!"

——"你的孩子真是少见，我对他彻底失去信心了!"

……

案例 3.19

学校、家长、社区合作培养孩子

近日，温州市第二实验中学六（1）班将课堂设在了海军基地，学生家长组织学生进行了一次丰富而新奇的体验。同学们大开眼界，学到了课本上学不到的知识。

据悉，在不久前，该校六（1）班召开了"茶馆式"家长会，新颖的交流形式让家长们倍感亲切，拉近了学生与家长间心与心的距离，家长、教师在为孩子的未来教育建言献策的交流中擦出思想的火花。本次活动就是该班"茶馆式"家长会之后，第一次组织的"家长当老师"的活动。

在海军基地里，学生见识了军舰、大炮。之后，学生又来到了海军宿舍，亲眼"见证"了传说中的"豆腐块"被子的叠法；还见识了海军活动时那整齐的方阵、响亮的口号。

陈婉如同学说："我们学校的大课间活动跑操时，也有方阵和口号，但是与海军叔叔相比，真是有差距!"学生们也纷纷表示，通过这次活动，要把海军战士的这种严明、整齐而有朝气的风貌带回学校。

在整个参观的过程中，该班一名学生的家长俨然就是一名老师，或介绍军舰的历史，或介绍大炮操作原理，或介绍海军的生活，对学生们进行了"肩负起青春使命"为主题的教育。还为学生们安排了许多别致的游戏，如用麻绳荡秋千、平衡绳两个人手扣手一起走、海边捉螃蟹等。其中，学生最难忘的是在平衡木上放歌，以偌大的海军训练场为舞台，以大海为背景，面对蓝天，学生们抒发壮志豪情。

（资料来源：余盛敏. 家长当老师［N］. 温州日报，2012 - 07 - 04.）

▶ **评析**

学校并不是唯一的学习场地，教师和书本也不是知识的唯一来源。家校合作、校地合作，将会使教育的效益更快、更高。

三、教师的反思发展能力

教师反思，简单地说，就是教师在教学过程中，将自我和整个教学活动本身作为意识的对象，不断地对自我及教学进行积极主动的计划、检查、评价、反馈、控制和调节的过程。教师通过反思总结经验教训，进一步提高教育教学水平。教学反思是教师专业发展的一种有效手段。教学反思能力要求，教师能够对自己的教育教学活动进行自我诊断，能够广泛地收集和深入分析关于自己教育教学活动的信息，能够自我提出教学改进策略，并能够在实践中加以验证。教学反思能力还要求教师能够运用多种反思方法。

教师发展的能力可以具体为教师职业规划的能力，指的是教师从自身的特点和优势出发，综合考虑时代、社会的要求，以及所在学校的发展目标，对自己的专业发展进行预期性、系统性的设计与安排的能力。教师职业规划能力包括：教师能进行自我分析、外部环境分析和专业发展重点分析；能制订出个人的近期、中期和长期的专业发展目标；能制订出周密的专业发展计划；能选择合适的专业发展路径将专业发展计划付诸实施；能收集和分析专业发展的反馈信息；能对自己的专业发展结果进行合理评价，并由此对专业发展计划进行不断调整和完善。

教师职业规划能力是教师自主专业发展的保证，是教师终身学习、不断迈向专业成熟的保证，也是促进学生发展和学校发展的保证。

 **案例3.20**

介绍作者应讲求时机

在大型的课堂教学比赛中，我两次执教《故都的秋》一课。

第一次是在2003年。我按照老师们都很熟悉的教学流程，在导入新课后，介绍作者。我讲到了郁达夫的生平、经历、性格、审美倾向等，学生被郁达夫的故事吸引。这一环节，用了五分多钟。然后，我引导学生读文章，概括文段内容，归纳景物特征。一切都在顺利地进行。

为了将文本理解得更加透彻，并且落实"学习以情驭景写法"的教学目标，我提出了一个探究思考题：郁达夫为什么如此钟爱故都的"清，静，悲，凉"之秋，甚至愿意拿自己的生命去换？学生陷入了沉思——郁达夫为什么会喜欢这样的秋景呢？但是，没有人回答得上来，课堂上出现了冷场。为了引导学生，我提了几个小问题：此时的郁达夫处境怎样？心情怎样？他的性格对其喜欢此种特征的秋景有何影响？在问题的引导下，学生比较顺利地完成了这个教学任务。当然以后的教学环节在时间上就很紧张了，我只能草草收兵。

下课后，我做了认真的反思总结，发现一个问题：我为解决问题设计的几个小问题的答案，正好是我刚上课时介绍郁达夫的相关情况。也就是说，在这节课上，我把郁达夫介绍了两遍，多用了五分多钟，浪费了宝贵的教学时间，导致课堂上学生训练不够充分。可是，对于文学作品的教学来讲，教师引导学生和作者深入对话，就是帮助学生走进作者的内心世界，介绍作者是必不可少的环节。

巧得很，2005年，我再次参加课堂教学比赛，抽到的课文仍然是《故都的秋》。这次，我的教学设计有了明显的变化。最大的变化就是作者郁达夫的介绍。考虑到是借班上课，我没有让学生介绍郁达夫，而是先由文本的结尾段切入课文，让学生反复诵读、感受郁达夫对故都秋景的热爱。然后，我引导学生通读文章，再细读相关文段归纳概括故都秋景的基本特色，顺势提出探究问题："郁达夫为什么如此钟爱故都的'清，静，悲，凉'之秋，甚至愿意用生命去换？"课堂出现了可喜的情况，学生提到了可能和作者此时的心情有关等设想。我顺着学生的话往下讲："心情确实可以影响人对景物的态度和情感，那么，郁达夫此时的心情怎样？那是什么样的生活经历影响了郁达夫的心情？除了这些之外，和郁达夫的性格又有着什么样的关系？让我们一起走近郁达夫。"我对郁达夫的介绍顺理成章，学生马上就能将我介绍的知识运用于解决问题的过程之中。教学很顺利地进行下去，学生不仅感受到了郁达夫所描述的故都秋景，还感触到了郁达夫热烈、敏感、忧郁的品质。

看来，介绍作者不仅仅要精心选择介绍的内容，还要精心选择介绍的时机。

（资料来源：浮利古. 介绍作者应讲求时机［N］. 教育时报，2009－06－17.）

▶ 评析

教师通过对第一次公开课中存在的问题进行反思，并提出了改进的策略，在第二次教学中对反思结果和策略进行验证，最终收到良好效果。

本 章 小 结

语文教师知识和能力是语文教师"能教"的基础。语文教师知识包括关于教育教学的知识、学科知识、学科教学知识，以及通识知识。语文教师能力包括教学设计、教学实施、教学评价的能力，还必须具备听说读写、教学研究、反思与发展，以及沟通合作的能力。师范生应该在四年的职前教育当中不断积累教师知识，形成教师能力。

▶ 思考与练习

1. 语文教师知识包括哪些？各自的作用是什么？
2. 语文教师应该具备何种能力？除了教材所指，你还能说出教师还需哪些能力？

▶ 实践课堂

活动主题：分析语文教师知识和能力在教学中的体现

活动目标：学生通过观看观摩优秀语文教师的教学录像或教学文字实录，分析语文教师知识和能力是如何在教学中体现的，并理解其在教学中的作用。

活动步骤：

（1）学生课后或课堂中观看优秀语文教师教学录像，如余映潮《假如生活欺骗了你》、曾湖仙《项脊轩志》、钱梦龙《愚公移山》等。

（2）学生分组对教学实录中所体现的教学知识和教学能力进行归纳、辨析、评价。

（3）课堂中，每组推荐一名学生发言，并相互评论。教师组织活动，并相互点评。

▶ 推荐阅读

1. 王荣生，宋冬生. 语文学科知识与教学能力［M］. 北京：高等教育出版社，2011.
2. 朱晓民. 语文教师教学知识发展研究［M］. 北京：教育科学出版社，2010.

读书，读书，再读书，——教师的教育素养的这个方面正是取决于此。

——苏霍姆林斯基

教学实践是职前教师专业能力发展的最好机会。

——Daresh

经验＋反思＝成长

——波斯纳

一个教师写30年教案不一定有效果，但坚持写三年教学反思一定能成为优秀教师。

——叶澜

—— 第四章 ——
如何成为语文教师

——职前语文教师的专业发展途径

　　要想成为一名语文教师，真不容易啊。当我们明白了语文教师应该具备哪些素养后，使自己养成这些素养，就成为职前教育的重要内容和任务。作为一名师范生，在四年的专业学习中，通过什么途径去形成专业素养呢？这就是本章所要讨论的问题。

▶ **本章学习目标**

（1）了解职前语文教师发展的路径。

（2）理解职前学习的学习观。

（3）掌握阅读、职前教学实践和教学研究的基本方法。

▶ **本章核心概念**

"为教而学"学习观　阅读　教学实践　教学研究

 **导入案例**

著名特级教师唐江澎的成长经历

一、自学，绿化心灵的荒原

1979年高考"状元"的光环，并没有让我辉耀前程，因病残的腿，我依旧迈不进大学的门槛。

干什么呢？我揽来刻写钢板的活计，以2角3分一张的薄酬来弥补生活的拮据。没有活干时，我只有看书。两卷《辞海·语词分册》就成了我终日交流的伙伴。字求其训、词索其源，反而让我有了无尽的兴趣。由此开始，游国恩的《中国文学史》、王力的《古代汉语》，也成了我颐养与复壮生命活力的精神园田。整整一年多的时间，就这么几本书，我一字一字地读、一页一页地啃、做摘录、记笔记。

二、苦读，获得富有教育价值的学习体验

几位高考落榜的好友常来陪伴我，不经意间我当起了"小先生"，向他们介绍复习方法，答疑解难。第二年高考，五人竟齐中。这引起了当地教育局长的关注：这样的人才能在家里教，为什么不能到学校里教？于是，"请把唐江澎安排到你们学校算了，月薪28元。"我就当起了教师并进入了重点中学。

第一次上讲台，面对起立致敬的学生，我惶惑的眼睛从他们的目光中读到了需要与信任，也读到了我的价值。学生的信任支撑起我倾斜的人生，我也要用知识去支撑起学生的未来。当我以对人生价值、生存方式的剀切体验来诠释教师职业的意义时，我获得了从事这种职业所需要的刻骨铭心的挚爱。

那时，我理解的教学就是"帮助学生考高分"，用的办法主要是强记多练。我教出了足以改变我身份的考试成绩。但是，学识的浅薄日益在教学中显露出来，全面系统地学习大学课程，成了我最急切的任务。此后三年里，我早起晚睡，收听王力、袁行霈等大家名师亲自讲授的电大中文课程，用几十本笔记和36次优秀的成绩，换来了一张实在的专科文凭，购置了《中国大百科全书》《汉语大字典》等数千册图书，订阅10余种专业杂志，并整理出三种自用的教学资料索引，积累了2 000多张教学资料卡片。

边学边教、边教边学，构成了我20多年的生命方式。这种以"自学"为主要方式的学习活动，丰富了我对于学习的体验，也进而构筑我的教学根基。我所谓的能力都与我的学习经历相关：我要通过文、史、哲的自考，并有大量的繁复的内容需要记忆，赖此而成的是提炼概括、把握要点的阅读能力；要独立分析作品，交出 50 余篇诗、文、剧的鉴赏文章，又必须揣摩玩味、耽思涵咏，赖此而成的是含英咀华、发人未见的领悟能力与识见；写作各类文章而不辍，以至获取国际征文比赛一等奖，在历练中培植的是语文教师起码的写作能力；20 世纪 80 年代中期，我屡次参加演讲比赛，层层过关以至随省级演讲团巡回各地百场演说，在锻炼中造就的是流畅的口语能力与机变从容的心理品质。

教师自我的学习经验具有十分重要的教育价值。"学高为师"之说不仅是对知识拥有量的规定，更是对进学修业以至"学高"的途径与方法的崇尚。教师应是学习的先行者，欲做成功的教师，首先应成为成功的学习者，起码应拥有丰富的学习体验。

三、研究，形成教师新的职业生活方式

我常思考：作为专业特性极强的教师职业，我们究竟应该拥有怎样的专业生活内容和职业生活方式？怎样做，教师的职业才能达到别的专业人员不可替代的境界？

对上述问题，在理论上寻解是容易的；但在实践中真正去做，就需要意识和毅力。这要求自己学会研究，拥有通过反思来不断促使专业发展的意识与技术。

要提升语文教育的境界，我需要课程论、教学论、学习论、教育评价学等教育理论的支撑，需要目及国际教育改革潮流的视野，需要搭建起教育科研方法的平台。从教 10 余年后，我桌上的读物变了类型，突破学科性书刊的范围，更多涉足专业性教育理论的领域。艰涩的理论专著，重新捧起硬着头皮来读，再多想想这些术语、概念表述，这些实际上是我们所熟知的哪一些情况，力图将其专业话语转译为我的经验话语。尤其高兴的是，当与学者、教授们交流时，我鲜活的案例可以准确注解他们的"概念"，新一层次的"对话"从而实现。

在参与了大量的研究活动后，我自觉跃升到新的境界。比如，从领题研究校本课程开发中，我领悟了课程的真义。在参加教育部考试中心高考命题的研究中，我关键是看设问技术能否准确表达命题立意。还庆幸有了与大师、专家、学者对话、交流的机会——钱梦龙、于漪老师听课点评，崔允漷、王建军博士更是持续跟踪。我不求专家们指点迷津，他们仅仅提供有关背景框架的坐标图，能回答该怎么走的还是自己。

我慢慢学会了择起称手的工具，自如而有效地投入研究。比如，学会"讲故事""写案例""写教历"，我就可以客观详尽地描写我们的教育故事，真实细密地叙述我们的实践行动，就可以"原原本本"地、"原汁原味"地呈现这些极具研究价值的资料和素材。事实上，这也不是雕虫小技，而是提供一种自我观照的镜鉴、反思研究的依凭、经验共享的载体。渐渐地，我借助于深刻领悟了的理论背景，反思大量积累有关教学过程的事实性材料，进而做出理论选择，提出了"体悟教学"的策略方法体系，实现了奥斯特曼所说的由"具体经验"到"抽象的重新概括"这样一种升华。自身的实践优势开始转化为研究优势，具有教育意义的实践经验开始提升为具有理论价值的研究成果。

我深感，作为实践者的教师，拥有着专业理论研究者不曾具备的来自于经验累积的实践性知识，占有着不可替代的研究领域和得天独厚的研究条件，教师可以研究出的"名堂"恰是专业理论研究者无法完成的。我们不能拒斥研究，也不能将研究视为教学以外的职业补充，研究是教师自身专业活动的重要内容，是教师职业生活方式的基本形式。

学习，使我拥有了职业生涯中立足与成长的精神乳泉，使我形成了从精神品位到为人风格、从知识修养到专业智慧的日臻完善、日渐强大的支持系统。但这可能不是一例个案，当"学习化社会"伴随着知识经济时代的到来，有谁能够拒绝学习这一生命存在的方式呢？

（资料来源：唐江澎. 学习，生命存在的方式［M］//人民教育编辑部. 名师人生. 北京：高等教育出版社，2010.）

▶ **评析**

唐江澎老师，全国教育系统劳模、"人民教师"奖章获得者、中学语文特级教师、江苏锡山高中校长。他是一个没有上过大学的著名语文特级教师。他通过自学、研究、实践走出了一条专业发展的道路。他的成长经历，对准教师的启迪是：我们该如何成为一名语文教师。

成为语文教师最基本、最主要的方式就是自觉地躬身于读书、实践、反思、研究、写作，舍此无任何终南捷径。读书是自我的充实，是与他人的专业对话，是为了有更好的理论指导实践；实践于教学是教师工作的根本，是教师工作的出发处和归宿；反思是对教学实践以自我行为表现及其行为之依据的"异位"解析和修正，进而不断提高自身教育教学效能和素养的过程；研究是教师对教育教学，对自己生存、发展意义的不断的探寻、叩问和求证；写作是教师从默会知识向明言知识转化，是提炼总结研究成果，是理性概括梳理思想……这几个环节周而循环，其间每一步骤都可能是一个新的起点，但这样的过程始终无终点。

第一节　学习、阅读：语文教师成长的基础

教师培养是教师职前的养成教育或准备阶段。目前，全世界最主要、最基本，也是最传统的教师教育模式是"大学本位教师教育模式"，具体地说是以师范院校或大学为基地的教师教育模式。因此，人们成为一名语文教师一般要接受师范院校或大学的专业教育。在我国，中学教师一般应具备本科学历，因此大学四年的学习就为成为语文教师奠定了基础。

一、职前教师学习的特点

师范生的身份和学习特点与非师范生不同，有其特殊性。他们既是学生又是"准教师"——是教师专业化的第一阶段即准备阶段，也就是说，职前教师，目前是学生，但却是明日之教师，既要学习做"人师"的学问，又要学习做"经师"的学问。"人师"就是教学生怎样做人——践行着德育；"经师"就是教学生怎样学习——践行着智育。我们的教学要"人师"和"经师"二者合一，每个教科学知识的人，就是一个模范人物，同时也是一个有学问的人。针对师范生的这种身份和学习特点，在学习过程中，既要重视学习如何学的学习，又要重视学习如何教的学习；不仅要获得学科知识、专业知识，还应学习做人的学问。

二、树立"为教而学"的学习观①

师范生未来的职业是教师，在职前教育阶段必须正确地认识学习，根据时代的要求，构建起"为教而学"的学习观，即为了未来的教学而学习的学习观，进行科学、全面的学习，掌握从教的本领，提升从事现代教育工作的能力。

1. 为教学奠定基础的全面发展学习观

现代教师应具有全面发展的育人素质。师范生应确立全面发展的学习观，在学习过程中要学会处理好以下关系。一是，师范生既要学会做事，又要学会做人，正确处理"才"与"德"的关系。二是，师范生既要学好专业技能知识，又要学习掌握其他知识，正确处理"专"与"通"的关系。

---

① 苗深花. 论师范生"为教而学"学习观的构建 ［J］. 教育研究，2012（5）：90－94.

2. 提高教学素质的自主学习观

作为培养人才的教师，其素质决定着人才培养的质量和满足社会发展对人才的需求。现代社会所需的各种人才应具备自学能力、独立工作的能力以及分析问题和解决问题的能力，而这些能力的培养应以自主学习为前提。师范生为了适应未来教师职业的发展及科学知识和技术更新不断加快的需要，必须构建"能学""想学""会学""坚持学"的自主学习观，提高自身素质。

3. 为创新教学打基础的探究学习观

探究学习是培养学生创新能力的前提，只有善于探究，才会有创新。作为未来的教师，探究学习是做好教师的职责要求。学生在探究学习过程中提出问题，查阅文献资料，设计方案，进行试验，运用各种手段来收集、分析和解读数据，做出结论等都离不开教师的启发和指导。

4. 促进师生共同发展的合作学习观

合作学习能力是师范生未来教学工作所必备的基本素质。师范生在未来的教学和研究中，需要与学生合作、与同行合作、与家长合作、与教育专家合作。通过合作活动可以借鉴他人好的学习或工作方法，来提高自己的学习或工作效率。通过与同学或同事的讨论可以激活创新思维，博采众长，在合作和交流中学会自我反思。

5. 提高学习和教学效率的愉悦学习观

愉悦学习观是现代教师或学生应该树立的一种新的学习观念。作为未来教师的师范生肩负着培养全面发展的学生的责任，树立愉悦学习观，以激发学生的好奇心，培养学生的兴趣爱好；探索促进学生发展的多种评价方式，激励学生乐观向上、自主自立、努力成才等。

6. 促进教师不断成长的终身学习观

学习型社会的来临，使得学习的时限扩展到终身。在教育教学中，教师面临着自己在教育观念、知识结构、教学方法等方面和学习型社会的教育不相适应的问题。因此，师范生必须以主动获取新知识的学习热情，不断进行知识更新，坚持终身学习。

三、读书对于语文教师的意义

苏霍姆林斯基曾指出："读书，读书，再读书——教师的教育素养的这个方面正是取决于此。要把读书当作第一精神需要，当作饥饿者的食物。"[①]

---

① 苏霍姆林斯基. 给教师的建议（修订本全一册）［M］. 杜殿坤，编译. 北京：教育科学出版社，1984：416.

朱永新说："教师的读书不仅是学生读书的前提，而且是整个教育的前提。"① 读书与语文教师成长之间有着一种天然的联系，教师读书具有其专业价值。读书也是师范生成为合格语文教师的一条最重要、最有效，也是最便捷的途径。

1. 完善专业知识

作为一位专业的教师，应该具有与其专业相配套的"专业知识结构"。由于知识更新速度的加快，教育理论的发展日新月异，教育观念不断更新，教师如果仅仅局限于自己学生时代的"老本"，必然会落后与淘汰。如果教师没有不断阅读的习惯，专业知识终究会成为一张"过期的支票"。

2. 生成专业智慧

教师需要一种专业智慧，没有专业智慧的教育必然是肤浅的。教师的专业智慧体现在智慧的教育教学实践与教师对教育教学的智慧理解。托尔斯泰说："书是智慧的钥匙。"阅读本身使教师获得人文精神，专业阅读使教师进入一种研究的状态，专业阅读是教师智慧实践的重要来源，专业持久的阅读使教师达成智慧理解。苏霍姆林斯基说："一些优秀教师的教育技巧的提高，正是由于他们持之以恒地读书。"②

3. 构建专业精神

教师是心灵的事业，陶行知说："真教育是心心相印的活动。唯独从心里发出来的，才能打到心的深处。"③ 正因如此，教师阅读的专业价值才显得更为重要，因为，阅读，正构建着教师的专业精神，改变教师的精神状态。读书可以改变一个人的精神状态，提升一个人的人生境界。著名大画家张大千先生对于读书有着深切的了悟，他说："作画如欲脱俗气、洗浮气、除匠气，第一是读书，第二是多读书，第三是有系统有选择地读书。"④

读书改善我们的专业结构，生成我们的专业智慧，构建我们的专业精神。读书让人有博爱之心而无邪恶之气，有深沉之思而无浮躁之为。读书给我们的人生以智慧的启迪。读书对于一个教师和准教师来说，具有相当重要的专业价值。

---

① 苏霍姆林斯基. 给教师的建议（修订本全一册）［M］. 杜殿坤，编译. 北京：教育科学出版社，1984：416.

② 叶本刚. 中学教师阅读现状调查［J］. 教育论坛，2013（2）：22−24.

③ 刘长海. "真教育联盟"：基本主张与行动路向［J］. 中小学德育，2015（1）：27−28.

④ 毛娟. 张大千绘画美学思想阐论［J］. 四川戏剧，2015（2）：52−55.

案例 4.1

语文教师要读书

在一所乡镇中学进行教学视导，我听一位教师执教《葫芦僧判断葫芦案》一课。课堂上，教师安排了一个学生自主质疑的教学环节。一名学生立即举手提了一个问题："课文最后说贾雨村害怕门子说出当日贫贱时事来，心中大不乐意；后来到底寻了他一个不是，远远的充发了才罢。问贾雨村为什么如此惧怕门子提起旧时的事情？过去，贾雨村在葫芦庙中究竟做了哪些见不得人的事情？"问题一出，全班同学都表现出异常的兴奋，都用期待的眼光看着讲台上的教师，希望教师能多给他们讲一讲有关《红楼梦》的来龙去脉，进而对《红楼梦》有更多的了解。

坐在教室后面的我也觉得这个问题确实问得好，教师如果能够抓住这个问题，跳出教材，对课文做适当的拓展延伸，对经典名著《红楼梦》做一个简单的阅读引导，无疑能够收到一个激发学生课外阅读经典名著兴趣的效果，这将成为本节课教学的又一个重要收获。

遗憾的是讲台上的教师，并没有如我所想和同学们所期望的那样巧妙点拨、适时引导，口若悬河地对《红楼梦》讲上一通。而是出现了一个短暂的冷场。不过，教师驾驭课堂还算机智，一愣之后，迅即说："同学们如果真的想知道那些事情，最好，课后能够把《红楼梦》一书找来读一读。"于是，课堂教学转入了下一个环节，学生进行课堂练习。从此，学生这次随便的课堂质疑成了这位教师的一个永远无法说起的旧事。

课后，在和这位教师进行交流反思的时候，我就这个教学环节的处理专门向教师做了询问：为什么不能抓住这个课堂生成性资源，对《红楼梦》做一个简单的阅读指导，激发学生课外阅读《红楼梦》的兴趣？这位执教老师倒也实诚，坦率地承认，课前，教者根本就没有认真读过《红楼梦》，当然也不知道当年贾雨村在葫芦庙的那些旧事，因此课堂上自然不敢乱说，只能灵机一动，巧妙掩饰过去。

以上课堂中"无法说起的旧事"的现象，在如今的中学语文课堂，已经绝不是个别。比如，教《生命的意义》时，教师根本没读过《钢铁是怎样炼成的》，当然不知道保尔是在怎样的处境中对生命的意义所做的思考。教食指、舒婷的诗时，教师却对朦胧诗产生的背景、朦胧诗的影响地位和风格一无所知。因此，课堂上一旦学生问起这方面的问题，教师只能顾左右而言他。因为教师自身阅读视野狭窄，再加之课前备课准备不充分，所以，经常会出现教师挂黑板的现象。课堂生成性资源白白流失，不仅影响了课堂教学的质量，更影响了教师在学生心目中的形象。

为此，我曾经在相当数量的中学语文教师中专门做过语文教师的课外阅读调查，调查结果显示，能够知道中学语文教学核心期刊三种以上，并能坚持订阅一份的教师不足 10%；能够完整通读中国古典"四大名著"的语文教师不足 25%；能够知道当代中国语文教育"三老"（叶圣陶、吕叔湘、张志公），说出五位外国教育家的名字，每年通读 1~2 部教育名著的教师不足 5%；能将课程标准后推荐阅读的几十部名著全读完的几乎为零（包括我本人）；而能够了解当今世界科技前沿，关注当代文坛动态的更是凤毛麟角。平时，因阅读积累不足，而在备课中能够广泛搜集资料（包括到互联网上查询资料）的教师同样也是少之又少。许多教师一辈子只读"两本书"：一本教科书，一本教学参考书，除此之外的所谓阅读就是一些杂志小报或快餐类的文字了，这大约是当前许多教师比较普遍的阅读状况。

（健身房博客：语文教师要读书［EB/OL］．（2009 - 12 - 13）．http://xuhua0328.blog.163.com/blog/static/3834 48792009111373314964/．）

▶ **评析**

不读书怎么去"教书"？苏霍姆林斯基有句名言："要天天看书，终生以书籍为友，这是一天也不断流的潺潺小溪，它是充斥着思想的河流。"作为用思想育人、用语言说教的教师，读书无疑应该成为教师最基本也是最重要的一种生活方式。所谓"三日不读书，便觉得语言无味，面目可憎"。而语文教师无疑更应该是一个博览群书的饱学之士。五湖四海，古今中外，上下五千年，纵横八万里，语文教师都应该有所涉猎。这样，教师在课堂上才可能口吐珠玉、游刃有余，讲起课来才能左右逢源，旁征博引、妙趣横生、见地别具、谈吐不凡，从而给学生带来一路春风，使其进入一个辽阔纯净、鸟语花香的知识王国。唯有如此，语文教师才能以自己的书卷气去熏陶学生、感染学生，使学生也能热爱读书，终身与书为友、与书为伴。一句话概之，在全面提高学生语文素养的大背景下，要做一名称职的语文教师，教师即使不能博览群书，也千万不能一辈子只读"两本书"。

▶ **补充材料4.1**

阅读对教师学科教学知识发展的作用

从人类个体交流信息的方式来看，交流主要有两种方式：一是直接交流，即面对面的口头交流；二是间接交流，即借助大众传播媒体及文献书籍而实现的信息交流。有组织的专业活动、同事间的日常交流就是属于前者，而专业阅读则是一种间接交流。PCK（学科教学知识）具有个体性和缄默性，但并不是说这种知识就不能以语言文字的形式呈现出来。拥有丰富 PCK 的教师可以以关键性的解释、表述、调整、剪裁、隐喻、表征等方式，将知识加工和转化为同行所能理解的公共的、外显的知识。专业书籍、有关文章就是优秀教师教育生涯中实践经验的结晶，PCK 的外化。教师专业阅读就是与这些已拥有 PCK 的教师之间的交流对话，教师将从参考书籍、专业书刊中获得的 PCK 作用于自身教学活动过程中，经过自己的教学并经过教学效果的评估、检验、再反思后，这些 PCK 就内化为教师自身的 PCK。因此，阅读专业书籍应成为教师建构 PCK 的一个辅助的来源途径。一项关于特级教师和普通教师阅读状况的调查也印证了阅读对于教师 PCK 发展的作用。这项调查发现，特级教师的藏书平均数为 641 本，藏书量明显多于普通教师，约为普通教师的两倍；特级教师的读书取向比普通教师更集中，基本集中在"专业领域""文史哲""教育理论"三类，特级教师比普通教师更关注专业、更关注教育理论的阅读；对报刊和网络的阅读和使用，特级教师明显比普通教师优秀。PCK 的丰寡是区分优秀教师和普通教师的一个重要参照。一般来说，普通教师的 PCK 拥有程度不如优秀教师。反过来也可说，教师的阅读量大，其 PCK 就丰富。许多教育家、特级教师都从自身专业发展的体会中认识到了读书对于教师成长的重要性。苏霍姆林斯基指出："一些优秀教师的教育技巧的提高，正是由于他们持之以恒地读书，不断地补充他们的知识的大海。"他还说："读书、读书、再读书，——教师的教育素养的这个方面正是取决于此。"于漪老师忠告："我们教师很忙，没有大块空余时间，但我们每天要挤出时间来读书。"近年来，朱永新教授主持发起的"新教育实验"，探索"专业阅读＋专业写作＋专业发展共同体"的教师专业发展模式。他强调不同学科与发展阶段的教师，需要阅读不同的专业书籍。他认为可能存在着一个教师专业知识的合理结构，并致力研制"新教育教师专业阅读地图"，即用书目的形式，在充分考虑个体成长的特殊性、序列性之基础上，构建一个理想的教师知识结构模型，从而更有效地解决不同水平教师与不同学科教师该读什么和怎么读的问题，以及专业阅读如何为专业实践服务的问题。他说："新教育实验这几年最大的成果，就是涌现出一大批在实验中成长起来的优秀教师。""很多实验教师已从普通教师成长为学科领域的专家型教师了。"因此，教师应该主动阅读，既要博览群书，又要立足于专业性的阅读，明确应该读什么书，掌握阅读的方法与策略，追求高质量的"素质型、岗位型读书"，及时进行知识的更新，得到黄金搭档的营养套餐，促进自身 PCK 的发展。

（资料来源：李斌辉. 中小学教师 PCK 发展策略 [J]. 教育发展研究，2011（6）.）

四、语文教师的阅读层次和方式

1. 阅读层次

（1）学科阅读。

职前教师教育为成为合格教师打基础、做准备。职前语文教师以后的教学岗位是语文教学，因此，首先应从教语文的角度，教师为适应语文教学的具体要求，获得学科知识而进行学科阅读。语文的学科阅读，就是以语文学科为阅读对象的一种专业阅读。它主要包括语言学、文学、文艺学以及语文教育学等阅读。

教师进行学科阅读必须注意两点：一是要有专业深度，这是学科阅读的基本要求。学科阅读以某门具体学科为阅读对象，是一种专业性质的阅读，它直接服务于教师的学科教学，因此须有一定的专业深度，否则价值不大。在阅读中，教师不仅要了解表面现象，还要看透内在本质；不仅要知其然，还要知其所以然；不仅要知道书本表述，还要懂得其内涵所指；不仅要关注当下情况，还要把握学科前沿；不仅要掌握本学科，还要联系相关学科。二是必须持之以恒，这是学科阅读的难点所在。正是因为学科阅读的专业程度要求较高、理论性较强、思维较为深邃，一般较为枯燥难懂，遇阻也较多，但不能因此而半途而废，教师应一以贯之、持之以恒。然而，教师要做到这一点必须真正认识到学科阅读的价值所在，拥有学科阅读的正确方法，具备坚持不懈的阅读品质。

（2）教育阅读。

教育阅读顾名思义就是以教育教学为关注对象的阅读类型。它既包含普遍性的教育，也包含具体的学科教育。教育阅读主要是获得语文教学知识，形成教育智慧。教育阅读的对象主要有教育杂志、教育著作、教育报刊、教育网站或博客等。

教育阅读应做到以下三点：一是进行系列阅读。或名人系列，如读张文质的著作，你就把他的《幻想之眼——一个教育者的内在冲突》《教育的十字路口》《保卫童年——基于生命化教育的人文对话》《唇舌的授权——张文质教育随笔》《教育是慢的艺术——张文质教育讲演录》《教育的心灵之约》《回到每一个人的生命化教育——张文质二甲中学教育行动录》《我们这一代教师的教育面相》等主要著作一本接一本地通读，这样有利于系统、全面、深刻地理解其教育理念和思想。或杂志系列，如《人民教育》一期一期地阅读，你不要间断，这样有利于把握刊物特点，便于自身针对性阅读，提高阅读质量和效率。或主题系列，如情境教学主题，你事先搜集许多关于情境教学的报纸、杂志、著作、文章等资料，然后进行比较阅读，这有利于深化对此主题的研究，把握其来龙去脉。二是撰写阅读感悟。教育阅读不是读过了就好，而是要反思，你想想有哪些收获，撰写一些阅读感悟。三是指导教学实践。进行教育阅读，一定要和自己的教学实践结合起来，用于指导自己的教学实践，否则空有理论毫无意义，也背离了教育阅读的初衷。

（3）开放阅读。

开放阅读又称综合阅读，它是不以某门学科、教育教学等为范围限制的阅读，是一种全方位、广领域、多层次的阅读，是阅读的至高境界。从内容上讲，教师的开放阅读包括文史哲、理化生、天文、地理、宗教、艺术、时尚等，可谓无所不有。语文教师不仅要阅读大量的人文社会科学、艺术类的读物，还要涉及自然科学类的读物，使自己博雅、通识，拥有完善的知识结构、精深的专业知识、深厚的理论基础和开阔的人文视野，以及丰富的、彼此融通的知识背景。

教师进行开放阅读需要注意三个方面：一是以教育教学为主要目的。教师的开放阅读虽然具有开放性，但并不是漫无目的，而应以服务教育教学为主要目标。苏霍姆林斯基曾经说过一个好的老师是用一生来备课①，教师的开放阅读何尝不应如此。二是题材广泛但也要有选择。人的精力是有限的，教师更是如此，面对阅读题材非常广泛、阅读对象越来越多，一定要有选择。选择的主要依据是学科特点、兴趣特长、个人短板、读物质量等。三是努力形成个人思想观点。钱理群教授认为特级教师特在哪里？特就特在他有自己的教育思想。所有的教师都应该有自己的教育思想，至少要有这样的自觉追求。在阅读已经达到开放阅读这个至高的境界时，教师不能再人云亦云，随波逐流，一定要注意借鉴、比较和反思，有自己的独立思考，努力提炼自己的观点，甚至形成个人的教育思想。

在阅读三步曲中，学科阅读是基础，教育阅读是提升，开放阅读是拓展。在教师成长的不同阶段，三者应有不同的侧重，但三者又非完全对立，而是相通相融。②

2. 阅读方式

阅读哪一本书和放弃哪一本书，取决于职前语文对书本的第一印象和直观感受。为了与书本建立联系并获得第一印象和直观感受，职前教师最好到书店或图书馆"随便翻翻"，然后经由"一本书主义者"而走向"博览群书"。③

---

① 苏霍姆林斯基. 给教师的建议（修订本全一册）［M］. 杜殿坤，编译. 北京：教育科学出版社，1984：3.

② 王锐鹏. 教师阅读三部曲［J］. 浙江教育科学，2015（2）：26-27.

③ 刘良华. 教师阅读的理由与方法［J］. 基础教育，2007（11）：12-14.

(1) "好读书，不求甚解"。

培根在《论读书》中说："读书足以怡情，足以傅彩，足以长才。"这个说法后来成为有关读书的名人名言。陶渊明在《五柳先生传》中说："好读书，不求甚解；每有会意，便欣然忘食。"此种读书境界堪称经典，也引起后人对"好读书，不求甚解"的多种猜想和解释。

陶渊明所谓"好读书，不求甚解"，实际上是以"随便翻翻"的方式，保持对书本的随意交流态度和轻松的直观感受。鲁迅直接以《随便翻翻》为题，肯定这种随意交流与轻松直观的益处："书在手头，不管它是什么，总要拿来翻一下，或者看一遍序目，或者读几页内容，直到现在，还是如此，不用心，不费力，往往在作文或看非看不可的书籍之后，觉得疲劳的时候，也拿这玩意来作消遣了，而且它也的确能够消除疲劳。"

（2）成为"一本书主义者"。

随便翻翻虽重要，却不能深入领会。"好读书，不求甚解"虽然是美好的日常生活，可是，研究者一旦进入课题研究，就会暂时离开轻松随意的日常生活而进入课题化的紧张状态。在正常的课题研究过程中，所谓"随便翻翻"或"好读书，不求甚解"，只具有浏览和预备选择的意义。浏览是选择的预备，它总是导致对某些"基本文献"的重点阅读。

从随便翻翻到重点阅读，这是由博返约、由"多方面兴趣"转向"专业阅读"的过程。

专业阅读需要虚静而专一。人一旦选择了重点阅读的基本文献，则应该以专一不二的姿态与这本书保持深度交流。人选择一本书，实际上是选择一个愿意长时间交往的朋友。人可以有众多的点头之交，但几乎不可能有太多的朋友。

合适的读书态度是做一个"一本书主义者"：先读破一卷，再读第二本，再博览群书。

就读书这件事情来说，选择是重要的。有良好的阅读习惯的研究者总是有所不为，有所克制，保持"一本书主义"的忠贞。唯有那些愿意花费时间和精力去读懂某"一本书"的人，才算是真正的读书人。这是一种良好的读书习惯，有这种读书习惯的人总能够保持"虚心涵泳、切己体察"的安静的习惯，既不会在多种书籍中自动解除选择的决断力，也不会在选择之后轻易改变自己的方向。

（3）"博览群书"。

"随便翻翻"或"好读书，不求甚解"，虽然不能给研究带来直接而系统的关照，但至少它可以成为一种休闲的生活方式。相比之下，"一本书主义者"简直就是人间的"苦行者"。

"苦行"并非人生的目的，人生的目的在于能够自己做主而开心地活着。所谓"能够自己做主"，这是一种能够自我控制的思想者的状态。其实，做研究也并非人的目的，做研究的目的是让自己能够主持自己的生活，让自己成为有思想力的思想者。思想者意味着能够用自己的头脑去执掌自己的行动，而不是成为他人的附庸受他人奴役。

"一本书主义"虽然对具体的课题研究有所帮助，但职前教师并不能满足于具体的课题研究。真正的读书，应该由"一本书主义"走向"博览群书"的自由状态。其实，"博览群书"并不困难，它不过是再次向"随便翻翻""好读书，不求甚解"返回。

▶ **补充材料4.2**

语文教育专业刊物列举

1. 语文教学类（见表4-1）

表4-1　语文教育类期刊

期刊名	主办单位
《中学语文教学》	首都师范大学
《复印报刊资料中学语文教与学》（高中、初中）	中国人民大学
《中学语文教学参考》	陕西师范大学
《语文建设》	教育部语言文字报刊社
《语文学习》	上海教育出版社
《语文教学通讯》	山西师范大学
《语文报》	山西师范大学
《语文月刊》	华南师范大学
《读写月报》	江西师范大学
《语文教学与研究》	华中师范大学
《新语文学习》	江苏教育出版社
《中学语文》	湖北大学
《语文教学之友》	廊坊师范学院
《中华活页文选》	中华书局

续上表

期刊名	主办单位
《语文知识》	郑州大学
《中学语文园地》	河南大学
《作文教学研究》	赤峰学院。

2. 教育综合类（见表4-2）

表4-2　教育综合类期刊

期刊名	主办单位
《课程·教材·教法》	人民教育出版社
《教育研究》	中央教育科学研究院
《中国教育学刊》	中国教育学会
《教学与管理》	太原师范学院
《中小学管理》	北京教育学院
《中小学教育》	中国人民大学
《教育导刊》	广州市教育科学研究所
《江苏教育研究》	江苏省教育科学研究院
《教育发展研究》	上海市教育科学研究院
《素质教育博览》	福建人民出版社
《教育学报》	北京师范大学
《教育科学研究》	北京教育科学院和北京广播电视大学
《教育理论与实践》	山西省教育科学研究院
《教育研究与实验》	华中师范大学
《上海教育科研》	上海市教育科学研究院普通教育研究所
《当代教育科学》	山东省教育科学研究院
《教育学术月刊》	江西省教育科学研究所和江西省教育学会
《教育科学》	辽宁师范大学
《现代教育论丛》	华南师范大学

续上表

期刊名	主办单位
《中小学德育》	华南师范大学
《教书育人》	哈尔滨师范大学
《教育文汇》	安徽教育报刊社
《教育艺术》	首都师范大学
《教师之友》	《教师之友》杂志社
《中小学心理健康教育》	开明出版社
《中国德育》	中央教育科学研究所
《基础教育研究》	广西教育学会
《人民教育》	中国教育报刊社
《班主任》	北京教育科学研究院
《班主任之友》	湖北第二师范学院
《教学月刊》	浙江外国语学院
《中小学教学研究》	辽宁省基础教育教研培训中心
《现代中小学教育》	东北师范大学和国家基础教育实验中心
《中小学教材教学》	人民教育出版社
《考试与评价》	英语辅导报社
《教师博览》	江西省教育传媒集团
《电化教育研究》	西北师范大学
《中国电化教育》	中央电化教育馆
《现代教育技术》	清华大学

此外，各省、自治区、直辖市都有本地的教育刊物，如《广东教育》《湖南教育》，等等。

语文教师阅读书目推荐

1. 王荣生教授推荐语文教师阅读书目

http：//www. cqnaedu. net/channel_ backbone_ studio/2015/1216/article_ 3. html.

2. 商友敬推荐书目，参见《中国教育报》，2005 年 10 月 10 日，《语文教师的"书巢"细目》。

3. 魏智渊. 教师阅读地图 [M]. 北京：文化艺术出版社，2010.

经典教育电影列举

1.《放牛班的春天》

2.《乡村女教师》

3.《死亡诗社》（又译为《春风化雨》）

4.《凤凰琴》

5.《一个也不能少》

6.《麻辣老师 GTO》

7.《跑吧，孩子》

8.《黑板》

9.《心灵投手》

10.《蒙娜丽莎的微笑》

11.《叫我第一名》

12.《自由作家》

13.《摇滚校园》

14.《听见天堂》

15.《天堂电影院》

16.《弦动我心》

著名语文教育网站列举

1. 语文味（http://www. yuwenwei. net）

2. 三人行中学语文（http://www. sdz. cn/srx/）

3. 中华语文网（http://www. zhyww. cn/）

4. 瑞文网（http://www. ruiwen. com/）

5. 人民教育出版社网（http://www. pep. com. cn/）

6. 查字典语文网（https://yuwen. chazidian. com/）

7. 无忧无虑中学语文网（http://www. 5156edu. com/）

8. 好语文网（http://www. goodyw. com/）

9. 语文学习网（http://www. 1000xuexi. com/）

10. 易读语文网（http://www. hhuchang. com/Index. asp）

11. 河南语文网（http://www. henanyuwen. cn/）

12. 大鹏语文网（http://www. peng99. com/）

13. 迷你语文网（http://www. 19mini. cn/）

14. 海峡语文网（http://www.hxyww.cn/）

15. 老百晓在线（http://www.lbx77.net/）

16. 初中语文好语文网（http://www.baihuatang.cn/）

17. 语文潮（http://www.yuyingchao.com/）

18. 我爱语文（http://www.52yuwen.com/）

19. 凤凰语文（http://www.xxyw.com/ar/Sy_Index.aspx）

20. 语文轩（http://www.yuwen888.com/）

21. 特级教师家园（全国著名语文教师博客群，http://blog.cersp.com/index/1003517.jspx）

22. 中央电教馆教育资源库（http://www.nbedu.gov.cn/zydj/）

23. 中国语言文字网（http://www.china-language.gov.cn/）

优秀语文教师课例举例

1. 《语文教育研究大系（1978—2005）·中学教学卷》，上海教育出版社，2007。

2. 《中国著名特级教师教学思想录·中学语文卷》，江苏教育出版社，1996。

3. "大夏书系·名师课堂"丛书，华东师范大学出版社，2006年起陆续出版。

4. "名师讲语文"系列，语文出版社，2007年起陆续出版。

5. 《中学著名语文特级教师教育思想精粹》，语文出版社，1999。

6. 《名师授课录·高中语文》，上海教育出版社，1995。

7. 《中学语文经典课文特级教师教学案例精编》，语文出版社，2003。

▶ **案例4.2**

化蝶：一个教师阅读成长的心路历程

在教师的岗位上，我度过了18个春秋。回顾成长历程，我悟到，书籍是我的精神支柱和情感寄托，阅读是我的行走方式和生活习惯。和阅读不期而至的相遇，并驾齐驱地行走，一如既往地坚持，这些让我由一条"毛毛虫"破茧而出，蜕变成翩翩飞舞的蝴蝶。

不期而至的相遇

2003年10月，我在和同事的聊天中，知道了"教育在线"。出于好奇，我进行了注册。刚开始，我不敢写帖，只是不间断地、静静地阅读，"教育随笔""心灵港湾""小学教育论坛"等栏目是我去得最多的地方。这样疯狂地阅读了一段时间后，我想做一个参与者了。我开始渴望认识这里的教师，渴望与他们交流。于是，我惶恐地搜寻到一个《老师，为什么要发火》的主题帖，根据自己的实践体会回了一段话。意料之外，版主很快回了帖，这回帖带给我的是莫名的激动与喜悦。从此，我开始边读边聊，边走边识了……

并驾齐驱地行走

2004年2月7日，我在随笔论坛注册了第一个主题帖《不让昨天留下遗憾》，我写下了这样的序言：来到"在线"，才发现这里是一个思想的殿堂，才发现自己学得太少、读得太少、写得太少、反思得太少，才发现有太多要努力的理由。我知道，我的阅读将和我的写作一起行走了。"在线"中更多的名字、更多的著作开始进入我的视野。给我冲击最大的是李镇西教师，阅读他的《爱心与教育——素质教育探索手记》，我只有一种感觉：我需要这样的文字！连续读了两遍，我流泪了，我真真切切地感受到沉睡在心底的思想苏醒了。我一口气写了两篇读后感。那种艰涩的感觉不见了，随之而来的是潮水般的宣泄。我开始有了写作的欲望，也产生了写作的灵感，我狂喜。我把自己的读后感发在"在线"的随笔栏里，该帖很快成为精华帖。我心中竟有如孩童般的喜悦。我知道，我寻觅到我的精神家园了。于是，《爱心与教育——素质教育探索手记》《走进心灵——民主教育手记》《从批判走向建设——语文教育手记》《花开的声音——我班的故事》《享受与幸福》《呵护生命》《细数阳光》等一系列书籍走进了我的阅读视野；朱永新、张万祥、储昌楼、袁卫星、铁皮鼓、求知人，一连串的名字激励着我……

就这样，阅读真正走进了我的生活。下班后，我徜徉于"在线"的文字里，阅读、回帖，享受着心灵的对话。晚上，伴着一杯清茶，我"啃着"《新教育之梦》《心灵写诗》入梦。假日里，我手捧着《我的教育苦旅》《生命课》，坐到软软的沙发里细细咀嚼。阅读不仅让我心灵放松、精神愉快，更让我懂得了面对生活的态度。我开始在纷扰中静下心来，独享寂静之美。我开始关注学生，关注教育，并将一切感悟倾注于键盘之中。随着噼噼啪啪的敲打声，快乐洋溢在我的心间。我有了敏锐的感觉，因为写随笔需要感性、需要记录；我有了教学上的改变，因为写随笔需要自我反思。在写作中，我听到了自己内心深处的声音，我学会了站在不同的角度追问、挖掘自己，努力超越"已有的我"。在这样感性和理性的反思中，我从"随意"变得"有意"，短短两个月，我的随笔发帖达到500多篇，点击数超过5 000。在线、阅读、反思、写作，我乐此不疲。但是，这样的喜悦持续了一段时间后，我感到一种焦虑，阅读依旧，然而语言表达却止步不前。此时，又是"在线"朋友的安慰和指点为我拨开了心头的疑虑。他们告诉我，那还是因为书读得太窄，类目太少。我恍然大悟，阅读需要广度和深度。在他们的推荐下，我开始阅读刘墉的《跨一步，就成功》《刘墉精品书坊（励志卷）》，余秋雨的《行者无疆》《千年一叹》《出走十五年》，史铁生的《病隙碎笔》《灵魂的事》，还有周国平、林语堂、林清玄等人的散文集。他们不是教育工作者，但是读他们的文字，我们就会为自己打开一扇扇窗户，发现一座座矿藏。

在拥有了阅读的底蕴之后，我开始阅读教育名著，如苏霍姆林斯基的《给教师的建议》《怎样培养真正的人》，卢梭的《爱弥儿》，柏拉图的《理想国》，亚米契斯的《爱的教育》。阅读教育名著，启迪了我的智慧，使我的教育实践有了理论依据，我的教育观、学生观初步形成了。灵感总在我读书的时候跳跃出来，紧紧地攥住我的手，让我倾吐心声，先是磕磕巴巴的三五行字，后来则是洋洋洒洒的一篇文章。

一如既往地坚持

在一年多的激情阅读与写作之后，我发现自己有些倦怠了。有时，看着周围的人，我很想放松自己：自己已经够努力了，何必给自己太多的压力呢？但是，"在线"的牵引总会让我情不自禁地来到这里，看到朋友们鼓励的留言、温馨的牵挂，看到他们的热情与努力，我心头涌起的不仅仅是温暖和感动，更多的是惭愧和自责，心头的火焰被再次点燃。我知道，我离不开"在线"，也离不开阅读。

"求知人"是我"在线"的知己之一。他又给我邮来了几本书：《羊皮卷》《大教学论》《名人传》，以及他的读书计划书。

女儿进入中学后，为提升她的阅读水平，我及时向她推荐书籍。女儿竟然开始崇拜我，特别喜欢我为她朗读经典的文章。于是乎，母女共读拓展了阅读的范围。其中，这还有相互较劲与鼓励的意味。除了阅读，女儿每天坚持写日记。这样，我就没有理由不坚持阅读、写作了。

买书成了我的一大爱好。每次上街，我总爱在书店搜索，买一本心仪的好书，比穿了一件新衣服还高兴。随后，我开辟了"今天""今天依旧"两个随笔栏目。就这样，一个工作多年与发表文章、获奖无缘的教师，在奇遇"在线"之后的一年多时间里，竟写了20多万文字，又有20多篇文章在优秀报刊上发表。

有人说：阅读是飞翔，是远航，是另一双眼睛看世界。我认为，不仅如此，阅读还是认识自己、把握自己、拥有幸福完整生活的途径。

（资料来源：徐亚燕，奚梅萍. 化蝶：一个教师阅读成长的心路历程［J］. 中小学管理，2007（9）.）

▶ **评析**

这是一位普通教师阅读成长的心路历程。在不知不觉之中，阅读已成为她生活的一部分，那么自然却富有诗意，那么简单却卓有成效，那么辛苦却倍感幸福。其中的奥秘何在？是学校的硬性规定，还是教师自身特别努力？非也。是"教育在线"这个网络平台在引领着她一步一步地走向阅读，"不期而至的相遇"激活了她内心沉睡已久的需求，"并驾齐驱地行走"完善了她读写结合的阅读方式，"一如既往地坚持"深化了她锲而不舍的阅读品质，最终形成阅读习惯。

一、激活内需，变"要我读"为"我要读"

读书是自己的事，是自己的需要，它应该像生活中的衣食住行一样平常，一样重要。然而在现实中，我们却常有"别人要我读"的感觉，特别是当上级行政部门、领导提出这样的建议，并且出台一系列规章制度之后，我们会寻找各种理由加以应付，这样的阅读效果可想而知。

因此，沉睡于内心的需求是需要以恰当的方式予以激活的。阅读徐老师的故事后，我们不难发现，"教育在线"犹如心灵密码，轻而易举地打开了徐老师的心扉，激活了她内心的需求。

二、读写结合，变"随意性阅读"为"研究性阅读"

阅读必须与写作相结合，只读不写，不是完整的阅读。只有具备一定量的写作，才能变"随意性阅读"为"研究性阅读"，从而提升阅读的品位。值得注意的是，教师一旦对写作产生浓厚兴趣后，便会自觉地去加强阅读，从而提高自己的阅读能力。写作是阅读腾飞的有力翅膀。

从徐老师的故事中我们可以看到，徐老师在"教育在线"的注册开帖对她的意义是举足轻重的。注册开帖让徐老师与更多的作者零距离接触。注册开帖让徐老师学会了站在不同的角度追问、挖掘自己，努力超越"已有的我"。因为徐老师在写作与阅读方面比翼齐飞，所以，她在阅读的道路上能走得更远、更好。

三、团队引领，变兴趣阅读为意志阅读

兴趣是阅读的前提，是阅读动机中最为活跃的因素。但是，仅靠兴趣来维持的阅读是不长久的，也难以取得良好的成效。这就要求教师具有高度的阅读自觉性、自制性，需要他们用意志来支撑。在这个案例中，是"教育在线"的一路相伴与同行者的关怀引领，使徐老师从最初的兴趣阅读转为最终的意志阅读，最终养成了良好的阅读习惯。

课堂讨论：对你影响最深的读物有哪些？它是如何影响你的？

第二节　教学实践：语文教师发展的根本

"教育在本质上是实践的"，实践是教师专业认同和实现的基础。① 因此，职前教师教育必须走实践取向之路。教育部《教师教育课程标准（试行）》就提出了教师教育课程"实践取向"的理念，指出：教师是反思性实践者，在研究自身经验和改进教育教学行为的过程中实现专业发展。教师教育课程应强化实践意识，关注现实问题，体现教育改革与发展对教师的新要求。教师教育课程应引导未来教师参与和研究基础教育改革，主动建构教育知识，发展实践能力；引导未来教师发现和解决实际问题，创新教育教学模式，形成个人的教学风格和实践智慧。

Daresh 曾强调，"教学实践是职前教师专业能力发展的最好机会"。对于如何强化师范生的教育实践环节，《教育部关于大力推进教师教育课程改革的意见》（教师〔2011〕6 号）提出：加强师范生职业基本技能训练，加强教育见习，提供更多观摩名师讲课的机会。师范生到中小学和幼儿园的教育实践不少于一个学期。大力开展教育实践活动，深入农村中小学，引导和教育师范生树立强烈的社会责任感和使命感。积极开展师范生实习支教和置换培训，服务农村教育。2011 年教育部颁布的《教师教育课程标准（试行）》要求确保教育实践课程的时间和质量，教育见习和实习不少于 18 周。

一、服务性学习

1. 服务性学习的内涵和意义

服务性学习"是一种学习方式，在这一过程中，学生主动参与精心组织的服务，进行学习并得到发展，这种服务在社区中发生并满足社区的需要；服务性学习与小学、中学、高等教育机构以及社区相协调，有助于形成公民责任感。服务性学习与学生的学术课程相整合，并为学生规定时间对服务经验进行反思"②。服务性学习不仅通过为社会、他人提供服务促进学生的专业知识、能力的学习和提高，还能培养其作为公民或专业人士所应具备的公民

---

① 宁虹. 教师教育：教师专业意识品质的养成——教师发展学校的理论建设 [J]. 教育研究，2009（7）：74 - 80.

② 李斌辉，何亚明. 高师院校实施服务学习的意义与策略 [J]. 黑龙江教育（高教研究与评估），2010（6）：6 - 8.

意识、专业道德、责任态度、合作精神和奉献精神，使学生的专业知识、能力和专业精神并驾齐驱，共同发展。

2. 服务性学习的途径和步骤

职前语文教师实施服务性学习应以专业性为主，即主要为中学语文教学服务。它主要是以语文教育专业课程为基础，参加有组织的服务活动，活动反映中学需求，并反思服务活动，以获得对于课程更深一层的理解，对语文学科有更多的认识，并且提升专业品性，如学习"中学语文教学设计"课程时，师范生可到中小学帮助制作课件等。服务性学习也可与社团活动结合。社团活动是构成大学生活的基本要素，是课外活动辅导的主轴，如与服务学习结合起来，将真正实现第一课堂和第二课堂的融合。

3. 服务性学习的过程步骤

（1）准备阶段。

①课程介绍。高师教师（服务性学习指导者）向师范生就服务性学习的内涵、功能、理论基础、法律法规、服务伦理、实施程序、可能遇到的问题等做详细的说明介绍。

②确定服务对象。首要选择中学作为服务学习机构，要明确服务的对象，对象可能是具体的人，也可能是组织，无论是何种对象，都必须对其服务需求进行充分了解。

③制订服务学习方案。方案由教师、师范生、服务对象共同制订，包括服务主题及主题的概念地图、课程目标、要完成的工作、期待的工作成果及贡献、服务参与者、服务的时间及地点、学生学习活动方式、教师教学组织形式、经费、设备设施、评价方案，以及应该注意的事项等。

④提供服务所需知识技能培训。针对具体的服务机构和对象的特点、服务活动的性质和内容等进行有针对性的专门的知识与技能的培训，以保证服务的质量和服务性学习的顺利完成。

（2）行动阶段。

服务有两种形式，一是直接服务，二是间接服务。前者师范生亲自与"受服务者"（受帮助者）直接接触，如为学困生开展课业辅导。后者是学生支持一个组织的服务，或是努力去达到一个机构的要求，但不会经常与被服务者直接接触，如为中小学建立图书室等。服务性学习可团体参与或个别参与。师范生应积极从事有意义的、实干的、具挑战性的、与中学实际问题解决有关的服务。在服务过程中，师范生应注意安全和对服务过程的记录，可选择手札、绘图、摄影、录像、录音等。

（3）反思阶段。

职前教师思考服务目的与课程目标、个人的努力与贡献、自己的不足及获得的知能等；思考服务过程对于个人的价值观、自信心、沟通技巧、团队精神、独立思考、多元价值，及不同政治和经济社会背景等对个人造成的影响。职前教师可从描述服务经验，到反省思考自己的想法，以及日后价值的形塑与应用三步骤，厘清服务经验带来的省思。反省活动可以是撰写服务日志、心得、文章，研读与服务对象有关的专业书籍，小组讨论、研究报告、艺术表演、教师提问、学生互相采访、拟定教学方案、拍摄与纪录、制作新闻报道等。

（4）发表阶段。

服务性学习结束后，参与者一起分享活动的经验与成果，分享彼此的学习与成长，表彰所有参与者的贡献，这对职前教师的学习动机、服务意愿、成就体验是一种推进。庆贺可采用庆祝同乐方式进行，如成果展览、成果报告会、媒体报道、参与者的联欢晚会或舞会，并可颁赠感谢状、感谢卡、徽章、证明、荣誉书等。

（5）评鉴阶段。

评鉴是对学习的价值、意义以及结果的认定与评判。服务性学习结束，指导教师要对师范生的表现和学习情况进行评鉴、反馈，以利修正和改进，并为下一次学习的设计与实施提供参考。教师、师范生、受服务方的代表组成小组，共同评价。

二、教育见习

1. 教育见习内涵意义

教育见习是职前教师在具有一定专业知识的基础上，对将要从事的工作所进行的一种现场观摩、了解和体验，是职前教师在教师的指导下对中学教育实践的一种学习活动。教育见习在培养合格教师方面有着理论教学所难以替代的特殊功能。职前教师在掌握一定的专业知识之后，有计划地开展教育见习活动，能增加感性经验，把所学理论知识同教学实际密切结合起来，把校内的学习和未来从事的教师工作密切联系起来，从而有效地激发学习兴趣，加强学习的针对性，更好地掌握有关教育理论和专业知识，全面提高从教修养。

2. 教育见习的内容和方式

教育见习的内容可以涉及中学教育的各个方面，从培养合格的中学教师这一目标出发，见习的内容主要包括：①备课和教学设计；②课堂教学；③答疑辅导与批改作业；④第二课堂活动；⑤班主任工作；⑥教学研究活动；⑦教育和教学调查。

教育见习的方式灵活多样，按照不同的标准来划分，可有以下两种。

（1）综合见习与专题见习。这是依据见习内容的不同所划定的两种见习方式。综合见习的特点是内容广泛，所需见习时间较多，组织难度较大。也正因如此，若组织得好，收益也较大。采用这种方式见习，一般须在学生基本学完教育学科类课程和学科教学论之后，并有一定的见习经验的基础上进行。专题见习是相对综合见习而言的。这种见习方式的特点是内容单一、问题集中、时间较少、便于总结，近似于某种单项训练，效果明显。

（2）集中见习与分散见习。这是根据见习时间安排和人员组织分配的不同所区分出来的两种见习方式。集中见习的含义有两个，一个是时间集中，一个是人员集中。见习时可一个或几个班级的学生集中到一个中学、一个班级进行见习，比如听示范课或专题报告，即属此类见习。其特点是便于组织指导，所需高师指导力量较少，便于评议总结，获得某种共同性的收获。分散见习的含义也有两个，一个是时间分散，一个是人员分散。即可将见习生分成若干个小组，分散到若干个中学、若干个班级进行见习。这种方式的特点是灵活性高、活动面广、内容丰富、便于交流、时间跨度大、所需指导教师较多，易于学生各自的情况和见习学校的实际作业安排。

3．教育见习的要求

（1）提高认识，端正态度，认真准备。见习生必须充分认识到教育见习工作的重要性，明确其目的意义，提高见习的自觉性，以极大的热情投身到见习工作中去。每次见习前都要进行认真的准备。明确见习的具体目的和内容，见习的方法和过程，以及应注意的事项，与见习内容有关的情况，做到心中有数，确保见习工作的顺利进行。

（2）加强见习的目的性和计划性。在见习工作开始前，见习生必须制订具体的见习计划，如本学期见习次数、见习内容、见习形式、时间安排、人员组织等，都应在学期初定好计划。每次见习主要解决什么问题、达到什么要求都必须一一确定。

（3）精心选择见习学校与见习班级。可以说，见习的成效如何，在很大程度上取决于见习学校与见习班级选择得如何。一般来说，见习生应本着就近就便的原则来选择校风好、教风好、学风好、管理严、质量高的学校去见习。这样才会学有榜样，真正达到见习的目的。

（4）切实做好见习总结工作。见习的总结工作是一个消化、吸收、提高的过程。见习中所获得的感性经验，只有经过认真的总结才能达到理性的认识。因此，每次见习后都应及时总结：哪些做法是可行的，取得了哪些成绩，有什么经验应该推广，见习中存在什么问题，有哪些教训应当汲取。只有这样，才能逐步提高见习效果。

三、教育实习

1. 教育实习的内涵和作用

教育实习是职前教师以"教师"的身份进入中小学，直接参与学校教育教学活动的一种实践形式，是准教师在实践情境下学习如何教学和教育管理的过程。教育实习是职前教师教育人才培养计划的重要组成部分，是教师教育贯彻理论与实践相结合原则的体现，是深化课堂教学的重要环节，是职前教师学习教师专业知识、培养教师职业技能和独立从事教育教学工作能力的重要途径，是教师专业发展的必由之路，对于不断增强职前教师服务国家、服务人民、投身教育事业的社会责任感、勇于探索的创新精神、善于解决问题的实践能力，具有不可替代的重要作用。众多研究表明经过教育实习，职前教师的教学能力往往有明显的提高。正如弗朗认为："师范生学习如何教学，最好的方式是经由亲身教学的经验而得。"①

2. 教育实习的内容

（1）学科教学实习。在指导教师指导下，根据学生的特点，职前教师设计与实施教学方案，获得对语文教学的真实感受和初步经验，熟悉语文教学的全过程，初步掌握从事语文教学工作所应具备的知识、技能和技巧。

（2）班主任工作实习。在指导教师指导下，职前教师参与指导学习、管理班级和组织活动，获得与家庭、社区联系的经历。初步掌握制订班级工作计划，开展主题班会、团队活动、课外活动及个别教育等中学学生工作的能力。

（3）教育研究实习。在教育实习过程中，职前教师参与各种教研活动，获得与其他教师直接对话或交流的机会，获得科学地研究教育教学的经历与体验；整合平时学习和实践过程中积累的所学、所思、所想，形成问题意识，运用研究教育实践的一般方法、经历和体验制订教育研究计划、开展教育研究活动、完成研究报告、分享研究结果的过程。

（4）专业思想培养。通过教育实习，职前教师了解基础教育教学尤其是语文教学改革的现状与发展趋势，加强对教师职业的认识和理解，培养服务国家的社会责任感和乐于实践、勇于探索的创新精神。

3. 教育实习的要求

（1）加强反思。教育实习能否发挥教育功效并不在于其经验时间的长短，而是要问是什么样的经验，要用什么样的方式运用这些经验才可能使经

---

① FURLONG J, BARTON L, MILES S, et al. Teacher education in transition: reforming professionalism? [M]. Buckingham: Open University Press, 2000: 120.

验产生拓展教育智慧与引导合理的实施方法的价值。[①] 师范生应借助教育实习演练和改进教学技能，增加对教师专业的感性认识、了解自己的专业兴趣、特长与不足，以更好地规划自己的专业发展方向，同时更重要的是要增强自己对社会文化多样性的敏感性和理解力，提升自我的社会责任感。同时，在教育实习中客观存在着一些"反教育"的潜课程，容易给实习生带来诸多负面的、非专业的影响。师范生必须在实习当中进行包括技术性反思、实践性反思和批判性反思在内的多层次教育反思。

（2）加强对儿童的研究。师范生在实习过程中，不能只关注于"我"，而应更多地关注于"他"——教育教学的对象——学生（儿童）。师范生通过参与教育实践活动去认识、了解真实教育情境中的学生，在自己的专业实践中拥有"儿童意识"和自己关于儿童的实践性知识，从而，在学习如何教学的过程中使自己的教学与当下的教学对象更加具有适切性。"儿童研究"任务的展开过程就是师范生实践学习的过程，在这一过程中师范生可借助多门理论课程的相关知识（如关于教育的一般规律与原则、关于儿童的一般心理规律与心理特点、关于研究的方法与方法论等），解决在儿童研究中出现的各种问题。

四、微格教学

1. 微格教学的内涵和作用

微格教学的英文为 microteaching。微格教学是一种利用现代化教学技术手段来培训职前教师教学技能的系统方法。微格教学创始人之一、美国教育学博士德瓦埃·特·爱伦认为微格教学："是一个缩小了的、可控制的教学环境，它使准备成为或已经是教师的人有可能集中掌握某一特定的教学技能和教学内容。"微格教学实际上是提供一个练习环境，使日常复杂的课堂教学得以精简，并能使练习者获得大量的反馈意见。

当前，一般使用的是数字化的微格教学系统，它是一个集微格教学、多媒体编辑、影视音像制作、多媒体存储、视频点播、数字化现场直播为一体的数字化网络系统。在这里，观摩和评价系统均采用计算机设备，并通过交换机连接校园网或外网。信息记录方式采用硬盘存贮，或刻录成光盘，可以随时、随地通过网络或光盘进行点播、测评与观摩。

2. 微格教学的特征

微格教学的实施过程是以现代学习理论、教学理论、现代教育技术理论

---

① 王秋绒. 教师专业社会化理论在教育实习设计上的蕴义［M］. 台北：师大书苑有限公司，1991：64.

以及系统科学理论为指导的教学技能训练过程。微格教学的特点用一句话概括就是"训练课题微型化，技能动作规范化，记录过程声像化，观摩评价及时化"。"微"，是微型、片断及小步的意思；"格"取自"格物致知"，是推究、探讨及变革的意思，又可理解为定格或规格，它还限制着"微"的量级标准（即每"格"都要限制在可观察、可操作、可描述的最小范围内）。微格教学就是把复杂的教学过程分解为许多容易掌握的单一教学技能，如导入、应变、提问、媒体使用、学习策略辅导、学生学业成就评价等。对每项教学技能进行逐一研讨并借助先进音像设备、信息技术，对职前教师进行教学技能系统培训的微型、小步教学。微格教学理论与实践紧密结合，学习目的明确，学习重点突出，信息反馈直观、形象、及时，有利于学生主体作用的发挥。

3．微格教学的实施过程

（1）学习相关知识。

在实施模拟教学之前，职前教师应学习微格教学、教学目标、教学技能、教学设计等相关的内容。

（2）确定训练目标。

职前教师清楚本次教学技能的训练的具体目标、要求，清楚该教学技能的类型、作用、功能，以及典型事例运用的一般原则、使用方法及注意事项。

（3）观摩示范。

为增强所培训的技能的形象性，提供生动、形象和规范的微格教学示范片（带）或教师现场示范。在观摩微格教学片（带）过程中，指导教师根据实际情况给予必要的提示与指导。

（4）分析与讨论。

观摩示范片后进行课堂讨论，分析示范教学的成功之处及存在的问题，并就"假使我来教，该如何应用此教学技能"展开讨论。

（5）编写教案。

被训练的教学技能和教学目标确定后，职前教师根据教学目标、教学内容、教学对象、教学条件进行教学设计，选择合适的教学媒体，编写详细的教案。

（6）角色扮演与微格实践。

职前教师走上讲台讲演，扮演教师，小组其他成员充当学生，实施教学。教学过程由摄录系统全程记录。

（7）评价反馈。

教学结束后，职前教师重放教学实况录像或视频点播，由指导教师、本人和同学共同评议，指出问题，发现优点，反思提高。

（8）修改教案。

评价反馈结束，职前教师修改、完善教案，再次实践。在单项教学技能训练告一阶段后，要有计划地开展综合教学技能训练，以实现各种教学技能的融会贯通。

五、其他实践方法与途径

1. 顶岗支教

顶岗支教是师范生在学校的组织和教师的指导下，依据教学大纲和教学计划，深入到农村实习学校通过顶岗任课的方式来完成教学实习任务的教学实践。顶岗任课是指师范生占据教师岗位，承担一定的教学任务，全过程地参与教育教学活动。这一种形式着重关注师范生的教学实践活动，活动在有组织、有指导的前提下，按教学大纲和教学计划来进行，侧重于师范生的成长。还有一种形式是从农村教师和师范生双重角度出发，双方进行"置换培训"：一方面，师范生到农村中小学顶岗实习，得到全方位的锻炼；另一方面，农村中小学教师到高校接受系统的专业培训，加快专业发展进程。目前，对顶岗支教有两种意见，一种认为能加快职前教师的培养进度，应大力实施；另一种认为，师范生还未取得教师资格证，没有做教师的资格，不能作为正式教师顶岗使用。在全国师范院校中，西南大学、河北师范大学顶岗支教实践活动开展得最有成效。

2. "三下乡"活动

三下乡——是指文化、科技、卫生"三下乡"，即有关文化、科技、卫生方面的内容、知识让农村知道，促进农村文化、科技、卫生的发展。20 世纪 80 年代初，团中央首次号召全国大学生在暑期开展"三下乡"社会实践活动。1996 年 12 月，共青团中央、中宣部、国家教委联合印发《关于深入持久开展大学生社会实践活动的几点意见》。1997 年，"三下乡"活动在全国正式开展。大学生的"三下乡"社会实践活动涉及面广、内容丰富，一般学校里面组织的三下乡活动形式以支教、调查为主。师范生可利用三下乡活动进行支教，初步体验教师生活，取得实践效果。

3. 家教

家教是指在遵守国家法律法规的前提下，大学生利用所学知识，为他人提供家教服务，并获取相应收益的行为。大学生家教一般不会遭到学校反对，反而会因为能够解决部分贫困大学生生活学习费用开支而得到各界肯定。师范生在进行家教时，面对的尽管是个别的学生，其教育的目的也大多是为了提升受教儿童的成绩，但师范生也必须充分利用自己的专业知识，发挥专长，形成教学能力。

案例4.3

我们在服务基层中成长!

【背景】

2006 年 8 月 30 日，新疆师范大学汉语言文学、数学、物理、化学 4 个专业的大学四年级的 280 名本科学生、7 名研究生和 6 名指导教师，共 293 人，赴阿勒泰地区参加新疆维吾尔自治区首次实习支教试点工作。时间为一个学期，支教地点主要集中在阿勒泰地区的阿勒泰市、富蕴县、布尔津县、哈巴河县、吉木乃县、福海县六县市的市、县、乡中小学。受援学校 47 所，其中汉族中学 8 所，民族中学 9 所，民汉合校学校 30 所；县城学校 15 所，乡镇学校 32 所。距离县城最远的受援学校是富蕴县的杜热乡中学，距离富蕴县城近 150 公里。

【故事】

李婷婷：幸福是走在学生中间的感觉

李婷婷是新疆师范大学人文学院中文系的一名大学生，她所支教的学校是阿勒泰地区布尔津县窝依莫克乡的一所普通中学。她在窝依莫克乡中学承担了初一、初三的语文、政治和小学四年级的品德与社会的教学任务，同时担任班主任。

在李婷婷的课堂里，学生可以自由发言，可以随时提出不同的观点。"我们共同交流、共同进步，一起摸索寻找着最佳的学习方法。课堂教学是师生人生旅途中充满生命活力的部分，只有师生的生命活力在课堂教学中得到有效的发挥，才能真正有助于信任的培养和教师的成长，课堂才会真正地活起来。"李婷婷说，"作为一名教师，应该把教育当作自己的生活方式，让教育融入自己的生活当中。""实习支教对我来说，收获太大了。"李婷婷兴奋地对记者说，"我觉得幸福是一种感觉，是走在学生中间的感觉，是教会学生过幸福生活的感觉，是学生成功的感觉，是师生共同解读人生的感觉。"

贺伦：心灵经受一次彻底的洗涤

新疆师范大学数理信息学院数学系的贺伦在哈巴河县萨尔布拉克乡牧业寄宿制学校实习支教，算上他，全校也只有两名汉族教师。

"我教的学生全部是哈萨克族小朋友。为了能够教好这些孩子们，我每天都花大量的时间来备课。"贺伦说。他深知备课对于一名教师的重要性。备课先要"备"学生，他自己觉得很简单的汉语，但是还是有很多孩子听不懂。后来，他就在每个班找了几个汉语好的学生当翻译，每当讲到有些难懂的地方，就请他们给其他同学翻译，这样的效果很好。

为了让学生喜欢上数学，贺伦还把每个班里数学成绩最好的学生抽出来，组成了一个"数学兴趣小组"，并在课余时间给他们上课，然后让他们回到各自的班里再用他们自己的语言给其他同学讲，也收到了很好的效果。

"作为当代大学生，我认为能有实习支教这样一段经历，是我一生最宝贵的财富。"贺伦告诉记者，"实习虽然结束了，但我和学生的那份感情却永远珍藏在记忆深处。四个月的支教生活让我的心灵经受了一次彻底的洗涤，我感谢我在这里所拥有和得到的一切!"

【效果】

教学质量提高了，教师短缺矛盾缓解了。

实习支教学生下到基层学校后，根据当地中小学的需要，积极承担本专业的教学任务，同时，大部分支教学生还兼任低年级其他课程的教学工作。在实习支教生活中，每位支教学生都深入教学一线，努力完成实习支教的任务，在教学实践中锻炼了自己的教学能力。到实习支教结束，每位支教学生都超额完成了学校规定的 36 节授课任务，课堂教学能力大大提高。值得一提的是，大部分支教学生都进行了公开课的讲授，以公开课的形式传播先进的教育教学理念，展示全新的教学方法，这不仅使当地学生耳目一新，也让当地学校的教师从中受益。

大多数学生面对上述艰苦条件，在实习支教初期都很不适应，但随着实习支教生活的不断深入，学生逐渐地适应了这里的环境。许多学生开始了自己人生的第一次生活经历：第一次从井里打水、第一次生炉子、第一次去采购菜、第一次为那么多人做饭、第一次感到时间过得飞快等等。在经历了人生的许多第一次后，他们的生活能力有了很大的提高。许多学生在大学期间对学校的生活条件多有抱怨，下到基层才发现，自己在学校的生活条件要比基层好多了。于是，学生返校后没有人再抱怨了，学会了珍惜。很多学生平时在学校不注意节约一粥一饭，返校后觉得每一顿饭都是香的，学会了节俭。许多学生在家中被父母视为掌上明珠，饭来张口、衣来伸手，却从未体会到父母的艰辛。在实习支教生活中，他们体验到了做父母的艰辛，学会了感恩。

（资料来源：蒋夫尔. 我们在服务基层中成长![N]. 中国教育报，2007－06－11.）

▷ 评析

准教师们深入基层进行实习，不仅给当地的学校注入了活力，重要的是，自身受到了再教育：实践能力得到提升，专业思想和社会责任感增强。正如标题所言：我们在基层成长!

课堂讨论：请列举出你愿意（不愿意）当语文教师的 10 个理由。

第三节 教学研究：语文教师发展的保证

职前教师应该具有研究教育实践的经历与体验，在日常学习和实践过程中积累所学、所思、所想，形成问题意识和一定的解决问题的能力；了解研究教育实践的一般方法，经历和体验制订计划、开展活动、完成报告、分享结果的过程；参与各种类型的科研活动，获得科学地研究学生和教学的经历与体验。

教育教学研究活动主要包括教育反思、教育叙事、教育案例、教育调查、行动研究等。

一、教育反思

区分一个教师是感性的实践者还是理性的研究者，其根本标志在于教师是否能够对自己的教育教学行为进行持续不断的反思。

1. 教育反思的含义和作用

服务性学习、见习、实习等其他的实践，包括以往接受学习的经历，都可以为职前教师提供真实的教学体验。但如何将这种体验转化为经验，是提升实践质量的关键。由"体验"转化为"经验"，需要职前教师对教学情境中"问题"的感知能力和对问题深入思考的能力，即系统地反思自己实践的能力，只有基于此，教学体验才能真正带来实践性知识的增长，而这一切的基础，就是教师将自我或自己的教育教学活动本身作为意识的对象而不断地进行审视追问、探究与评价，即进行反思。目前，国内外教师教育实践中已把反思能力作为师范生应具有的专业能力之一，并把师范生反思能力的培养作为当前教师教育的核心问题。

教育反思是一种批判性思维活动，而把这些思维活动记录下来，则可视为一种写作文体。它作为研究方式，运用简便，可贯穿教育教学过程的始终；它作为研究成果表达形象，写法灵活，可成为教师成长发展的忠实记录和反映，因而在教师教育中被广为应用。

教育反思运用范围广泛、形式多样，可以是专题反思，也可以是整体反思；可以是即时反思，也可以是延迟反思；可以是课前反思，也可以是课中反思与课后反思。对于师范生而言，反思应该贯彻于职前教育的全过程。

2. 教育反思的内容

职前教师反思的体验基础是指职前教师在形成自己的教育教学理解过程

中的资源，包括职前教师在基础教育阶段的学徒期观察体验、教师教育职前培养阶段的课程体验（例如微格教学、见习、实习体验）以及职前教师的生活体验（例如生活中的关键事件或他人的影响、家教体验）等。这些体验可统称为职前教师的成长经历，其虽非真实的教育教学体验，但却是职前教师形成关于教育教学理解的重要资源，是反思的基础。①

（1）对自身的典型阅历和经验加以科学的意象反思。

意象反思就是系统地操作视觉意象，与情景、素材进行反思性对话。师范生回顾自己选择考取师范院校的心理过程；描述自己印象中最深刻的教师；重温自己最难忘的课堂教学片段……活动的目的旨在激活、梳理师范生缄默的、有益的教育知识，使之升华为实践智慧。

（2）观察课堂教学和教育现象反思。

首先，师范生可通过观察高校教师课堂教学、观看中小学优秀教学录像，或直接到中小学听课等进行反思。其次，可以通过观看教育题材影视作品进行反思。教育题材影视作品艺术地再现或创造了典型教育事例，极易引起师范生的兴趣并被理解，从中悟出道理，提高认识。最后，对现实中发生的各种教育事件、教育中的热点、焦点问题进行评议、反思。

（3）教育专业知识讨论。

自我诘难反思就是师范生把自己作对象化处理，对自身原有的教育观念和个人实践展开"健康的怀疑"。哈贝马斯说过："谁要是能够解释自己的不合理性，他就是一个具有主体合理性的人。"此外，师范生应养成不盲目迷信教育理论而时刻抱有"健康地怀疑"之科学态度，而是扬弃地接受，既不固执己见，又不妄自菲薄，批判地反思，以真理为唯一标准，在诘难反思中得到专业成长。

（4）在教育类课程学习中的课题研究。

职前教育会开设大量的教育类课程，结合这些课程进行课题研究是一种很好的反思方式。

①选定课题。课题可以是教师确定，也可以是师范生自己确定。一般而言课题不应太难，容量不可太大，也不能远离自己的学习、生活经验，如"教师的社会地位""知识与能力的关系""讲授法的优缺点""学校事故及其法律责任承担"等。课题最好以"问题链"的形式出现，此外，课题还应辅之以典型教学案例。

②自主探究和反思。首先，师范生带着问题，研习背景材料。在此过程

---

① 杨民，等. 师范生反思能力的培养［J］. 辽宁师范大学学报（社会科学版），2010（5）：57－60.

中，学生一方面进行知识定位，另一方面生成反思需要。其次，师范生提取、反思原有的教育观念，尝试嫁接理论。师范生要与自己对话，倾听自己的声音，激活并提取原有的教育观念，自己搭一个学习的"脚手架"，用自身原有的知识和新研习获得的理论解释课题，努力重构新的教育理论体系。再次，通过师生对话，反思引向深入。师生对话赋予师范生主体地位和"准教师"角色，力求教师和师范生在同一操作平台上展开平等的精神对话，共享理论。最后，通过教师结题、学生理顺缄默知识，成功地建构理论。教师用简捷、准确的语言评价对话教学，做出总结性结论。

（5）在教育实践中反思。

①"试讲"实践反思。师范生模拟中小学课堂教学的片段，进行试讲。试讲为师范生提供了一个宝贵的反思机会，这种"教、学、做合一"的教育实践形式可激发师范生对教育理论与实践、自身专业成长的深刻反思，在认识上发生从师范生到中小学教师的"质的飞跃"，既深刻理解了教师的职业特点，又锻炼了教育教学技能，同时，可促使其更加发愤学习、完善自我，最终实现培养目标。

②教育小品反思。师范生自编自演教育小品并从中反思。在典型的教育教学情境中自我探究和反思，生成实践智慧，发展行动能力和反思能力，其实质是一种问题解决型学习。

③教育实习反思。师范生对教育实习的各个层面进行反思。教育实习是师范生向教师转变的一个重要环节，教育实习中师范生可以与中小学优秀教师结对子、拜师学艺，从观察中学习。师范生记好"教学后记"（反思日记），观看自己课堂教学、组织班级活动的录像，从而，提高实习生教育教学的监控能力。

④家教反思。家教为师范生体验教师角色的一种模拟实践，师范生在家教实践中反思。

3. 教育反思的注意事项

（1）秉承新教育理念，形成反思参照标准。

反思只是教育教学的一个手段，可以用来达到这样或那样的目的，既可以成为实施素质教育的帮手，也可以成为背离素质教育的"帮凶"。师范生在开展反思活动时，要以新教育理念为出发点，以新课程的基本主张为参照点，注意形成反思的框架标准，实施对教育教学活动的评判、思考活动。

（2）具有鲜明问题意识，捕捉反思对象。

有问题、有障碍才会有思考、有分析。师范生在开展教育反思活动时，要注意形成自身的问题意识，要善于在稍纵即逝的现象中捕捉问题，在貌似没有问题的地方发现问题，有问题的系统的反思是研究性反思区别于日常反思的重要标志。比如一个习以为常的口号"没有教不好的学生，只有不会教的老师"，这里面是否就包含着很多悖论呢？

（3）联系已有经验进行综合分析，构建个人化理论。

反思是针对某一现象或问题进行的，但并不意味着反思是就事论事的思维活动，它可以完全引申开来，在思维深处将自己以往的经历包括他人相关的经历联系起来，或者将已有的理论知识与当下问题的思考联系起来，这样的反思才更有深度，更能提升自己的智慧水平。师范生应该在教育学习和生活中，致力于形成自己对问题的看法，提升自己理性分析问题的能力，构建个人化的理论，并不见得要一味地认同他人的观点和认识。

（4）要对教育教学行为进行持续不断的系统化思考。

偶尔的反思并不困难，也是绝大多数师范生能做到的，但持续不断的系统反思却不见得是每个人都可以轻易做到的。作为研究的反思，它应该是持续的、不间断的、系统的，它摆脱了零散片段反思的状态，将反思渗入教育教学的全过程，从而在很大程度上保证了教育教学的针对性和有效性。

4．教育反思的载体

（1）反思日记。

反思日记是指师范生自觉地把自己的学习、教育实践，以及其他教育现象作为认知对象，进行全面深入的审视、思考和分析总结，用日记的形式把所思和心得体会记录下来。教学反思日记是师范生积累信息、提高科研能力的重要手段。教学反思日记有助于锤炼职前教师坚忍的意志，培养严谨治学的态度，形成积极反思的习惯。现在的信息技术高度发达，师范生可以利用QQ空间、博客、微信等形式进行反思日记的写作和保存。

反思日记要注意"三忌"：一忌形式主义，二忌空泛冗长，三忌失真无用。另外，对自己撰写的反思日记应该经常翻阅，做到温故知新，以促进自己的专业发展。

（2）教学后记。

教学后记，就是师范生在教学完一堂课后，对整个教学过程的设计和实施进行回顾和小结，将经验、教训和自我体会记录在案的过程。教学后记有以下四种。

一是点评式。即针对实施教学的情况，师范生在教案的有关部分言简意赅地加以批注、评述。

二是提纲式。师范生比较全面地评价教学上的成败得失，并将教学的成败得失提纲挈领地一一列出，写在教案末尾。

三是专项式。师范生抓住教学过程中存在的最突出的问题，或抓住其中最成功的一点，进行实事求是的分析总结，并从中引出自己的见解，写在教案末尾。

　　四是随笔式。师范生把教学过程中最典型、最需要探讨的教学现象集中起来，对它们进行整理和研究，写出自己的体会，写在教案末尾附页上。这是一种层次较高的教学后记。

　　教学后记要求有以下五点。

　　一是迅速及时。师范生把课堂上的所见所闻或感想，迅速及时地记录下来，不让它们成为稍纵即逝的过眼烟云。

　　二是实事求是。师范生要从实际例子出发，既要找出成功经验，又要找出存在的问题，并分析其原因，提出切合实际的对策。

　　三是有的放矢。师范生要针对教学中的实际情况，因人因事有感而发，旨在发现问题，解决问题，进一步提高教书育人的效果。

　　四是就事论理。不要就事论事，师范生要力求从理论和实践的结合上说明问题，使其具有典型性和可迁移性。

　　五是简明扼要。师范生要把最要紧的内容写下来，不要面面俱到，内容要集中，主旨要单一，语言要简练、明了。

　　教学后记的内容主要是：记成功之处、记失败之处、记教学灵感、记学生见解、记再教设计。

 **案例4.4**

<h3 style="text-align:center">窦桂梅老师日记一则</h3>

2004 年 9 月 10 日　星期五　阴

　　教师节来临之际，一个孩子想：送什么礼物给老师呢？贺卡？担心老师不会喜欢；鲜花？又担心花谢后，老师忘了自己的心意；送一支精致的烟笔吧？又担心别的同学也送，老师会分不清哪一支是自己的。于是，他去问老师："您希望收到什么礼物？"老师笑了："最好的礼物是在将来。请你现在就开始准备，10 年、20 年后再送给我。"

　　这位老师的回答真精彩啊。这不由得让我想起自己经历过的第 12 个教师节。

　　8 年前，9 月 8 日的第一节课上，向佳同学突然从后面冲上前来送我一束鲜花。我格外激动，随手接过来，并说了声"谢谢"就开始上课了。没想到，下课以后，同学们纷纷走上前来，有的表示要给我纱巾，有的要给我更漂亮的鲜花……

　　回到办公室，我的心情况重起来。也许是课堂上不经意的一句"谢谢"和脸上的微笑，让孩子们产生了刚才那么多的想法；也许教师节给教师送礼成为学生潜意识中天经地义的"必须"。但不管怎样，接收这些还需要依靠父母养育的孩子们用父母的金钱买来的礼物，我的心里就是不坦然。回到教室，我和学生们聊了很多，最后我们共同决定，今后的教师节，学生不再送我任何物质上的礼品，今天向佳的鲜花就代表全班同学给老师最后的礼物。等到我白发苍苍的时候，学生们都已有所成就，领着自己的家人来看望我，并给我买礼物，那时我肯定会收下……

以后的四年中，我们一直遵守着这份承诺，直到分别。随着时间的流逝，我发现这个班的学生更加敬重我，当然也包括向佳同学。现在想来，假如每逢教师节，我都理所应当，甚至理直气壮地收下学生的礼物，那么，他们对教师的敬仰恐怕就不会这么纯粹。然而，当教师节总是这样朴素地度过，师生间感情的小河就能流过每一个教师节，一直流到今天。三年前的教师节前夕，我收到了一封信，学生写了满满 5 页纸。

"离开您已经四年了，但是我依然感受到您的仁爱之心。虽然我已经好长时间没有和您联系了，但是，不论天涯海角，我都会在心里祝福您。"

"您取得了一些荣誉，但，我想您一定会正确对待，不会故步自封。还要嘱咐您的是，在您拼命工作的时候，千万不要忘记了您的女儿何松阳——只有建立'双底'，您才能算真正的成功。"

"老师啊，毕业时，握您的手，泪中带笑；再相见，抱您的肩，笑中含泪……"

这就是我的学生，乔绎涵，在教师节给我的最好礼物！

(资料来源：窦桂梅. 教师日记两则 [J]. 中国德育，2006（3）.)

▶ 评析

窦桂梅老师的日记，对自己与学生交往中的"送礼"实践进行了反思。如果我们能够坚持及反思日记，而且经常温故，对自己的成长无疑是种促进。

二、教育叙事

教育叙事陈述的是教师在教育教学活动、教改实践活动曾经发生或正在发生的事件，也包括教师本人撰写个人传记、个人经验总结等各类文本。师范生在接受教育和学习如何教育的过程中一定会有很多很有"趣味"甚至难忘的"故事"，把这些故事记录下来，对自己专业的发展很有价值。

教育叙事研究的基本特点是研究者以叙事、讲故事的方式表达对教育的理解和解释。它不直接定义教育是什么，也不直接规定教育应该怎么做，它只是给读者讲一个或多个教育故事，将教育的直接参与者的内心思想、隐性知识等转化为显性知识，挖掘出教育主体的教育智慧并转化为集体智慧和共享资源，让读者从故事中体验教育是什么或应该怎么做。

1. 教育叙事的特点

（1）真实性、亲历性。教育叙事研究所叙述的是教师已经亲历过的教育事件，是真实可信的教育故事，不是设计的事件。因此，师范生平时要善于捕捉这些教育故事的"源文件"，只有"原汁原味"的教育事件才有特定的意义。

（2）人物性、形象性。在教育叙事中，叙述者既是说故事的人，也是他们自己故事里或别人故事里的角色。叙述者将自己放到故事中，用自己的视觉去观察和体验，对事件中的某个角色（学生等）做出较为科学与合理的行为和心理的"假想"，从而使故事的人物形象"更饱满"。

（3）情节性、完整性。叙事谈论的是特别的人和特别的冲突、问题，或使生活变得复杂的任何东西，所以，叙事不是记流水账，而是记述有情节、有意义的相对完整的故事，通常有与所叙述的教育事件相关的具体人物、事件发展的情节。

（4）生动性、可读性。阅读者可以从叙事报告的故事情节中看到教学影像，清楚地把握教学中出现的问题，并用内省、比较的方法去解释报告中的问题解决。这种影像化的故事情节提供给阅读者身临其境的感受。对于教育者而言，这种感受对教学观念、方法的改进的影响会更具体、更深入，因为，具体经验对于学习是非常重要的一个因素。

（5）反思性、感悟性。教育叙事研究获得某种教育理论或教育信念的方式是归纳而不是演绎。也就是说，教育理论是从过去的具体教育事件及其情节中归纳出来的。

2. 教育叙事的基本内容框架

（1）问题产生的背景。背景是交代故事发生的时间、地点、人物、起因，但不需面面俱到，关键在于说明故事发生有何特别原因和条件。

（2）问题情境描述。每个教育叙事都必须有一个鲜明问题或矛盾，不能杜撰，但可以对实际情节进行选择，目的凸现焦点。教育叙事要有细节的描写，描写生动、引人入胜。描写一般采取叙议结合的方式，即"描叙＋分析"。

（3）问题解决结果或效果的描述。描述主要内容包括背景、问题、细节、结果。

3. 师范生写教育叙事的要求

（1）教育叙事必须基于师范生自己在学习、教育实践过程中真实的教育教学实践。师范生对真实的教育教学实践可以做某种技术性调整或修补，但不能虚构。

（2）每个教育叙事必须蕴含一个或几个教学事件，即教学过程中出现的某一个有意义的教学问题或发生的某一种意外的教学冲突。

（3）由于它是对具体的教学事件的叙述，因此要有一定的情节性和可读性。叙述要有一个从开始到结束的完整情节，突出戏剧性冲突，有人物的语言、内心活动，要揭示故事中人物的内心世界，不是记流水账。

（4）每个教育叙事所叙述的教学事件必须具有一定的典型性，蕴含一定的教学理念、教学思想，具有一定的启迪作用。

（5）要有问题性，不是简单地把一天的事情原原本本地记录下来，这样做没有意义。而应该是捕捉教育教学活动中出现的问题。

（6）教育叙事的写作方式以叙述为主，夹叙夹议。叙述要具体、生动，讲究文笔的清新优美，议论要体现问题，精要简洁。

4．如何写好教育叙事

（1）师范生要有意识地随时收集学习、教育实践过程中让你感到有趣或震撼的教育教学事件资料或存在新问题的教育事件资料。

（2）师范生要采取多种方法收集教育教学事件资料。如记日记、写反思日志、做听课观察记录、与观察对象开放式的访谈。

（3）师范生要注意收集与教育教学相关的背景资料。如与所叙事相关的日期、作者、任务、背景事件、政策、观点氛围等信息。

（4）师范生要注意思考和寻找身边平常事件中蕴含的规律、问题、新观念和真理，善于发现教育教学活动中出现的新问题，并不断地对与问题有关的因素进行观察，进行理论学习和理性思考。

（5）师范生要注意对资料的整理和分析，每经过一段时间，就要对收集来的所有故事和叙事素材进行比较，分析每个故事的主题，然后将这些互不相同的主题重组成一个完整的事件发展过程。

（6）写作时，首先，师范生要能够提出问题，明确你所研究和希望表述的问题。其次，师范生要按问题的产生—问题解决的过程—解决的结果这一主线，将问题细化，把问题清晰地表达出来。最后，要对不同类型的关键事件（成功型事件、挫折型事件、启发型事件、感人型事件）的重点方面进行重点描写。

案例4.5

那节课如有神助

对课堂教学的痴迷使我在备课上越来越苛求完美。《邹忌讽齐王纳谏》一课，我备到夜里12点，几易其稿还是不甚满意。选点缺乏灵气，自己的情绪都很难被调动起来，又怎么能够顺利靠近学生的"最近发展区"，引领他们在文中走个来回呢?

带着沉沉倦意,我随手翻开《余映潮讲语文》一书。咦?书中居然有《邹忌讽齐王纳谏》的教学实录与评点,真是雪中送炭啊!仔细拜读,余老师那清晰的教学板块渐次呈现于眼前,一节课做四件事:简说一个故事"门庭若市",编拟一组词义辨析练习,深思一个关于文中人物情节的话题,听一段写作手法的讲座。读罢,我的感受是:高屋建瓴、眼光独到。前两个板块立足于学生现有的认知状况,角度新颖、活动充分、妙不可言。第三、四板块虽略显老套,但对激发学生思考、拓宽学生视野也颇为实用。来回读了两遍,我已被深深吸引,心底发出一个声音:在没有更好创意的情况下,明天就按余老师的方案来讲。

第二天,因为有余老师的方案打底,我成竹在胸、精神百倍,一个个环节走下去,犹如风行水上。学生的情绪也特别饱满,连平日里几个最爱开小差的也都竖起耳朵、瞪圆眼睛,好像看见了什么宝葫芦似的。太神奇了!余老师的课在我的教案上未着一字,却如同阳光洒满我的记忆。我可以毫不费力地把这节课从思想深处唤醒,任它流淌出金色的诗意。

第一个板块,看似让学生讲故事,实则引导学生完成了对情节的梳理。第二个板块,难度适中、简便易行、交流顺畅,立现举一反三之奇效。不知不觉,师生共同走过了第一、二板块。在第二板块的结尾处,我灵机一动,利用"讽、谏"与"刺、谤、讥"这两组近义词的区分,引导学生对下一板块的话题进行思考。第三板块的主要任务是寻找文中推动情节发展和表现人物特点的关键字,师生借此串通文义、理清思路。如我所料,这一板块成为整堂课的高潮部分,关键字的寻找激起了学生的好奇心和表现欲,他们纷纷举手抢答,场面热闹异常。在一、二板块的基础上,再加以开放式探究,学生的语文智慧被充分调动起来,加深了对"美""思""谏""善""令""胜"等关键字的理解。最终,我结合"思""讽"二字总结、升华出文章"由家庭小事推及国家大事,凸现邹忌智者形象"的主题,表达自由严谨,学生认真记着笔记,沉迷于灵动的文思之中。

最后一个板块,余老师是以讲座的形式呈现的,而在我的课堂上,时间尚充裕,学生情绪正高昂,我决定把这一环节交给学生来完成。在我的启发下,学生由一个"善"字入手,展开了对详略安排和虚实结合等写作手法的自由讨论,课堂在意犹未尽中结束。

回顾此课,我深感课堂在大师智慧的引导下如有神助,学生的潜能和教师的课堂活力都得以充分发挥。反躬自省,我感到迫切需要加紧修炼内功,以设计出真正充满语文趣味的好课,早日步入语文教学的自由王国。

(资料来源:赵渝. 那节课如有神助 [N]. 教育时报,2001-04-22.)

▶ **评析**

作者对自己的一次备课、教学的经过进行了记录。通过叙述，作者感觉到了向名师学习的重要性，也认识到了自身的不足。这个教育叙事，是作者的思想流露，是作者反思的结果。而读者从这个叙事中不也能学到一些东西吗？

三、撰写教育案例

教育案例是对包含有解决某些疑难问题，某些原理、方法、策略运用的教育教学情境故事的描述，故事中渗透课程改革的思想和理念，展现在教育教学理论、方法指导下解决问题的方法与策略和教师教学行为发生的变化，体现教师的教育智慧和实践性经验，体现了教师的创造力，搭起了理论与实践的桥梁。

教育案例一般由背景、案例事件、案例分析与启示、案例问题几部分构成。可以从不同的角度对它进行分类，如课堂教学案例、学校教育案例、教研活动案例、课程开发类等。

1. 教育案例的特点

（1）教育案例是教育事件，是对教育教学过程中一个实际情境的描述。案例讲述的应该是一个一个的故事，叙述的是故事产生、发展的历程，是对事物或现象的动态性的把握。

（2）案例是含有问题或疑难情境在内的事件。事件只是案例的必要条件，而不是充分条件。换句话说，事件还只是案例的基本素材，并不是说所有的事件都可成为案例，能够成为案例的事件，必须包含问题，也可能包含解决这些问题的方法。

（3）教育案例是典型性的教育事件。除了问题或疑难情境这样一个基本要素，作为案例的事件还需具有一定的典型性，要能够从这个事件的解决当中说明、诠释类似事件，要能够给读者带来这样或那样的启示、体会。

（4）教育案例是真实发生的教育事件。案例虽然展示的是一个饶有趣味的故事，要与故事一样生动有趣，但案例与故事也有一个根本性的区别，那就是故事是可以杜撰的，而案例是不能杜撰的，它所反映的是真实发生的事件，是事件的真实再现。

概括而言，教育案例是含有问题或疑难情境在内的真实发生的典型性教育教学事件。这一概括性的论述，应该说总体反映了案例的形貌。从这一概述中可以看到，对事物的静态的缺乏过程把握的描述不能称之为案例；信手拈来的没有问题或疑难情境在内的事件也不能称之为案例；没有客观真实为基础的缺乏典型意义的事件也不能称之为真正的案例。

2. 好案例的标准

什么样的案例才是一个适宜的、好的案例？美国的一些学者通过调查，提出了一个好案例的下列标准。①

讲述一个故事。像所有好故事的标准一样，一个好的案例必须要有有趣的情节。案例要能把事件发生的时间、地点、人物等按一定结构展示出来，当然在这其中，对事件的叙述和评点也是必要的组成部分。

案例把注意力集中在一个中心论题上，要突出一个主题，如果是多个主题的话，叙述就会显得杂乱无章，难以把握住事件发生的主线。

描述的是现实生活场景，案例应该反映的是近5年发生的事情，因为这样的案例读者更愿意接触。

描述要使读者有身临其境的感觉，对案例所涉及的人产生移情作用。

这包括从案例反映的对象那里引述的材料。例如，反映某个学校或某个班级的案例，可引述一些口头的或书面的、正式的或非正式的材料，以增强案例的真实感。

对面临的疑难问题提出解决方法。

案例要有对已经做出的解决问题决策的评价。案例不仅要提供问题及问题解决的方法，而且也有对这种解决问题方法的评价，以便为新的决策提供参照点。

案例要有一个从开始到结束的完整情节，要包括有一些戏剧性的冲突。

叙述要具体、特殊，也就是案例不应是对事物大体如何的笼统描述，也不应是对事物所具有的总体特征所做的抽象化的、概括化的说明。

案例要把事件置于一个时空框架之中，也就是要说明事件发生的时间、地点等。

案例要能反映教师工作的复杂性，揭示出人物的内心世界，如态度、动机、需要等。

3. 案例的写作格式

案例的写作几乎没有一个统一的格式，但从案例所包含的内容来说，一个相对完整的案例大致都会涉及以下几个方面。

（1）标题。

案例总是有标题的，总是要借助标题反映事件的主题或形貌。一般地说，案例有两种确定标题的方式：一是用事件定标题，即用案例中的突出事件作为标题；二是用主题定标题，把事件中包含的主题析离出来，作为案例

---

① 舒尔曼. 教师教育中的案例教学法［M］. 郅庭瑾，等译. 上海：华东师范大学出版社，2007：21.

的标题。

（2）引言。

引言也可以说是开场白，一般有一两段话也就可以了，主要描述一下事件的大致场景，隐晦地反映事件可能涉及的主题。

（3）背景。

案例中的事件是发生在一定的时空框架之中的，是依托一定的背景的。背景的叙述可分为两个组成部分：间接背景和直接背景。所谓间接背景是与事件相关但关联程度并不直接的背景，所谓直接背景是直接导引事件发生、与事件联系甚为密切的背景。在直接背景与间接背景的描述上，一般间接背景在前，略写；而直接背景在后，详写。

（4）问题。

案例区别于一般事例的最大特点就在于有明确的问题意识，是围绕问题来展开的。在论述中，需要讲明问题是如何发生的、问题是什么、问题产生的原因有哪些。

（5）问题的解决。

这部分内容需要详尽描述，要展现问题解决的过程、步骤，以及问题解决中出现的反复、挫折，也会涉及问题解决初步成效的描述。这部分内容在一定程度上，是整个案例的主体，切忌把问题解决简单化、表面化。

（6）反思与讨论。

撰写案例的过程，也就是对自己解决问题的心路历程进行再分析的过程，同时也是梳理自己相关经验和教训的过程。因而，教师系统地反思自身的教育教学行为，对于提升教育智慧、形成自己解决教育教学问题的独特艺术等都至关重要。反思与讨论主要涉及的问题有：问题解决中有哪些利弊得失？问题解决中还发生或存在哪些新的问题？在以后的教育教学中，如何进一步解决这些新的问题？问题解决中有哪些体会、启示？

（7）附录。

并不是每个案例都有附录部分。附录中的内容，是对正文中的主题有补充说明作用的材料，若放在正文中，会因篇幅过长等问题影响正文的叙述。

上述案例包含的内容不是案例的形式结构，也就是说，不见得每篇案例各组成部分的题目都按上述几部分确定（当然，也并不排除这种形式的排列方式），只要在案例相关内容的叙述上，考虑到以上几个方面并按照一定的逻辑结构加以组合就可以了。

案例4.6

蚂蚁也会唱歌

几个学生正趴在树下兴致勃勃地观察着什么，一个教师看到他们满身是灰的样子，生气地走过去问："你们在干什么？"

"听蚂蚁唱歌呢。"学生头也不抬，随口而答。

"胡说，蚂蚁怎会唱歌？"教师的声音提高了八度。

严厉的斥责让学生猛地从"槐安国"里清醒过来。于是，一个个小脑袋耷拉下来，等候教师发落。只有一个倔强的小家伙还不服气，小声嘟囔说："您又不蹲下来，怎么知道蚂蚁不会唱歌？"

请你运用现代教育理论对该教师的行为做一评析。

一、有关教育理论知识

这个案例涉及教师应具有以下正确的教育思想及教育观念：

（1）教育观。

教师要树立以学生发展为本的教育观。在教育取向上，不仅要重视基础知识、基本技能的掌握，还要重视基本态度和基本能力的培养。尤其在学生创新精神和实践能力的培养上，要重视学生发现问题、解决问题的能力，学生学习的兴趣的培养以及学生个性的发展。

（2）学生观。

教师要把学生看成是具有能动的、充满生机和活力的社会人（学生是人，而不是容器）。学生是学习的主体，是学习的主人，在一切活动中，教师要充分地发挥学生的能动性，促进其发展，要尊重、信任、引导、帮助或服务于每一个学生。

师生要平等相待（在人格上是平等的，要平等对话，实行等距离教学）。教师要坚持教学民主，要废除教学中的权威主义、命令主义。

二、案例分析

（1）"听蚂蚁唱歌呢。"孩子具有童心、童真与童趣，具有孩子特有的想象力，教师要善于了解孩子的"内心世界"。新的教育取向不只关注知识和技能，还要关注过程与方法、情感与体验。"听蚂蚁唱歌"是学生的一种体验，教师要尊重并保护孩子的兴趣与想象。

（2）一个教师看到他们满身是灰的样子，生气地走过去问。学生在兴致勃勃地观察着什么，处于其自身的活动过程，学生是能动的、发展的人，教师要善于保护，给学生心理上的支持，而该教师不尊重学生的主观能动性。

（3）"胡说，蚂蚁怎会唱歌？"教师的声音提高了八度，严厉的斥责……

师生要平等相待，教师不能以权威压制学生。

（4）小声嘟囔说："您又不蹲下来"……教师缺乏民主意识，要和学生实行等距离教学，"请你蹲下来和学生说话""请你走下高高的讲坛"。

四、教育调查

1. 教育调查的内涵和特点

教育调查法是研究者为了深入了解教育的实际情况，运用座谈、访问、问卷、测验与评定等手段。有计划、有系统地搜集研究对象的客观材料并加以分析整理，借以发现存在问题，探索教育规律的一种研究方法。教育调查法的特点具有间接灵活、途径多样、系统严密、实施方便的特点，但也存在调查研究仅及表面而不容易深入，具有抽样误差，需要丰富的研究知识和掌握调查访问的技巧局限。

2. 教育调查的类型

按样本划分有：全面调查、抽样调查、个案调查；按调查研究的目的有描述性调查研究、解释性调查研究；按调查的性质有：现状调查、发展调查、区别调查、相关调查；按照资料获得的途径有：问卷调查、访谈、观察、测试。

3. 调查的步骤

（1）做好调查前的准备。

确定调查目的。首先，要做到目标明确，研究者要清楚地将调查目的用语言表达出来。其次，研究者要将调查目标具体化为可以实施调查活动的项目。调查的课题可以有大有小，但无论大小都必须遵循三个原则：目的性原则、价值性原则、量力性原则。

选取调查对象。调查对象就是调查的单位或个人。调查资料主要来源于调查对象。所以调查对象的选择是否恰当，将直接影响到调查结果。调查对象应视调查课题和调查目的加以选取。不同的调查课题和目的，要用不同的方法去选取调查对象。

（2）制订提纲和计划。

制订提纲和计划就是拟定调查的项目。调查提纲是搜集资料的依据。调查提纲实际上是调查报告的梗概，其内容必须符合调查课题的需要。在调查过程中，可对调查提纲做必要的增删和修改，还要根据调查提纲的要求，设计必要的调查表、问卷、测验题目，等等。调查计划是调查工作的程序安排，通常包括如下内容：调查课题和目的、调查对象和范围、调查地点和时间、调查的方式和方法、调查步骤和日程安排、调查的组织领导和人员分工、调查报告完成日期。

（3）实施调查，整理资料。

这是调查过程中关键的一步，也是最艰苦的劳动。调查资料有两类：一类是书面资料；另一类是来自调查对象口述的资料，以及由调查者观察所得到的教育现象的事实材料等。整理方法，通常按资料的性质分为两类：一类是叙述的材料，用明白流利的文字加以整理；另一类是数量的材料，用统计表、表列法和图示法等。分析资料的方法包括：定性分析和定量分析。

（4）得出结论，撰写报告。

调查材料整理后，研究者对所调查的事实，加以分析，探寻其优点和缺点，以及原因所在，解释清楚，下一结论，然后，提出改进的意见或措施。下结论是综述现在的实际情况，提建议是筹划将来的发展。调查工作完成，研究者即可写成文字的报告。

4. 教育调查报告的撰写

（1）教育调查报告的主要内容。

调查报告的写作一般包含选题的目的及意义（前言）、调查经过与内容（主体）、结语三个部分。

第一部分，研究者对选题意义、调查对象、方法的介绍。介绍选题是要表明文章是有现实意义的，是有价值的；介绍调查对象和调查方法，是要表明使用的方法是科学的，文中的材料是真实可靠的。这部分内容在文章开头，要求简明概括。

第二部分，研究者可根据调查的性质和材料决定不同的写法。例如，事件调查常常根据事件的发展过程来写，从事件的发生、发展经过、结果与影响，到处理这一事件的方法与建议。而经验调查往往省略过程描述，只根据调查所得的基本经验逐条叙述。另外，研究者也可以根据调查所得的基本结论，从多方面举例加以说明。总之，这一部分要充分反映调查的收获。研究者最好能用简单的统计方法对材料进行量化处理，能用统计图表显示的要尽可能用统计图表显示。

第三部分，研究者对调查材料进行分析，提出自己的思考或意见、建议，既可以边安排材料边进行分析（夹叙夹议），也可以先安排材料后集中进行分析（先叙后议）。

（2）调查报告的结构及其写作。

①题目。题目一般通过提炼、确切、鲜明的文字概括全篇内容，点明被调查范围。常用的写法有三种：一是类似文章标题的写法，如《农村初中语文教育的现状分析与对策建议》；二是类似公文标题的写法，如《农村中学语文教学情况的调查报告》；三是用正副标题的写法，如《中学生呼唤"七色阳光"——对中学生"厌学"问题的调查与思考》。

②引言（导言）。研究者要简明扼要地说明调查的目的和意义（这一部分要写问题的提出，说明调查的背景，说明调查的必要性，以及为什么要进行这项调查）、时间、地点、对象与范围（根据课题的要求和调查的目的，确定好调查取样的范围和调查的样本数，写明采用何种方法取样）等，交代调查的方法和内容（写明采用何种方式，如问卷、谈话、访问、调查会等进行调查，如何进行操作，并将整理好的材料用图表或用文字表述出来），使读者对调查报告有总体认识；或提出社会、师生所关注和迫切需要调查了解的问题，以引起关注。研究者要写明是普遍调查或是非普遍调查（重点调查、典型调查、抽样调查），是随机取样、机械取样还是分层取样，调查方式是开调查会还是进行访问或问卷调查……以使人相信调查的科学性、真实性，体现调查的价值。

③正文。正文是调查报告的主体部分。这部分要把调查获得的大量材料，经过分析整理，归纳出若干项目、条分缕析地叙述，做到数据确凿、事例典型、材料可靠、观点明确。为了增加形象性，使人一目了然，研究者对一些数据要尽可能用图表表示出来。

教育调查报告的内容重点视调查的目的和问题的性质而定。写作安排也应先后有序、主次分明、详略得当。教育调查报告大致有以下几种写法：

第一，按调查的顺序逐点来写。

第二，按被调查单位的人和事的发生、发展和变化的过程来写，以体现其规律性。

第三，将两种事物加以对比，以显示其是非、优劣，找出其差异性。

第四，按内容的特点分门别类，逐一叙述。不论采用哪种写法，最后都要写清楚调查的结果。总结经验、揭露错误、分析原因等，都要以调查结果这一事实为依据，做到客观、求实。

④讨论或建议。依据正文的科学分析，研究者可以对结果做理论上的进一步阐述，深入地讨论一些问题，亮出自己的观点，针对调查结果写出对教育教学工作进行改进的意见和措施。

⑤结论。通过逻辑推理，研究者归纳出结论，即简单交代调查研究了什么问题，获得了什么结果，说明了什么问题。

⑥列出参考资料。在写调查报告过程中，研究者参考、引用了哪些资料（包括篇目名称、作者、出版单位、日期），将其列出，目的在于对所写负责，并给读者提供信息，也表示尊重资料作者的劳动。

以上几个部分，撰写时，研究者可以灵活安排，适当合并，无须面面俱到。

五、行动研究

行动研究就是实践者为了改进工作质量，将研究者和实践者、研究过程与实践过程结合起来，在现实情境中通过自主的反思性探索，解决实际问题的一种研究活动。教师行动研究就是在教育教学工作中开展的应用研究，它强调以教师为研究的主体，针对教师自己在学科教学和班级管理中所遇到的问题，在校外和校内人员的合作下进行诊断和分析，找出问题产生的原因，制订解决问题的具体计划和方案并付诸实施，观察和评估结果并进行反思。

1．要素和类型

（1）要素。

①谁来研究：研究者就是行动者，行动者就是研究者。

②研究什么：研究行动，研究做，包括为什么行动、怎样行动、想达到什么效果等。

③怎么研究：研究的过程就是行动的过程，行动即研究，或者说，用行动来研究。

④为何研究：研究的目的是改善行动。

表4-3　学术研究与行动研究比较

内容类型	研究目的	研究情境	研究取向	研究者角色
学术研究	解释教育	置身于教育之外	关于教育	研究者
行动研究	改进教育	置身于教育之中	为了教育	行动者

（2）类型。

①科学的行动研究：行动者用科学方法对自己的行动进行的研究。

②实践的行动研究：行动者为解决自己实践中的问题而进行的研究。

③批判的行动研究：行动者对自己的实践进行批判性反思。

2．特征和意义

行动研究有三大特征。

第一，为行动而研究：为行动研究指出了行动研究的目的。研究的目的不是构建系统的学术理论，而是解决实践工作者所处情境中遇到的问题。研究目的具有实用性。问题的解决具有即时性。

第二，在行动中研究：在行动中研究指出了研究的情境和研究的方式。行动研究的环境就是实际工作者所在的工作情境，并非是经过特别安排的或控制的场景。行动研究的研究过程，即是实际工作者解决问题的过程，是一种行动的表现，也是实际工作者学会反省、问题探究与问题解决能力的过程。

第三，由行动者研究：由行动者研究指出了行动研究的主体是实际工作者，而不是外来的专家学者。专家学者参与研究扮演的角色是提供意见与咨询，是协作者，而不是研究的主体。

行动研究有利于解决教育教学实际问题，提高教育教学的质量；有利于促进教育研究模式的变革，推动教育科学的发展；有利于提高教师的专业素质，促进教师专业的发展；有利于提高教师自我意识，增强教师职业的乐趣与尊严。

3．行动研究的流程

（1）提出问题。

①现状如何？为什么会如此？

②存在哪些问题？从什么意义上讲有这些问题？

③关键问题是什么？它的解决受哪些因素的制约？

④众多的制约因素中哪些问题虽然重要，但一时改变不了？哪些可以改变，但不重要？哪些是重要的而且可以创造条件改变的？

⑤解决问题的策略、依据。

（2）制订计划。

①计划实施后预期达到的研究目的。

②行动的步骤与时间的安排。

③行动研究涉及的人。

④准备将要使用的问卷或其他收集数据的工具。

⑤对课程实施改变的因素以及如何观察或监控这些因素。

⑥如何实施已修改的策略。

（3）开展行动。

就是指计划的实施，它是教师有目的、负责任、按计划的行动过程。在行动中，要按计划、有控制地进行变革。在变革中促进工作的改进，包括认识的改进和行动所在环境的改进。要考虑实际情况的变化，进行不断的行动调整。"行动"包括：

行动是在获得了关于背景和行动本身的反馈信息，经过思考并有一定程度的理解后，有目的、负责任、按计划采取的实际步骤。这样的行动具有贯彻计划和逼近解决问题的性质。

教师和研究者一同行动。在教育技术研究中，家长与社会人士和学生均可作为合作的对象。大家要协调各方面的力量，保证实施到位。

研究者要重视实际情况的变化，随着对行动及背景认识的逐步加深，以及各方面参与者的监督观察和评价建议，不断调整行动。

（4）观察效果。

行动背景因素及其制约方式。

行动过程，包括什么样的人以什么方式参与了计划的实施，使用了哪些材料，安排了哪些主要活动，有无意外的变化、干扰，如何排除，等等。

行动的结果，包括预期的与非预期的，积极的和消极的。背景资料是分析计划设想的有效性的基础材料，过程资料是判断效果是不是由方案带来的和怎样带来的观察依据，结果资料是分析方案带来了什么样的效果的直接依据。这些材料对于效果分析来说是缺一不可的。

（5）反思评价。

整理和描述，即研究者对观察到、感受到的与制订计划、实施计划有关的各种现象加以归纳整理，描述出本循环过程和结果，勾画出多侧面的生动的行动过程。

评价解释，即研究者对行动的过程和结果做出判断评价，对有关现象和原因做出分析解释，找出计划与结果的不一致性。从而，研究者形成基本设想，总体计划和下一步行动计划是否需要修正，需做哪些修正的判断和构想。

写出研究报告。行动研究的报告有自己的特色，允许采取很多种不同的写作形式。如让所有的参与者共同撰写叙事故事，让不同的多元的声音一起说话，也可以编制一系列个人的叙述、生活经验，让当事人直接向公众说话。

案例4.7

一个关于解决阅读教学问题的行动研究

一、问题

某语文教师执教高一某班共55名学生。教学中教师发现学生在阅读课上表现不积极，不太愿意参与课堂活动。

二、教师思考

①学生对阅读缺乏兴趣。②学生的现有语言能力有限，无法回答教师的提问。③学生担心答错了丢面子。④教师的课堂活动设计单调，学生参与机会少。⑤课堂气氛过于严肃，没有轻松的环境，学生不敢发言。⑥阅读材料过于陈旧、单调或远离现实生活。

三、教师调查

采用问卷方式调查学生不积极参与课堂活动的原因：①89%的同学表示对阅读有兴趣。②在自我评价中，仅有5名同学认为自己能比较主动地参与课堂活动，与我们所观察和感受到的比较一致，占全班总人数的11%。③认为阅读材料过于陈旧、单调或远离现实生活的有7人。害怕答错问题丢面子的有15人。④认为自己现有的语言能力有限，无法回答教师的提问的6人。⑤半数以上同学表示他们不主动发言的原因是阅读课堂气氛太严肃，不敢发言。

四、教师重新认识问题

大部分同学不积极参与阅读课堂活动的主要原因来自于课堂气氛的沉闷。教师需要调整自己以往的课堂教学方式。

五、教师制订解决方案并实施

改变阅读课以课堂做练习和教师讲解答案为主的教学方式。设计具体的任务，采用合作阅读方式、先行组织方式、自选阅读方式和小组讨论方式，突出学生的课堂中心地位，激发学生的课堂参与积极性。

教师在实施中做好教学日志、教学观察。

六、一个学期后评估

（1）问卷调查表明，大部分学生都喜欢改进后的课堂教学方式。89%的学生对目前的课堂活动的设计很满意，78%的学生认为课堂学习气氛比以前更加活跃和轻松。93%的学生都表示自己的课堂参与机会较以前多了，参与的积极性也比以前高了。

（2）从观察记录看，学生从过去每节课仅有6~7名同学发言，到后来绝大多数学生在合作学习和小组讨论中发言，全班的气氛都被带动了。

（3）教师日志：记录了很多学生参与课堂活动的事例，特别是在合作学习和自选阅读中，一些特别腼腆的学生也主动争取发言了。

七、教师反思

成绩：通过收集的数据，可看出行动研究方案取得了较满意的效果，课堂参与活动的人数大大增加，课堂气氛更加轻松、和谐，师生关系也更加融洽。但是，我们的计划也存在不足。

不足：大多活动都是采用合作学习和小组讨论的方式，阅读时间充足、阅读的材料大多是学生感兴趣的、难度适中或偏低的。我们担心一旦学生在限时阅读测试中碰到难度稍高的，而且是他们所不熟悉的阅读内容时，会感到很被动。

方向：在活跃课堂气氛的同时也要教授一些有效的阅读技巧。在今后的阅读教学中要开展一些快速阅读训练，以提高学生的阅读速度；适当地提高一些阅读材料的难度，以训练学生运用有效的阅读策略进行阅读。

八、教师对本次活动写出报告或总结

针对出现的问题进行准备再次解决。

案例 4.8

写作，助我成就事业

我，一个土生土长在云南省弥勒县西山的彝族阿细人，10 岁以前还不会讲一句完整的汉语。"读书—写作—教学"伴随着我从一名普通的教师走向云南省优秀教师、云南省作家协会会员、特级教师。我"成功的秘诀"就是：写作，助我成就事业！

写作，让学生信任了我

1980 年，我刚当教师，一位老教师说："古人云：'亲其师，信其道。'教好书最重要的一点，就是要让学生相信你有能力，而非等闲之辈。"问及怎样才能让学生信任，他说："课余走笔，在报刊上发表文章是办法之一。因为在中国人的传统观念里，会写文章的人就是'秀才'、'能者'。"

1981 年，一个偶然的机会，我写的一篇通讯在《春城晚报》发表，校长高兴了，把学生召集起来，挥动着那张报纸说："你们杨老师已经在省级报上发表文章了，我看选材立意、谋篇布局、遣词造句都非常讲究。这说明他能力很强……这样的老师教你们，难道还不放心？"从此，我发觉学生在听课时精神集中多了，做作业也比以前认真了。我尝到甜头，决定把课余"笔耕"作为自己事业的一部分。

1991 年，因为我的作品频频见诸报刊、电台，我被调到县民族职业高级中学。1993 年，我的《阿细之鹰》等两篇文章，被收入经云南省中小学教材审定委员会审定、云南教育出版社出版的《红河历史》（乡土教材）一书中。学生们第一次读到自己老师写的课文，惊奇不已。于是，他们常来找我："老师，我们语文老师太忙，您能帮我们批改一下作文吗？"我提笔批阅学生的作文，并努力将其中特别优秀的推荐给《红河日报》《初中生学习技巧》（广西）等报刊发表。还有些学生，家里或村里有什么"起诉状""申请书""碑文"等之类东西要写，也居然来找我。我来者不拒，受我"恩泽"的学生，都有"回报"的念头……我说："你们只要健康向上，学会读书、学会做人，就是对老师的最大回报！"

写作，帮我攻克教学中的难点

达尔文说："最有价值的知识，是关于方法的知识。"要让学生自主学习，就得教他们学习的方法。这一点上，我因为写作就占了便宜。比如，课余走笔，使我这么想：文章有结构，而且同类体裁的文章结构大致相同，政治课既然也叫"课文"，那知识内容一定不是随意地堆砌，也应有其结构规律；写文章，掌握了文章结构规律好写，学习政治，掌握课文结构规律也一定好学。于是，我就研究和探析之，结果不出所料。比如，初二年级教材第二课至第七课都大体由两个部分组成，即第一部分讲法律对所阐述的那个社会生活方面的关系，第二部分讲法律对所阐述的那一社会生活方面的规定。初一年级和初三年级教材，在知识内容安排结构上也有类似规律性的东西。于是，我就把它找出来，每讲授一课，基本上都按其共有结构模式去进行教学，并大胆称其为"结构教学法"。这种教法不复杂，学生课听得也很清晰。而且，只要教师做几次示范之后，他们都能悟出一些心得，从而增强了学习的自信心。

写作，帮我提高管理质量

1998 年，我被县政府任命为县民族职业高中副校长。因长久地写作，主题意识很强，竟发觉搞管理，其实也是在"写文章"：主题（工作目标）要明确，要围绕主题去选择材料（开展具体工作）。由于长久地写作，我拥有提炼主题能力，而提升了学校各类活动的质量。比如，有一次上级领导来检查我校文明礼貌教育开展情况，办公室挂出一幅鲜红的布标："开展文明礼貌教育，推进素质教育。"我以为这说法不错，但太一般化，于是，将其提炼为："文明礼貌教育是学校教育永恒的主题！"大家看后，啧啧赞叹，说这标语既响亮，又有号召力。

由于写文章，我就经常帮助指导教师撰写论文和新闻，并积极把他们的作品推荐到上级报刊发表；经常把教师的先进事迹撰写成通讯或报告文学在《云南日报》、云南《民族工作》等报刊上发表，努力让更多的教师尝试成功的快乐，提高他们的知名度，满足他们被重视的欲望……教师们对我非常感激，于是，工作中，"政令"也就非常畅通了。

写作，助我向科研型教师转变

1995 年，我未到"不惑之年"就评上了"中学高级教师"职称，是全县获这一职称中的最年轻的一位，这使我产生了些许飘飘然。我的班主任、云南著名的政治特级教师魏之铸找我说："一个教师，只会教书，充其量只是个'教书匠'。既会教书，又能搞研究，把自己的经验写成论文推广出去，产生更大的社会效益，才是优秀的教师，即科研型的教师。"这之前，我写文章主要是写新闻和文学作品，教育教学论文很少涉及。魏老师说："因为你常写文章，文字功底是好的，写论文无非是改写一种体裁而已"。我从魏老师语重心长的话语中受到启发和鼓励，就试着写论文。也许，就是因为常写文章，文字功底好一点的原因，我一写就在《云南教育报》上发表，之后，我的三十多篇论文陆续发表在《思想政治课教学》和《考试》等一些有影响的刊物上。

我非常感谢前辈老师对我事业上的指点，非常感谢各报刊、编辑刊用我的文章，激励我写作的兴趣，我一定把自己的经验传授给年轻的同事。因为，人是一代鼓励一代向前进的。

（资料来源：杨学诗. 写作，助我成就事业 ［J］. 人民教育，2005（18）.）

▶ **评析**

杨学诗，特级教师，云南省作家协会会员。现任云南省弥勒县教育局教研室主任，曾荣获云南省优秀教师等称号。杨老师是政治教师，写作使他实现了人生价值，那么，作为语文教师，写作对于我们的作用和意义呢？答案不言而喻。

本 章 小 结

学习和阅读是职前语文教师专业发展的基本途径，职前语文教师应树立"为教而学"的学习观，并培养阅读的兴趣，掌握阅读的方法。教学实践是职前语文教师专业发展的根本，职前教师可通过服务性学习、教育见习、教育实习，以及支教和"三下乡"等形式参与教学实践。反思、教育叙事、教育调查和行动研究，是职前语文教师专业发展的保证。

▶ **思考与练习**

1. 为教而学的学习观的内涵是什么？职前语文教师专业发展的路径有哪些？

2. 职前语文教师反思的内容主要有哪些？如何撰写教育叙事？

▶ **实践课堂**

活动主题：职前教师如何进行教育叙事和反思

活动目标：通过对学生以往受教育经历中的关键人、重要事件的叙述和反思，学会如何进行教育反思。

活动步骤：

1. 学生课后回忆自己以往受教育经历中的关键人、重要事件，以及对自己的影响，形成一个叙事。

2. 师生课堂讨论、点评部分同学的叙事，学会如何进行教育叙事和反思。

3. 根据点评重新修改叙事文本。

▷ **推荐阅读**

1. 闫学. 给教师的阅读建议 ［M］. 上海：华东师范大学出版社，2015.

2. 吕洪波. 教师反思的方法 ［M］. 北京：教育科学出版社，2006.

3. 赵敏，杨淑文. 中小学教师教育叙事研究和案例 ［M］. 桂林：漓江出版社，2013.

4. 严先元. 教师怎样作教育行动研究 ［M］. 长春：东北师范大学出版社，2007.

你若说服自己，告诉自己可以办到某件事，假使这事是可能的，你便办得到，不论它有多艰难。相反的，你若认为连最简单的事也无能为力，你就不可能办得到，而鼹鼠丘对你而言，也变成不可攀的高山。

——艾蜜莉·顾埃

确定了人生目标的人，比那些彷徨失措的人，起步时便已领先几十步。有目标的生活，远比彷徨的生活幸福。没有人生目标的人，人生本身就是乏味无聊的。

——卡耐基

—— 第五章 ——
职前语文教师如何进行专业规划

——走向语文教师

经过前面几章的学习，我们基本清楚了"语文教师是谁""谁能成为语文教师""如何成为语文教师"，如果我们愿意成为一名语文教师，就让我们行动起来，做好自己的专业规划。

▶ **本章学习目标**
（1）通过测量，了解自己的教师职业兴趣、职业能力和职业个性。
（2）能结合自己实际情况做出专业发展规划。

▶ **本章核心概念**
专业规划　职业锚

 **导入案例**

美国著名大学关于人生规划的调查

耶鲁大学的研究

1953 年，美国耶鲁大学对毕业的学生进行了一次有关人生目标的研究调查。在开始的时候，研究人员向参与调查的学生们问了这样一个问题："你们有人生目标吗？"对于这个问题，只有10%的学生确定他们有目标。

然后，研究人员又问了学生第二个问题："如果你们有目标，那么，你们是否会把自己的目标写下来呢？"这次，总共只有3%的学生的回答是肯定的。

20 年后，耶鲁大学的研究人员在世界各地追访当年参与调查的学生。他们发现，当年白纸黑字把自己的人生目标写下来的那些人，无论从事业发展还是从生活水平上看，都远远超过那些没有这样做的同龄人。这3%的人所拥有的财富居然超过了余下的97%的人的总和。

哈佛大学的研究

哈佛大学有一个非常著名的关于目标对人生影响的跟踪调查。对象是一群智力、学历、环境等条件差不多的年轻人，调查结果发现：

27%的人没有目标；

60%的人目标模糊；

10%的人有清晰但比较短期的目标；

3%的人有清晰且长期的目标。

25 年的跟踪研究结果，他们的生活状况及分布现象十分有意思：

那些占3%者，25 年来几乎都不曾更改过自己的人生目标。25 年来他们都朝着同一方向不懈地努力。25 年后，他们几乎都成了社会各界的顶尖成功人士，他们中不乏白手创业者、行业领袖、社会精英。

那些占10%有清晰短期的目标者，大都生活在社会的中上层。他们的共同特点是，那些短期目标不断被达成，生活状态稳步上升，成为各行各业的不可或缺的专业人士。如医生、律师、工程师、高级主管，等等。

那些占60%的模糊目标者，几乎都生活在社会的中下层，他们能安稳地生活与工作，但都没有什么特别的成绩。

剩下27%的是那些25 年来都没有目标的人群，他们几乎都生活在社会的最底层。他们的生活都过得不如意，常常失业，靠社会救济，并且常常都在抱怨他人、抱怨社会、抱怨世界。①

---

① 胡运生，胡运鑫. 目标决定高度［J］. 中国人才，2009（5）：76.

▶ **评析**

人生有无目标，能否正确地对自己的人生进行规划竟是如此的重要。列夫·托尔斯泰说，人活着要有生活的目标：一辈子的目标，一段时间的目标，一个阶段的目标，一年的目标……土光敏夫则认为一个没有理想与目标的人，在思想上往往偏于保守；在行动上，常常想维持现状。既然我们选择了师范院校，选择了做一名教师，那么，就让我们尽早地规划自己的人生，规划自己的职业生涯，朝着我们的目标前进！

职业生涯规划又称职业生涯设计，是指个人和组织相结合，在对一个人职业生涯的主客观条件进行测定、分析、总结研究的基础上，对自己的兴趣、爱好、能力、特长、经历及不足等各方面进行综合分析与权衡，结合时代特点，根据自己的职业倾向，确定其最佳的职业奋斗目标，并为实现这一目标做出行之有效的安排。

第一节　职前教师专业规划概述

职前教育阶段主要是职业的准备期，主要目的是为未来的教师工作做好准备。职前教师专业规划有无和好坏直接影响到职前教育阶段的学习生活质量，更直接影响到求职就业甚至未来职业生涯的成败。

一、职前教师专业规划的内涵与意义

专业规划，也称职业规划，或者是职业生涯规划（设计）。因为教师被认为是一种专业，因此，一般把教师的职业生涯称为专业生涯，其职业规划也称为专业规划。职业生涯是一个人的职业经历，它是指一个人一生中所有与职业相联系的行为与活动，以及相关的态度、价值观、愿望等连续性经历的过程，也是一个人一生中职业、职位的变迁及工作、理想的实现过程。职业生涯是一个动态的过程，它并不包含在职业上成功与否，每个工作着的人都有自己的职业生涯。

职前教师专业规划指的是职前教师（师范生）在对一个人职业生涯的主客观条件进行测定、分析、总结研究的基础上，对自己的兴趣、爱好、能力、特长、经历及不足等各方面进行综合分析与权衡，结合时代特点，根据自己的职业倾向，确定其最佳的职业奋斗目标，并为实现这一目标做出行之有效的安排。由于职前教师还处于教师准备阶段，即职前教育阶段，因此，职前教师的专业规划还包括大学期间的学习规划。

　　一个好的专业规划有利于增加职前教师在学习中的动力，有利于促使他们为实现自己的目标做出有意识的努力，也能促使职前教师评估个人目标和现状的差距，准确评价个人特点和强项，发掘自我潜能，增强个人实力，突破生活的格线，塑造清新充实的自我，确立人生的方向，提供奋斗的策略，找到真正的幸福和学习、工作的满足感。

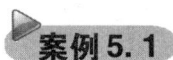

案例5.1

窦桂梅的"野心"

　　教师月刊：你是师范毕业几经周折才到吉林市实验小学的。为什么一直想上讲台？

　　窦桂梅：实验小学是我省窗口学校，学校教研氛围很浓。年轻时我感觉，被公认为好教师的，是经常上公开课，经常在别人面前展示自己的那些人。我觉得自己完全可以像他们那样站在课堂的舞台上，和学生们一起分享课堂的快乐。小时候在学校里，我经常上台唱歌、打快板。上中师也是学生干部，觉得自己身上有一种特别的"精气神"。拍小学毕业照的时候，县里"东方红"照相馆的老先生一见我，就很认真地对我说："孩子，你一定要好好学啊！走出山沟沟！"呵呵，也许是我蹲在最前排的样子和姿势特别，让老先生关注了。我至今忘不了当时那难忘的一幕。考上师范学校后，我曾经专门到照相馆感谢老人家的点拨，结果他已经退休了。再问，人家不理我。我那时候不懂事，也就没有再寻找下去，现在想来，已经过去三十多年了。

　　的确，人生从来都是现场直播，没有机会彩排。课堂的每一次行走，都是一次特别的演出。这演出需要评论，需要对话，试想一辈子都没有分享过你的课堂，那是一种怎样无光的生活。

　　教师月刊：第一堂公开课，你似乎一开始就知道给自己设一个很高的目标。

　　窦桂梅：也谈不上目标，当时还缺乏太多的理性思考，其实我向来都是很感性的。当然，感性不等于肤浅，理性不等于深刻。你想啊，我1986年工作，到1992年，近五个年头，才有机会上第一次公开课，能不珍惜吗？有人说，成功者有一个计划，失败者有一个借口。当时只有一种心理，就是要把课上好，只许成功不许失败，没有借口。每个教师的教学生涯都是一段旅程，我们手里握着寻找属于自己精彩路途的单程票。

　　"公开"，就要打开教室的大门。"整顿衣裳起敛容"，"衣带渐宽，为伊消瘦"后，你会更加珍惜一次次备课的"劳苦"，珍爱一次次公开的"点评"，享受一次次痛苦的"新生"。更珍贵的是，和学生一起在课堂上，咀摸出的人生况味，你会有种欣赏往日照片的回味与感动。这些影像已经印刻在生命的相册里，成了回到日常教学中，取之不尽用之不竭的财富。你会蓦然发现，在公开课上所成就的，绝不仅仅只是几节"代表作"，而是生命的历练，并循着这样的路径，脚踏实地走向了日常课堂的"厚实"，乃至成就人生的厚重与精彩。

教师月刊：我好像跟谁开过玩笑说，窦桂梅老师是一位很有野心的人，看来没有说错啊！

窦桂梅：呵呵，你很会幽默地表达。你所说的"野心"就是上进心，它是一种利己不损人的，正向而朴实的人生追求。按本色做人、按角色做事、按照特色定位：几年后要当特级教师。特级教师最受尊重，而且也是对教师教学水平的最高承认。小时候没读太多书，现在读得也远不够。因为自己没经历太多事，就把一些东西想得、看得很单一，一心只以大家统一认为的这个标准去实现自己的目标，也不知道自己是不是那块料。我不是那种心里有，可又不好意思说的人，埋藏在心里，到头来心里还特别难过。无论是好的面具，还是坏的，戴在脸上太久，就会长到脸上，再揭下来，就会伤筋动骨，呵呵。我也不是那种"不管别人做得如何，但不希望别人来干预我的工作"——"各人自扫门前雪，莫管他人瓦上霜"的教师。能够从日复一日的工作中发现机遇是非常重要的。尽管机遇可能带来的近期回报很少，甚至微不足道。但是，我们不能把眼光局限在自己得到了什么，而应该看到"我能够得到这个机遇"的本身价值上。就是凭着这股子"韧劲"热爱学习，对知识学问的崇拜到了无以复加的地步；凭着这股子"闯劲"实践，在课堂面前获得尊严，而不是人际关系；凭着这股子"恒劲"积累，尽管我文笔一般，但我勤于动笔，及时总结、梳理、提升——从"三个超越"到"主题教学"。结果我很快就评上了特级教师。

教师月刊：你当时有没有做一个职业规划？

窦桂梅：有人说，大多数人做了三件事：自欺、欺人、被人欺。这样是窝囊一生吗？不是，这是一种调侃，大多数人是有一种自我规划的，也许有的实现了，有的成了上列的三种或之一。你要说我的规划也没有清楚的步骤，但心里有一个"读书、教书、写书"的生活轨迹，这构成了一个规律，即"把你要做的写出来，把你写的做出来，把你做的检查出来"。也许这就是我理解的规划。若说规划自己当多大的官，多大的领导，那没有。投身再大的事业也不如把自己的人生当作事业；聆听再好的故事，也不如把自己的人生当作一个故事。因此，我把规划的过程当作"收藏人生"的过程。沿着这样的规划走出的路是健康的、有个性的。也许有人觉得这功利，在所谓"文人相轻"甚或喜好嫉妒的人群中，你善于学习、琢磨、研究，你就最容易让别人批判、误解甚至侮辱。这些年，我不仅没有回应，而且上了一节节让教师们当作案例研究的课，写了一篇篇颇有影响的文章，出版了一本本值得阅读的著作。这些点滴积累就是一个教师职业规划的一块块基石，将之积累起来，便构成自己职业财富的精神丰碑。

（资料来源：窦桂梅. 让自己美丽起来［DB/OL］.（2009－08－07）. http://douguimei. qhfx. edu. cn/user1/douguimei/7748. html. ）

▶ 评析

通过窦桂梅老师的口述，我们可看出，窦老师虽然没有专门写出自己的专业规划，但她的心中早有了对未来的设想。更难能可贵的是，窦老师能够将这种设想付诸于行动，且坚持不懈，最终实现自己的梦想。

二、职前教师专业规划的类型与特点

根据规划的时间维度，职前教师专业规划可以分为短期规划、中期规划、长期规划和人生规划四种类型。

（1）短期规划。一般是职前教师在大学四年的学习、职业目标规划。它主要是大学毕业后，从教的地区、层次、学校等目标规划，以及在职前教育阶段为实现自己目标的行动方案。

（2）中期规划。一般是毕业后，也就是正式成为教师后 3～5 年的目标和任务。

（3）长期规划，其规划时间是职后 5～10 年，主要设定较长远的目标。

（4）人生规划，是对整个教师生涯的规划，设定整个人生的发展目标和阶梯。

一般来讲，专业规划从短期到中期，再到长期，直至个人人生规划，如同台阶，一步步发展。但在实际操作中，个人往往会由于各种原因可能发生改变。而且时间跨度太长的规划，由于环境、个人的变化性而难以把握，而时间跨度太短的规划又没有太大的意义。

职前教师专业规划具有两大特性。一是个性化特征，二是开放性特征。个性化特征体现在，任何规划都必须由主体自己主导。每个人都是不可复制的，因此，职前教师的专业规划没有固定模式，都只能是个性化的发展蓝图。开放性特征体现在，所有的个人和教师都是社会的一员，职前教师制订专业规划时应考虑社会和环境的需求与发展趋势，参照他人走过的路子。一份有效的专业规划应在对主客观条件、环境审时度势的基础上，广泛听取多方意见的结果。而且，规划制定后，并非一成不变，还需不断修正和调整。

好的专业规划应是切实可行、适时严谨、弹性适宜和可持续的。

三、职前教师专业规划的要素与步骤

1. 职前教师专业规划的要素

职前教师专业规划的要素就是"知己知彼"：知己、知彼、抉择、目标、行动。

知己：个人的兴趣、爱好与特长；个人的性格与价值观；个人所选定的目标与需求；个人的情商；个人的工作经验；个人的优缺点；个人的学历与能力；个人的生理情况。

知彼：学校的需要；家庭的期望；社会的需求；科技的发展；经济的兴衰；政策、法律的影响。

抉择：设定该目标的原因；欲达到该目标的途径；欲达到该目标所需的能力、训练及教育；达到该目标可能得到的助力；达到该目标可能遇到的阻力。

行动：教育、训练的安排；获得发展的安排；排除各种阻力的计划与措施；争取各种助力的计划与措施。

以上五个要素是相互关联的，知己是了解自己本身的特性，知彼是了解工作舞台的特性。人做到知己知彼，应该使确定的个人生涯目标符合现实，并不是一厢情愿：自己对教师专业很感兴趣，并不是被动地工作，所从事的工作发挥了自身的特长，利用了自己的优势，自己能适应工作环境，游刃有余。

2. 职前教师专业规划的步骤

（1）确定志向。

志向是事业成功的基本前提，没有志向，事业的成功也就无从谈起。"志不立，天下无可成之事。"立志是人生的起跑点，反映着一个人的理想、胸怀、情趣和价值观，影响着一个人的奋斗目标及成就的大小。在制定专业规划时，首先要确立志向，这是制定专业规划的关键，也是专业生涯中最重要的一点。

（2）自我评估。

自我评估的目的是认识和了解自己。因为只有认识自己，才能对自己的专业做出正确的选择，才能选定适合自己发展的专业生涯路线，才能对自己的专业生涯目标做出最佳抉择。自我评估包括自己的兴趣、特长、性格、学识、技能、智商、情商、思维方式、思维方法、道德水准以及社会中的自我等。

（3）专业生涯机会的评估。

这主要评估各种环境因素对自己专业生涯发展的影响，每一个人都处在一定的环境之中，离开了这个环境，便无法生存与成长。在制定个人的专业生涯规划时，要分析环境条件的特点、环境的发展变化情况、自己与环境的关系、自己在这个个人环境中的地位、环境对自己提出的要求以及环境对自己有利的条件与不利的条件等。个人充分了解环境因素，能做到在复杂的环境中避害趋利，专业生涯规划才具有实际意义。环境因素评估主要包括：组织环境、政治环境、社会环境、经济环境。

（4）专业的选择。

专业选择正确与否，直接关系到人生事业的成功与失败。资料显示，在选错职业的人当中，有80%的人在事业上是失败者。由此可见，专业选择对人生事业发展的重要性。选择正确的专业至少应考虑以下几点：性格与专业的匹配、兴趣与专业的匹配、内外环境与专业相适应。

（5）专业生涯路线的选择。

确定专业后，自己向哪一路线发展，此时要做出选择。比如，你是向行政管理路线发展，还是向专业技术路线发展；你是先走技术路线，再转向行政管理路线……由于发展路线的不同，对专业发展的要求也不相同。因此，在专业生涯规划中，个人须做出抉择，以便使自己的学习、工作以及各种行动措施沿着专业生涯路线或预定的方向前进。通常人在做专业生涯路线的选择时须考虑以下三个问题：我想往哪一路线发展？我可以往哪一路线发展？

（6）设定专业生涯目标。

专业生涯目标的设定，是专业生涯规划的核心。事业的成败，很大程度上取决于有无正确适当的目标。没有目标如同大海孤舟，没有方向。只有树立了目标，才能明确奋斗方向，走向成功。目标的设定，以自己的最佳才能、最优性格、最大兴趣、最有利的环境等信息为依据。通常目标分短期目标、中期目标、长期目标和人生目标。

（7）制订行动计划与措施。

在确定了专业生涯目标后，行动便成了关键的环节。没有达成目标的行动，目标就难以实现，也就谈不上事业的成功。行动，是指落实目标的具体措施，主要包括：学习、工作、训练、教育、轮岗等方面的措施。例如，为达成目标，你必须掌握哪些专业知识，如何去拥有这些知识。行动记录明确具体，以便于定时评估。

（8）评估与回馈。

俗话说："计划赶不上变化。"影响专业生涯规划的因素诸多。有的变化因素是可以预测的，而有的变化因素难以预测。要使专业生涯规划行之有效，就须不断地对专业生涯规划进行评估与修订。其修订的内容包括：专业的重新选择、专业生涯路线的选择、人生目标的修正、实施措施与计划的变更等。

▶ 补充材料5.1

通向未来的职业生涯设计

你今天站在哪里并不重要，但是你下一步迈向哪里却很重要。你是否想过，为自己的职业生涯做一份计划呢？

也许你正忙着制定部门发展规划或所在职位的工作计划，但你是否想过，为自己的职业生涯做一份计划呢？

职业生涯（career）即事业生涯，是指一个人一生连续担负的工作职业和工作职务的发展道路。职业生涯设计要求你根据自身的兴趣、特点，将自己定位在一个最能发挥自己长处的位置，可以最大限度地实现自我价值。

一个职业目标与生活目标相一致的人是幸福的，职业生涯设计实质上是追求最佳职业生涯的过程。

成功的人生需要正确规划，你今天站在哪里并不重要，但是，你下一步迈向哪里却很重要。

步骤一：了解你自己。

一个有效的职业生涯设计，必须是在充分且正确地认识自身的条件与相关环境的基础上进行的。对自我及环境的了解越透彻，越能做好职业生涯设计。因为职业生涯设计的目的不只是协助你达到和实现个人目标，更重要的也是帮助你真正了解自己。

你需要审视自己、认识自己、了解自己，并做自我评估。自我评估包括自己的兴趣、特长、性格、学识、技能、智商、情商、思维方式、思维方法、道德水准以及社会中的自我等内容。

详细估量内外环境的优势与限制设计出自己的合理且可行的职业生涯发展方向，通过对自己以往的经历及经验的分析，自己找出自己的专业特长与兴趣点，这是职业设计的第一步。

值得注意的是，很多人往往认为选择最热门的职业就意味着对自己最有前途，专家提醒：选择职业重要的是能正确地分析自己，自己找到自己最适合做的专业，然后，努力成为本行业的佼佼者。

步骤二：清楚目标，明确梦想。

如果你不知道你要到哪儿去，那通常你哪儿也去不了。

每个人眼前都有一个目标。这个目标至少在你本人看来是伟大的。没有切实可行的目标作驱动力，人们是很容易对现状妥协的。

盖尔·希伊在《开拓者们》中，通过一份内容十分广泛的《人生历程调查问卷》，访问了6万多个各行各业的人士，发现那些最成功和对自己生活最满意的人有一个共同的特点：他们都致力于实现一个以其实际能力难以达到的目标。他们的生活有意义，而且比那些没有长远目标驱使其向前的人更会享受生活。

制定自己的职业目标并没有想象的那么难，你只要考虑一下你希望在多少年之内达到什么目标，然后，一步一步往回算就可以了。目标的设定要以自己的最佳才能、最优性格、最大兴趣、最有利的环境等信息为依据，通常目标分短期目标、中期目标、长期目标和人生目标。

确立目标是制定职业生涯规划的关键，有效的生涯设计需要切实可行的目标，以便排除不必要的犹豫和干扰，全心致力于目标的实现。

步骤三：制订行动方案。

你的职业正在帮助你实现人生的最终目标吗？你是否有一种途径可以让你现有的职业与你的人生基本目标相一致？

正如一场战役、一场足球比赛都需要确定作战方案一样，有效的生涯设计也需要有确实能够执行的生涯策略方案，这些具体的且可行性较强的行动方案会帮助你一步一步走向成功，实现目标。

通常职业生涯方向的选择需要考虑以下三个问题。

●我想往哪方面发展？

●我能往哪方面发展？

●我可以往哪方面发展？

如果你现在是一个财务人员，但你的5年、10年或20年个人职业规划是希望成为一个理财规划师。那么，你应该问自己下列几个问题。

●我需要哪些特别的培训和学习才能使我够资格做一名理财规划师？

●为使自己发展路上顺畅坦荡，需要排除的内部和外部障碍有哪些？

●我目前的上司在这方面能给我帮助吗？我周围的人在这方面能给我帮助吗？

●目前的公司对我最终成为理财规划师的可能性有多大？是否比在其他公司机会更大？

●作为理财规划师这个职位的经验水平和年龄层次是怎样的？我是否符合这个范围？

步骤四：停止梦想，开始行动。

行动。这是所有生涯设计中最艰难的一个步骤，因为行动就意味着你要停止梦想而切实地开始行动。如果动机不转换成行动，动机终归是动机，目标也只能停留在梦想阶段。

职业规划成功的案例都是在有明确的职业目标后，在求职过程中不断与那个目标看齐。当然，并不是每一个人都具有远见，定下自己的目标，并有计划地不断朝这个方向努力的，但这一点对职业发展起着至关重要的作用。

无论你是处于大学毕业刚刚踏上职业路途的年轻人，还是40岁左右并且正陷在一份你不喜欢的工作之中的中年人，现在都是你进行职业规划的好时机。只要你还没有到安享晚年的地步，任何时候开始你的职业规划都不为晚。

计划不如变化快。影响你职业生涯规划的因素诸多，有的变化因素是可以预测的，而有的变化因素难以预测。要使职业生涯规划行之有效，就须不断地对职业生涯规划进行评估，修正生涯目标、生涯策略、方案，以能适应环境的改变，同时可以作为下轮生涯设计的参考依据。

成功的职业生涯设计需要时时审视内外环境的变化，并且调整自己的前进步伐。目标的存在只是为你的前进指示一个方向。而你是它的创造者，你可以在不同时间、不同环境下更改它，让它更符合你的理想。

在今天，我们的工作方式不断推陈出新，除了学习新的技能知识外，还得时时审视自己的生涯资本并意识到其不足的地方，只有不断修正自己的目标，才能立于不败之地。

不论你的梦想是建立一家自己的咨询公司还是管理一家跨国企业，期望未来的职业生涯不是梦。

乔治·萧伯纳说过，征服世界的将是这样一些人：开始的时候，他们试图找到梦想中的乐园，当他们无法找到的时候，他们亲手创造了它。

就像在出外旅游之前，你会很自然地带上地图一样，在职业生涯的开始，为什么不也带上一个"职业导航图"呢？

（资料来源：缪春. 通向未来的职业生涯设计 [J]. 经理人，2003（6）.）

课堂讨论：你理想中的教师工作是什么样子？你希望在一所什么样的学校工作？

第二节　职前教师专业规划与行动

职前教师应该将自己的专业规划形成文字，即撰写成专业规划书，并实施检查，严格按照规划书，落实到日常的学习当中。

一、职前教师专业规划原则

可行性。规划要有事实依据，并非是美好幻想或不着边的梦想，否则，职前教师将会延误生涯良机。

清晰性。保证目标与措施的清晰和明确，职前教师可以按部就班地具体实施计划以达到目标。

适时性。规划是预测未来的行动，职前教师确定将来的目标，各项主要活动，何时实施、何时完成，都应有时间和时序上的妥善安排，以作为检查行动的依据。

适应性。规划未来的专业生涯目标，牵涉到多种可变因素，因此规划应有弹性，以增加其适应性。

连续性。规划要考虑到生涯发展的整个历程，人生每个发展阶段应能持续、连贯性衔接。

长远性。规划应该从大方向着眼，尽可能制订远期目标。

挑战性。如果目标在原地踏步不前，则失去了原本的意义，也无法激励自己。

二、专业规划书的撰写

一份完整的专业规划书应具备下列内容。

（1）题目，包括姓名、年限、年龄跨度、起止时间。

（2）专业方向及总体目标，指专业发展方向和当前可以预见的最长远目标。

（3）社会环境分析结果，包括对政治环境、经济环境、法律环境的分析，还包括职业环境分析。

（4）学校分析结果，包括行业分析，对就读的学校，以及自己就业意向地区的学校、教育分析。

（5）自身条件及潜力测评结果，评估个人目前状况和发展潜能。

（6）角色及其建议。自己记录对自己职业生涯影响最大的一些人的建议。

（7）目标分解及目标组合。个人分析制订、实现目标的主要因素，通过目标分解和目标组合的方法做出果断明确的目标选择。

（8）成功的标准。

（9）差距，即自身现实状况与实现目标要求之间的差距。

（10）缩小差距的方法及实施方案。

▶ **案例5.2**

一个职前教师的职业规划书

基本情况：略。

一、自我分析

1. 个人性格分析

我性格活泼开朗，为人友好，善解人意，乐于助人也不乏稳重。平时工作态度积极、认真，责任心强，待人和蔼有礼，但是做事有时会马虎，比较感性。

2. 职业性格分析

我担任班长，同时在学生会任职，有一定的组织能力和人际交往能力。在工作中，我认真负责，有一定的创新思想，有自己的工作方法。我相信自己今后在幼教工作中会发扬优点，改正不足，发挥应有的水平。我会不断学习新知识，探索新事物，跟上时代的脚步。

3. 我的优点

有责任心、爱心和耐心；态度认真积极，努力做好工作；学习成绩较好，有自己的学习方法；身为学生会干部，能以身作则、精益求精；在唱歌、画画方面有一定的基础；擅长与人沟通，懂得如何与不同的人交流沟通；自信、正直、有想法。

4. 我的缺点

有时做事马虎，不够仔细，不够成熟，对自己严格要求不够。

二、环境分析

1. 家庭环境分析

我家庭经济条件一般。父亲在工作上对自己十分严格，同时对我也是高标准、严要求。父母对我的学业十分关心，每周都会与我像朋友一样聊天，了解我学业的同时也会更好地教育我。可以说，我在一个美好和谐的家庭中快乐成长。

2. 学校环境分析

上海市群益职业技术学校的学前教育专业是优势专业，培养了很多优秀的幼儿教师，并配备了齐全的设施和保育实训教室，非常实用。这个专业的每一位任课教师都学识渊博，对学生认真负责。

3. 社会环境分析

如今社会对幼儿教师的需求量非常大，近年来，越来越多的幼儿园成立，还开设了一些早教中心，给我们提供了许多就业机会。现在幼儿园对幼儿教师的聘用条件越来越严格，相关专业的毕业生人数越来越多，竞争十分激烈。

4．职业环境分析

幼儿园的环境相对比较单纯、无职业病危险、工作环境舒适、没有太多钩心斗角现象、无权力争夺，而且富有童趣，工作总体来说较轻松。在幼儿园工作，面对的是孩子，所以，我们必须有爱心、耐心和责任心。

5．自我认知小结

（1）"我"是谁？

我是工作热情、做事认真、待人亲和的人。

（2）"我"喜欢什么？

我喜欢尝试有挑战和能完全展示个人能力的工作。

（3）"我"能够做什么？

我可以完完全全发挥自己的特长，从事学前教育工作。

（4）"我"看重什么？

我看重是否能完全挖掘自己的潜力、施展自己的本领、有创意地工作。

三、职业目标分解定位及组合

1．职业目标的确定

目标职业名称：幼儿教师或幼儿教育工作者。

岗位说明：从事幼儿教育的事业。

工作内容：保教结合的幼儿教育工作。

工作场所：幼儿园。

危险性：无危险。

2．职业胜任与测评

（1）我的优势。

我学习态度认真，会主动学习，按时完成教师布置的作业。我在一年级的时候就已经基本了解了专业内容，现在二年级可以打下扎实的基础。我敢于挑战自我，经常参与校级、区级、市级的比赛和活动。目前，我所获得的荣誉有：校五星级学生、学生会优秀干事、区三好学生、区演讲比赛一等奖、市一等奖学金等。

（2）我的弱势及其弥补。

弱势：我学习学前教育专业才一年，专业成绩不是很稳定。

弥补：多学习多背诵多复习，我要争取在短时间内使成绩稳定下来。

（3）我的机遇及其方法。

机遇：每学期学校都会安排我们去幼儿园实习，这样，我们就可以更好、更早地全面接触孩子，更好地了解学前教育专业。

方法：努力学好专业知识，我要考取教师资格证，加强口语训练。

（4）我面临的威胁及弥补。

威胁：幼儿园重视艺术底蕴好的人才。

弥补：我要提高自己的综合能力，全面发展；在实习时，虚心向专业人士学习。

3．职业认知小结

从目前的实际情况看，幼儿教师的教育教学活动已经基本达到专业标准。现代教育的发展对教师与专业化的标准要求非常一致。幼儿教师专业化发展是教育现代化的必然要求，通过自主游戏、自主学习、创新精神和实践能力的培养，提高幼儿社会化水平，拓展幼儿认知新领域。在我国，幼儿教师的需求很大，相对容易找到工作，但是，现在的我还要多考些证书来拓宽自己的就业选择范围。

4．职业生涯计划

（1）短期目标（中职3年）。

我要努力学好各门课程，掌握扎实的专业知识；加强基本功训练，尤其是绘画、手工制作、弹奏等教学技能技巧的提高；学习技能的同时，积极参与社会活动，提高自己的综合能力；考取保育员中级证书、普通话二级乙等证书、计算机资格证书；努力提高自己的英语水平，争取拿到英语等级证书；通过学校业余高中的学习，为3年后的三校生高考打好基础；多向教师和高年级同学请教，有选择性地参加学校的社团活动，以提高自己的管理能力和团队合作能力；培养良好的职业素质，有良好的自我形象和个性品质，自尊、自信。

（2）中期目标（大学4年）。

在校4年的时间过得很快，正所谓光阴似箭，岁月如梭，所以，我要好好把握大学4年的时光。因此，我有以下计划：

大学第一年，我要尽快熟悉、适应新环境、新的学习和生活方式，融入新集体，锻炼自己的沟通能力。我要熟悉本专业的培养目标，认真学习所有课程，明确树立本专业的职业意识。我要积极参加各项社会实践活动，锻炼自己的组织能力、团队协作精神等，为毕业后走入社会打下扎实的基础。在实习期间，我不仅要注意专业知识的学习，也要紧跟资深教师的脚步，拓展自己的知识，为以后选择幼教工作打下一个牢固的基础。考取普通话二级乙等、教育学、心理学证书后，我要通过教育教学能力测试，取得教师资格证。做一名合格的学前教育专业毕业生，我要培养良好的职业素质，加强自己的责任心、细心、爱心与耐心。

（3）长期目标（工作期间）。

　　出色的工作能力和积极的工作态度，是日后在工作中必备的两大因素。毕业后，我会继续完善自己的个人技能和综合素养。

　　实践学习、完善自己，在社会大舞台上充分展现自己。多与他人沟通交流，保持良好的社交关系，扩大社交范围。适应周围环境，保持积极的人生态度。尽自己最大的努力取得更好的成绩，不断充实自己、敢于尝试新事物、不断完善自己。毕业10年后，我要创办一所属于自己的幼儿园，并通过坚持不懈的努力，最终将其办成全国知名的幼儿园。

　　（资料来源：尹嘉云，马方路. 我想做一名幼儿教师［J］. 成才与就业，2013（4）.）

▶ **评析**

　　这份职业规划书包含了自我分析、环境分析、职业目标定位及分析。规划书条理清晰、贴近学生、贴近专业、贴近社会。

　　这份职业规划书亮点之处是：①自我评价客观、真实。②职业短期目标具体细化有操作性，中期有重点、有关健、有措施，长期目标清晰。③能够运用个人 SWOT 分析法，看到自己的职业优势及其使用、弱势及其弥补，分析机遇的利用和风险的排除，体现了职业生涯规划的有效性和实用性。

　　不足之处在于，自我分析部分欠全面，还可以通过教师、家人、朋友、同学及其他社会力量，多维度、全方面地评价自己，以便于深入了解自己的优点，发现自己的缺点，更好地扬长补短。社会环境、职业环境分析过于狭窄，缺乏行业中人才队伍的情况分析、同类竞争对手情况等分析。因为目前幼师教育岗位及人才竞争也是很激烈的。

　　"不积跬步无以至千里，不积小流无以成江海。"有了自己的职业生涯规划书，还远远不够，在以后的生活、学习和工作中，需要坚定不移，厚积薄发，在实践中不断磨炼并提高自己，激励自己实现职业理想。

三、专业规划的落实

　　（1）保证经常回顾构想和行动规划，必要时做出变动。有些人有计划，但总是不将计划放在心上，只要有事做，就不知道自己努力的方向在哪里，缺乏时间观念，结果，贻误职业生涯发展机会。

　　（2）如果自己的理想蓝图发生变化，专业生涯构想和行动规划也要做出相应的变动从而目标和策略也应随之改变。计划毕竟是计划，往往需要和现实结合起来，实施动态管理，否则，缺乏灵活性，也会导致计划落空。

　　（3）把学业构想和任务方案存入电脑文件或贴在床头等可经常看见的地方。为了避免自己忘记重要的学习目标和时间表，最好将这些内容放在自己经常能看得见的地方，如写在日历上，时刻提醒自己。

（4）当做出一个对学习和生活极其重要的决定时，请考虑一下专业生涯构想和行动规划，并确保正在仔细考虑的决策与自己的本意是否相符。有的情况下，可能有一些重要的诱因，你能获得短期内的收获，但从长期考虑有损失。比如，很多师范生在对待毕业后是考研还是就业当教师的问题上犹豫不决，这时你就应拿出自己的规划表好好看一下，明确自己的本意和设想，这样避免出现随大流的盲从行为。

（5）与他人讨论自己的专业生涯构想和行动方案，并询问实现该构想的途径。向亲朋好友、教师公开自己的职业生涯规划，往往能督促自己行动。如果计划只是自己知道，往往在遇到困难时容易退步，而且心理上没有压力。反之，如果事先将自己的设想告诉家人和朋友先征求别人的意见和建议，再采取行动，一方面可以集中集体的智慧，帮助自己设计最优的策略和方案；另一方面，可对自己进行约束，增加自己的责任心及激励力量。

（6）保证至少每3个月检查一次自己的学习进度。过程监督十分重要，监督可以发现职业生涯规划中存在的问题，可以考察计划的落实情况，可以有针对性地提出解决方案。如果你感到生活过于忙乱，那就意味着目标定低了，需要进行调整，适时适当地调高目标。这样，才可以使自己的目标难度更合理，使水平更高。如果你感到自己的生活节奏很慢，效率很低，没有实现原专业生涯规划的目标，首先要考虑自己的动机水平是否足够。

（7）要有毅力。在大学里，可能朋友交际会比较多些，有时很多人都在娱乐，自己也有兴趣参加，如果没有职业生涯规划观念和自觉性，通常会使计划流产，一旦起初的职业生涯落空，以后也容易放弃。

（8）及时对专业生涯与发展规划进行评估与修正。在实施专业生涯与发展规划的过程中自觉地总结经验与教训，评估专业生涯与发展规划，个人可以修正对自我的认知，通过反馈与修正，保证专业生涯与发展规划的行之有效，这样才能顺利完成大学学业，全面提高自身的综合素质，这样才能在激烈的择业竞争中，赢得成功，走向辉煌。

课堂讨论： 请说说你对大学四年学习的规划。

第三节　职前教师入职规划

职前教师专业规划最重要的是弄清自己的兴趣、能力和个性是否适合将来从事教师工作。兴趣不代表成功，只有兴趣、能力和个性同时具备，才能做好教师工作。因此，成为语文教师，就必须对自己的专业兴趣、能力和个性均有一个准确的评估和了解，才能根据自身特点选择一条最适合自己发展的道路，开启成功的职业人生。

一、职前教师职业锚测试

1. 职业锚内涵及类型

所谓职业锚，又称职业系留点。职业锚，实际就是人们选择和发展自己的职业时所围绕的中心，是指当一个人不得不做出选择的时候，他无论如何都不会放弃的职业中的那种至关重要的东西或价值观。

职业锚有以下几种类型。

（1）技术/职能型。此类型的人追求在技术/职能领域的成长和技能的不断提高，以及应用这种技术/职能的机会。他们对自己的认可来自他们的专业水平，他们喜欢面对来自专业领域的挑战。他们一般不喜欢从事一般的管理工作，因为这将意味着他们要放弃在技术/职能领域的成就。

（2）管理型。此类型的人追求并致力于工作晋升，倾心于全面管理，独自负责一个部门，可以跨部门整合其他人的努力成果，他们想去承担整个部门的责任，并将组织的成功与否看成自己的工作。

（3）自主/独立型。此类型的人希望随心所欲安排自己的工作方式、工作习惯和生活方式，追求能施展个人能力的工作环境，最大限度地摆脱组织的限制和制约。他们宁愿放弃提升或工作扩展机会，也不愿意放弃自由与独立。

（4）安全/稳定型。此类型的人追求工作中的安全与稳定感。他们可以预测将来的成功从而感到放松。他们关心财务安全，例如：退休金和退休计划。稳定感包括诚信、忠诚，以及完成组织、上级交代的工作。尽管有时他们可以达到一个高的职位，但他们并不关心具体的职位和具体的工作内容。

（5）创业型。此类型的人希望使用自己的能力去创建属于自己的企业或创建完全属于自己的产品（或服务），而且愿意去冒风险，并克服面临的障碍。他们想向世界证明成功是他们靠自己的努力得来的。他们可能正在为他人工作，但同时在学习并评估将来的机会。一旦他们感觉时机到了，便会走出去创建自己的事业。

（6）服务型。此类型的人一直追求他们认可的核心价值，例如：帮助他人、改善人们的安全、通过新的产品消除疾病。他们一直追寻这种机会，也就是即使变换工作岗位，也不会接受、不允许他们实现这种价值的工作变换或工作提升。

（7）挑战型。此类型的人喜欢解决看上去无法解决的问题，战胜强硬的对手，克服无法克服的困难障碍等。对他们而言，参加工作或职业的原因是工作允许他们去战胜各种不可能。新奇、变化和困难是他们的终极目标。如果事情非常容易，它马上变得非常令人厌烦。

（8）生活型。此类型的人是喜欢允许他们平衡并结合个人的需要、家庭的需要和职业的需要的工作环境。他们希望将生活的各个主要方面整合为一个整体。他们需要一个能够提供足够的弹性让其实现这一目标的职业环境。甚至可以牺牲他们职业的一些方面，如：提升带来的职业转换，他们将成功定义得比职业成功更广泛。他们认为自己在如何生活、在哪里居住、如何处理家庭事务方面，及在组织中的发展道路是与众不同的。

2．职业锚测试

表5－1给出40个问题，根据你的实际情况，从1～6中选择一个数字。数字越大表示这种描述越符合你的实际情况。例如，"我梦想成为公司的总裁"，你可以做出如下的选择：选"1"代表这种描述完全不符合你的想法；选"2"或"3"代表你偶尔或者有时这么想；选"4"或"5"代表你经常或者频繁这么想；选"6"代表这种描述完全符合你的日常想法。请将最符合你的自身情况的答案记下来。

表5－1　职业锚测试题

题号	描述	选择数字
（1）	我希望做我擅长的工作，这样我的内行建议可以不断被采纳。	
（2）	当我整合并管理其他人的工作时我非常有成就感。	
（3）	我希望我的工作能用自己的方式按自己的计划去开展。	
（4）	对我而言，安定与稳定比自由和自主更重要。	
（5）	我一直在寻找可以让我创立自己事业公司的创意点子。	
（6）	我认为只有对社会做出真正贡献的职业才算是成功的职业。	
（7）	在工作中我希望去解决那些有挑战性的问题并且胜出。	
（8）	我宁愿离开公司也不愿从事需要个人和家庭做出一定牺牲的工作。	
（9）	将我的技术和专业水平发展到一个更具有竞争力的层次是成功职业的必要条件。	
（10）	我希望能够管理一个大的公司组织，我的决策将会影响许多人。	
（11）	如果职业允许自由地决定自己的工作内容、计划、过程时我会非常满意。	
（12）	如果工作的结果使我丧失了自己在组织中的安全稳定感我宁愿离开这个工作岗位。	

续上表

题号	描述	选择数字
(13)	对我而言，创办自己的公司比在其他的公司中争取一个高的管理位置更有意义。	
(14)	我的职业满足来自于我可以用自己的才能去为他人提供服务。	
(15)	我认为职业的成就感来自于克服自己面临的非常有挑战性的困难。	
(16)	我希望我的职业能够兼顾个人、家庭和工作的需要。	
(17)	对我而言，在我喜欢的专业领域内做资深专家比总经理更具有吸引力。	
(18)	只有在我成为公司的总经理后我才认为我的职业人生是成功的。	
(19)	成功的职业应该允许我有完全的自主与自由。	
(20)	我愿意在能给我安全感、稳定感的公司中工作。	
(21)	当通过自己的努力或想法完成工作时，我的工作成就感最强。	
(22)	对我而言，利用自己的才能使这个世界变得更适合生活或居住比争取一个高的管理职位更重要。	
(23)	当我解决了看上去不可能解决的问题或者在必输无疑的竞赛中胜出我会非常有成就感。	
(24)	我认为只有很好地平衡个人、家庭、职业三者的关系，生活才能算是成功的。	
(25)	我宁愿离开公司也不愿频繁接受那些不属于我专业领域的工作。	
(26)	对我而言，做一个全面管理者比在我喜欢的专业领域内做资深专家更有吸引力。	
(27)	对我而言，用我自己的方式不受约束地完成工作比安全、稳定更加重要。	
(28)	只有当我的收入和工作有保障时，我才会对工作感到满意。	
(29)	在我的职业生涯中如果我能成功地创造或实现完全属于自己的产品或点子，我会感到非常成功。	
(30)	我希望从事对人类和社会真正有贡献的工作。	
(31)	我希望工作中有很多的机会，可以不断挑战我解决问题的能力，或竞争力。	
(32)	能很好地平衡个人生活与工作比达到一个高的管理职位更重要。	
(33)	如果在工作中能经常用到我特别的技巧和才能我会感到特别满意。	
(34)	我宁愿离开公司，也不愿意接受让我离开全面管理的工作。	

续上表

题号	描述	选择数字
（35）	我宁愿离开公司，也不愿意接受约束我自由和自主控制权的工作。	
（36）	我希望有一份让我有安全感和稳定感的工作。	
（37）	我梦想着创建属于自己的事业。	
（38）	如果工作限制了我为他人提供帮助或服务，我宁愿离开公司。	
（39）	去解决那些几乎无法解决的难题比获得一个高的管理职位更有意义。	
（40）	我一直在寻找一份能最小化个人和家庭之间冲突的工作。	

重新看一下你给分较高的描述，从中挑出与你日常想法最为吻合的 3 个。在原来评分的基础上，将这 3 个题目得分再各加上 4 分，例如，原来得分为 5 分，则调整后的得分为 9 分。然后你就可以开始评分，将按照"列"进行分数累加得到一个总分，将每列的总分除以 5 得到的平均分，填入表格。记住：在计算平均分和总分前，不要忘记将最符合你日常想法的三项，额外加上 4 分。最终的平均分就是你的自我评价的结果。最高分所在列代表最符合你"真实自我"的职业锚。

二、教师职业兴趣测量①

做题的原则及步骤：本测试是一种旨在测量教师职业兴趣的心理测试，没有行业高低、工种贵贱之分。请受试者不要受社会评价干扰，真实地反映自己对于职业和活动内容本身的兴趣，在表 5 - 2 测试题的 A 和 B 两项职业或活动内容中做出单选，选择出一项你本人较喜欢的职业或活动内容，然后，与评分标准一览表对应，得出自己每部分的得分。每一部分对应一种工作特质，做题时不要管每部分代表的意思，等做题结束后，与后面的表 5 - 3、表 5 - 4、表 5 - 5 结合判定自己是否符合某种教师职业（如文科教师、理科教师、校长）。

表 5 - 2　教师职业兴趣测试题

第一部分　教师类综合职业兴趣测量（S）

1．A．食品科学家	B．职业护士
2．A．营养学家	B．警局司机

---

①　孟万金. 职业规划：自我实现的教育生涯［M］. 上海：华东师范大学出版社，2004：65.

续上表

3. A. 工程师	B. 教孩子各种科目
4. A. 脊椎指压治疗者	B. 建筑协会职员
5. A. 酒店行李搬运工	B. 幼儿教师
6. A. 诊所心理学家	B. 资产投机者
7. A. 玻璃销售员	B. 精神治疗医生
8. A. 整骨专家	B. 出版生产监控员
9. A. 舞台评论家	B. 现场社会工作者
10. A. 见习主管	B. 模型制作工
11. A. 艺术历史学家	B. 比赛领队
12. A. 社区教育工人	B. 园艺工人
13. A. 在乐队中演奏	B. 为病人提供全面护理
14. A. 帮助有学习困难的人及其家庭	B. 负责一个油井的操作
15. A. 为病人约见医生或查询档案	B. 为心烦的人提供建议、支持和安慰
16. A. 使生病的雇员恢复健康	B. 基因工程领域工作
17. A. 最终产品的部件组装	B. 通过帮助受伤的人们学习新的任务以树立起自信
18. A. 找出宣传你的公司产品的方法	B. 帮助有困难的儿童
19. A. 研究食品的营养因素	B. 活动肢体以消除疼痛或紧张
20. A. 为出版物写作有关自己主题的文章	B. 为看上去困难的人们建立互助组织文章
21. A. 负责一个薪水发放部门	B. 在一个居民中心看护老年人
22. A. 为了改造罪犯，寻求理解犯罪人员	B. 在某个电视商业节目中演出的行为原因
23. A. 为艺术爱好者写书	B. 为了评估某个学生的职业目标和能力对其进行测试或调查
24. A. 鼓励学生积极投入学习	B. 指导某家商业机构配置金融资源

第二部分　文科教师类职业兴趣测量（W）

1. A. 商业顾问	B. 记者
2. A. 自由专栏记者	B. 一般办事员
3. A. 整骨专家	B. 出版生产监控员

续上表

4. A. 舞台评论家	B. 现场社会工作者
5. A. 财务人员	B. 戏剧老师
6. A. 历史学家	B. 垃圾处理工
7. A. 生物工程学者	B. 戏剧家
8. A. 图书管理员	B. 重型货车司机
9. A. 古典音乐家	B. 法官
10. A. 语言纠正医生	B. 音乐指挥
11. A. 外科医生	B. 律师楼职员
12. A. 翻译	B. 销售助理
13. A. 出售二手商品盈利	B. 收到一家杂志社编辑来信
14. A. 选出一本书中的最佳故事	B. 为特殊场合进行个人打扮
15. A. 诊断和修理家用烹调器具的故障	B. 导演戏剧
16. A. 写演讲稿	B. 说服人们为某个政治家或慈善运动投票或支持
17. A. 管理一个公司的业务	B. 写作科幻小说
18. A. 翻译古代语言	B. 设计一套剧院用品
19. A. 在工厂内加工肉或鱼	B. 写作专业戏剧作品
20. A. 为电视节目写剧本	B. 从岩石中提炼金属
21. A. 绘制和分析某区域的地形图	B. 写介绍性小册子以便研究土壤和蔬菜特点
22. A. 为出版物写作有关自己主题的文章	B. 为看上去困难的人们建立互助组织
23. A. 为了改造罪犯，寻求理解犯罪人员	B. 在某个电视商业节目中演出的行为原因
24. A. 为一个旅游景点编写小册子	B. 制定和操作一个付款政策

第三部分　校长职业兴趣测量（O）

1. A. 保健助理	B. 政府公务员
2. A. 公司秘书	B. 职业赛马骑师
3. A. 自由专栏记者	B. 一般办事员
4. A. 建筑协会职员	B. 脊椎指压治疗者

续上表

5. A. 艺术家		B. 医疗协会职员
6. A. 分销经理		B. 水道测量调查员
7. A. 电气设计师		B. 市场统计员
8. A. 建筑协会官员		B. 人事经理
9. A. 三维设计师		B. 旅游代理
10. A. 独唱演员		B. 磁带生产商
11. A. 语言纠正医生		B. 音乐指挥
12. A. 流行音乐家		B. 保镖
13. A. 进行例行的车辆服务		B. 决定摄影的照明效果
14. A. 在乐队中演奏		B. 为病人提供全面护理
15. A. 选出一本书中最佳故事		B. 为特殊场合进行个人打扮
16. A. 在博物馆中引导人们并回答问题		B. 把金属部件铆在一起
17. A. 在医院采购中保持现金限制		B. 教授舞蹈课程
18. A. 为一栋重要的新建筑做室内设计		B. 对记忆功能进行实验
19. A. 付给公众养老金或其他补贴		B. 为舞台表演提供图片
20. A. 设计一套剧院用品		B. 翻译古代语言
21. A. 管理一份报纸		B. 专业从事服装设计
22. A. 为人们拍摄		B. 销售水净化系统
23. A. 准备预算表或审核账目		B. 为艺术爱好者写书
24. A. 从事宾馆室内设计		B. 设计外科手术和其他科学用途的激光

将自己所做出的选择与表5-3、表5-4、表5-5中所列出的答案进行对照，计出每一部分中与所列答案一致的题目的数量，并填写入表5-6中。

表5-3 "教师类综合职业兴趣测量"（S）答案

1	2	3	4	5	6	7	8	9	10	11	12
B	A	B	A	B	A	B	A	B	A	B	A

13	14	15	16	17	18	19	20	21	22	23	24
B	A	B	A	B	A	B	A	B	A	B	A

表 5-4 "文科教师类职业兴趣测量"(W)答案

1	2	3	4	5	6	7	8	9	10	11	12
B	A	B	A	B	A	B	A	B	A	B	A
13	14	15	16	17	18	19	20	21	22	23	24
B	A	B	A	B	A	B	A	B	A	B	A

表 5-5 "校长职业兴趣测量"(O)答案

1	2	3	4	5	6	7	8	9	10	11	12
B	A	B	A	B	A	B	A	B	A	B	A
13	14	15	16	17	18	19	20	21	22	23	24
B	A	B	A	B	A	B	A	B	A	B	A

表 5-6 结果与分析

教师类型	低（≤7）	平均（≥8）	高（≥15）
综合（S）			
文科（W）			
校长（O）			

本测量成绩若为 15 分以上，表明具备成为教师的职业志向和动机。这一领域的高分表示具有"看到别人的进步而感到认可和回报"的人生价值观。这是所有做教师的共同心理特征。得分的高低还表示在多大程度上准备帮助其他人的发展，多大程度上愿意一心一意地为他人提供建议，对孩子关心爱护。不过得分低未必表示不适合做教师，只是说明对教师这项职业内容和特征还不了解，对此领域没有经验，或在机智、耐心和理解等方面的素质还不够完善。如果立志当教师，那么你就必须有心理准备，准备着当竭尽全力却得不到感谢时，要"格外坚强"，因为你选择了一项"只要帮助别人进步就算是回报"的一种自我认可的职业。

本测量具体结果分析如下。

（1）W 和 S 两部分成绩较高，一定是或一定将成为一名好的语文教师或外语教师。他们不仅喜爱文学、愿意交际、富有同情心、擅长言语技能，还极力帮助孩子或成年人克服语言学习方面的困难，耐心和专注无人能比。

（2）O 和 S 两部分成绩较高，一定是或一定将成为一名优秀的校长或教学管理和组织者。他们希望不仅通过说教和行为展示对他人的关注，同时想通过超然的行为使自己显得高高在上；具有一定的经济意识，欲拥有一个自己能够说了算的团体，对资源（人力和物力）进行统筹支配；不愿意以个人的名义或用同情的方式与人一同工作。同敏锐相比，他们明显地具有领导、政治、管理能力，无疑前者也同样地明显。

三、教师职业能力测试①

本部分包括五个方面的能力：文字理解能力、判断能力、计算能力、观察能力以及空间能力。测试题目的每一部分都独自地和一种推理方法相联系，并进而和教师工作范畴相联系。如得分按照表 5 - 7、表 5 - 8、表 5 - 9、表 5 - 10 的规定值属于较强的位置，说明具有某种特定教学内容的能力。当然，能力倾向，尤其是某个具体领域的能力倾向测试，是有争议的。不过测试的目的种种，或从中获得乐趣，或提高思维能力，或正视自己的弱点，等等。通过此项测试可促进思考，客观分析结果，继续努力，增强对工作能力的自信心。

第一部分 文字理解能力

本测试主要看文字理解能力。每个问题都有几个备选答案，选出答案对应的字母。时间 10 分钟，尽所能地完成尽可能多的题目。

示例：

狗生小狗，绵羊生（   ）

A. 绵羊   B. 山羊   C. 羊羔   D. 羊群

答案：C

解释：其他答案不是指小羊。

1. 鹅卵石可见于海滩，树可见于（   ）

A. 森林   B. 海滨   C. 树篱笆   D. 花园

2. 与"迅速的"意义相反的是（   ）

A. 枯燥的   B. 迟缓的   C. 错过的   D. 迅捷的

3. 猪可做成熏肉，那么，绵羊可做成（   ）

A. 鸡蛋   B. 肉   C. 羊肉   D. 动物

4. 哪个词的词义和"碎片"最接近？

---

① 孟万金. 职业规划：自我实现的教育生涯［M］. 上海：华东师范大学出版社，2004：81.

A. 片断　　　　　B. 部分　　　　　C. 一段　　　　　D. 肩膀

5. 拂晓接下来是白天，黄昏接下来是（　　　）

A. 夜晚　　　　　B. 午夜　　　　　C. 黑暗　　　　　D. 下午

6. 狗长着毛发，鱼生有（　　　）

A. 鱼鳞　　　　　B. 羽毛　　　　　C. 尾翼　　　　　D. 鱼鳍

7. 什么词语和"尾随"含义相同？（　　　）

A. 伴随　　　　　B. 跟踪　　　　　C. 移动　　　　　D. 同处

8. 短袜穿在脚上，手套（　　　）

A. 盖着　　　　　B. 戴在手指上　C. 戴在手上　　　D. 装在口袋中

9. "坦率的"的含义是什么？（　　　）

A. 直接的　　　　B. 真诚的　　　　C. 尖刻的　　　　D. 直言的

10. 背叛如果是真理，那么厌恶就会是（　　　）

A. 舒适　　　　　B. 讨厌　　　　　C. 可恶　　　　　D. 符合资格的

11. 哪一个是与其他不同类的？（　　　）

A. 民主党人　　　B. 共产党人　　　C. 自由主义者　　D. 独裁者

12. 猫用脚爪着地，马走路用（　　　）

A. 皮毛　　　　　B. 毛发　　　　　C. 马掌　　　　　D. 马蹄

13. 与"精疲力竭"相反的是（　　　）

A. 干净　　　　　B. 用尽　　　　　C. 无奈　　　　　D. 充满活力

14. "浪费"含义是什么？（　　　）

A. 花费　　　　　B. 过度使用　　　C. 适度　　　　　D. 诱惑

15. 以字母排序，哪个词在第三位？（　　　）

A. Maundy　　　　B. Mauve　　　　C. Mausoleum　　D. Mane

16. "下降"与"上升"相对，"攀登"与哪个词相对？（　　　）

A. 爬山　　　　　B. 下降　　　　　C. 巅峰　　　　　D. 跌落

17. 哪个词与其他词语不是同类？（　　　）

A. 丰富的　　　　B. 大量的　　　　C. 繁荣的　　　　D. 标题

18. 雪会结成晶体，蒸汽会变成（　　　）

A. 水蒸气　　　　B. 水　　　　　　C. 云彩　　　　　D. 雨水

19. 哪个词与其他词语不是同类？（　　　）

A. 烦恼的　　　　B. 爽快的　　　　C. 闹情绪的　　　D. 阳光灿烂的

20. 哪个词含义和"幽默的"最接近？（　　　）

A. 夸张的　　　　B. 节日的　　　　C. 爽快的　　　　D. 可怜的

21. 什么词语和"少量的"意义相反？（　　　）

A. 贫瘠的　　　　B. 丰富的　　　　C. 贫穷的　　　　D. 建设性的

22. 点火就会燃烧，那么，扳动扳机就会（　　）

A. 发射子弹　　B. 反作用力　　C. 枪　　　　D. 战争

23. 如果前进导致退化，那么，喝彩就表示（　　）

A. 愤怒　　　　B. 服从　　　　C. 羞辱　　　D. 推迟

24. 和"忘却的"意义相反的是（　　）

A. 无法控制的　B. 贫穷的　　　C. 细心的　　D. 糟糕的

25. 哪个词与其他词语不是同类？（　　）

A. 玷污　　　　B. 羞辱　　　　C. 尊敬　　　D. 辱骂

26. 岩石属于地质学，种子属于（　　）

A. 园艺　　　　B. 生物学　　　C. 原子　　　D. 科学

27. 哪个词与其他词语不是同类？（　　）

A. 一致的　　　B. 双向的　　　C. 和谐的　　D. 独立的

28. 诗节属于诗歌范畴，乐章属于（　　）

A. 交响乐　　　B. 赛跑　　　　C. 音乐　　　D. 舞蹈

29. "爆发"含义是什么？（　　）

A. 瞬间　　　　B. 可能的　　　C. 逼近　　　D. 爆炸

30. 耍花招是为了欺骗，追求是为了（　　）

A. 隐藏　　　　B. 获得　　　　C. 否认　　　D. 逃走

31. 鸟儿聚成群，国民为（　　）

A. 民众　　　　B. 自然人　　　C. 个人　　　D. 组织

32. 和"普通的"意义相反的是（　　）

A. 一般的　　　B. 经常的　　　C. 标准的　　D. 卓越的

33. 捐赠人是慈善家，接受者则为（　　）

A. 病人、患者　B. 收集者　　　C. 受赠人　　D. 捐献者

34. 哪个词与其他词语不是同类？（　　）

A. 衰弱的　　　B. 有力的　　　C. 精力充沛的　D. 活跃的

35. 哪个词与其他词语不是同类？（　　）

A. 瞬间的　　　B. 飞逝的　　　C. 状况　　　D. 短暂的

36. 红蜡笔可以画出红色，香水是（　　）

A. 新鲜的　　　B. 无菌的　　　C. 暗淡的　　D. 有香味的

37. 与"衰竭"意义相反的是（　　）

A. 振奋　　　　B. 软弱　　　　C. 鼓励　　　D. 贫弱

38. 哪个词与其他词语不是同类？（　　）

A. 英勇的　　　B. 熄灭的　　　C. 敏锐的　　D. 充满生气的

39. 哪个词与其他词语不是同类？（　　）

A．劣等的　　　　B．廉价的　　　　C．假冒的　　　　D．稀有的

40．如果冲动是深思熟虑，那么，鲁莽意味（　　）

A．思考　　　　B．可怜　　　　C．无知　　　　D．草率

41．如果延迟会推进进程，那么，迷乱会（　　）

A．产生幻觉　　　　B．混淆　　　　C．启发　　　　D．沮丧

42．哪个词与其他词语不是同类？（　　）

A．可爱　　　　B．光荣　　　　C．树木　　　　D．明亮

【文字理解能力测试题答案】

1．A	2．B	3．C	4．A	5．B	6．A	7．B
8．C	9．D	10．A	11．D	12．D	13．D	14．B
15．C	16．B	17．D	18．A	19．D	20．C	21．B
22．B	23．C	24．C	25．C	26．B	27．D	28．A
29．A	30．B	31．A	32．D	33．C	34．A	35．C
36．D	37．A	38．B	39．D	40．A	41．C	42．C

正确数目 = _____ + （如果全部正确再加 3 分） = _____ + （如果年龄小于 18 岁再加 3 分） = _____总得分

表 5-7　测试结果

没有能力迹象	有些能力迹象	很好的能力迹象	很强的能力迹象
1～11 分	12～20 分	21～28 分	29 分以上

第二部分　计算能力测试

该测试旨在评估数字方面的辨析能力。给一系列数字，找出它们之间的关系。10 分钟时间，尽所能完成问题。

示例：

2　4　6　8　10　（　　）

A．11　　　　B．20　　　　C．12　　　　D．18

答案：C

解释：这些数字是一个序列，序列的下一个数字比前一个递增 2。

1．0　5　10　15　20　（　　）

A．20　　　　B．25　　　　C．30　　　　D．21

2．0.25　0.5　1　2　4　（　　）

A．12　　　　B．16　　　　C．8　　　　D．10

3．98　50　26　14　8　（　　）

A．4　　　　B．2　　　　C．6　　　　D．5

4. 1　2　3　5　8　（　）

A. 5　　　　　　B. 11　　　　　C. 8　　　　　D. 13

5. 4　8　12　16　20　（　）

A. 25　　　　　　B. 22　　　　　C. 24　　　　　D. 28

6. 160　120　100　90　85　（　）

A. 78. 5　　　　　B. 800　　　　　C. 82. 5　　　　D. 84

7. 0. 55　0. 65　0. 75　0. 85　0. 95　（　）

A. 1. 05　　　　　B. 1. 5　　　　　C. 1. 15　　　　D. 9. 5

8. 1　3　8　19　42　（　）

A. 84　　　　　　B. 89　　　　　C. 71　　　　　D. 85

9. 2　7　12　17　22　（　）

A. 26　　　　　　B. 28　　　　　C. 23　　　　　D. 27

10. 1　7　13　19　25　（　）

A. 18　　　　　　B. 15　　　　　C. 31　　　　　D. 33

11. 3　8　22　63　185　（　）

A. 550　　　　　B. 270　　　　　C. 365　　　　D. 248

12. 7　7　9　13　19　（　）

A. 25　　　　　　B. 29　　　　　C. 31　　　　　D. 27

13. 1　1　2　4　7　（　）

A. 6　　　　　　B. 11　　　　　C. 8　　　　　D. 12

14. 0　　－1　0　3　8　（　）

A. 15　　　　　　B. 11　　　　　C. 12　　　　　D. 24

15. 0　3　3　6　9　（　）

A. 12　　　　　　B. 15　　　　　C. 18　　　　　D. 9

16. 6　9　3　8　3　（　）

A. 7　　　　　　B. 6　　　　　C. 8　　　　　D. 10

17. 7　12　9　19　13　（　）

A. 22　　　　　　B. 30　　　　　C. 321　　　　D. 28

18. 75　50　90　65　105　（　）

A. 185　　　　　B. 130　　　　　C. 80　　　　　D. 170

19. 3　9　4　16　11　（　）

A. 27　　　　　　B. 44　　　　　C. 25　　　　　D. 55

20. 17　11　28　39　67　（　）

A. 96　　　　　　B. 106　　　　　C. 95　　　　　D. 58

21. 4　3　4　9　22　（　）

A. 41　　　　　B. 51　　　　　C. 34　　　　　D. 30

【计算能力测试题答案】

1. B　　2. C　　3. D　　4. D　　5. C　　6. C　　7. A

8. B　　9. D　　10. C　　11. A　　12. D　　13. B　　14. A

15. B　　16. D　　17. D　　18. C　　19. D　　20. B　　21. B

正确数目 = _____ +（如果全部正确再加 2 分）= _____总得分

表 5-8　测试结果

没有能力迹象	有些能力迹象	很好的能力迹象	很强的能力迹象
1~4 分	5~7 分	8~11 分	12 分以上

第三部分　观察能力测试

这个测试是看推理符号和形状的能力如何。

每个问题后面有四个可能的答案，其中只有一个是正确的。请选出你认为正确的答案。

示例：1.

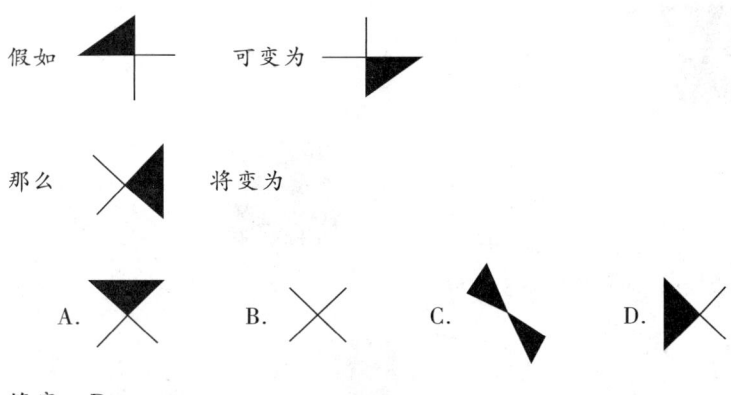

答案：D

2.

答案：B

3. 接下来是哪一个？

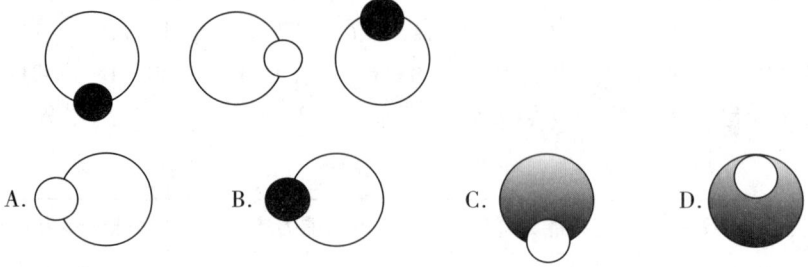

答案：A

在下面这个测试中，你有 10 分钟的时间，请尽你所能地完成问题。

1.

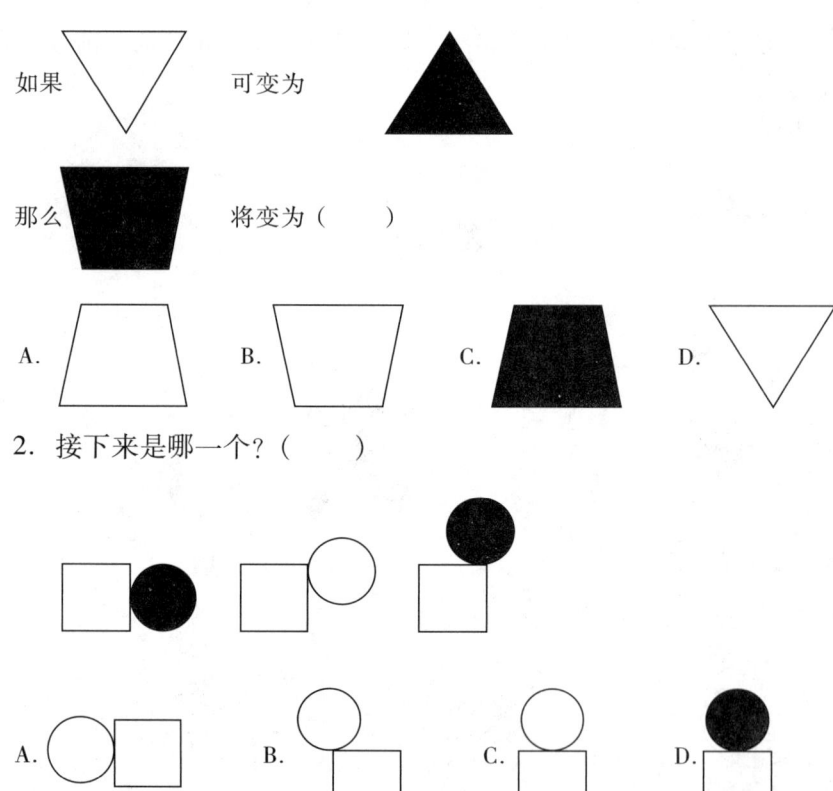

如果 ▽ 可变为 ▲

那么 ⬢ 将变为（   ）

A. 　　B. 　　C. 　　D.

2. 接下来是哪一个？（   ）

A. 　　B. 　　C. 　　D.

3. 下面哪一个图形与其他图形不同？（   ）

A. 　　B. 　　C. 　　D.

4. 接下来是哪个？（   ）

　加上　　等于（   ）

A. 　　B. 　　C. 　　D.

5. 接下来是哪个？（   ）

A. 　　B. 　　C. 　　D.

6.

如果 　可变为　

那么 　将变为（   ）

A. 　　B. 　　C. 　　D.

7.

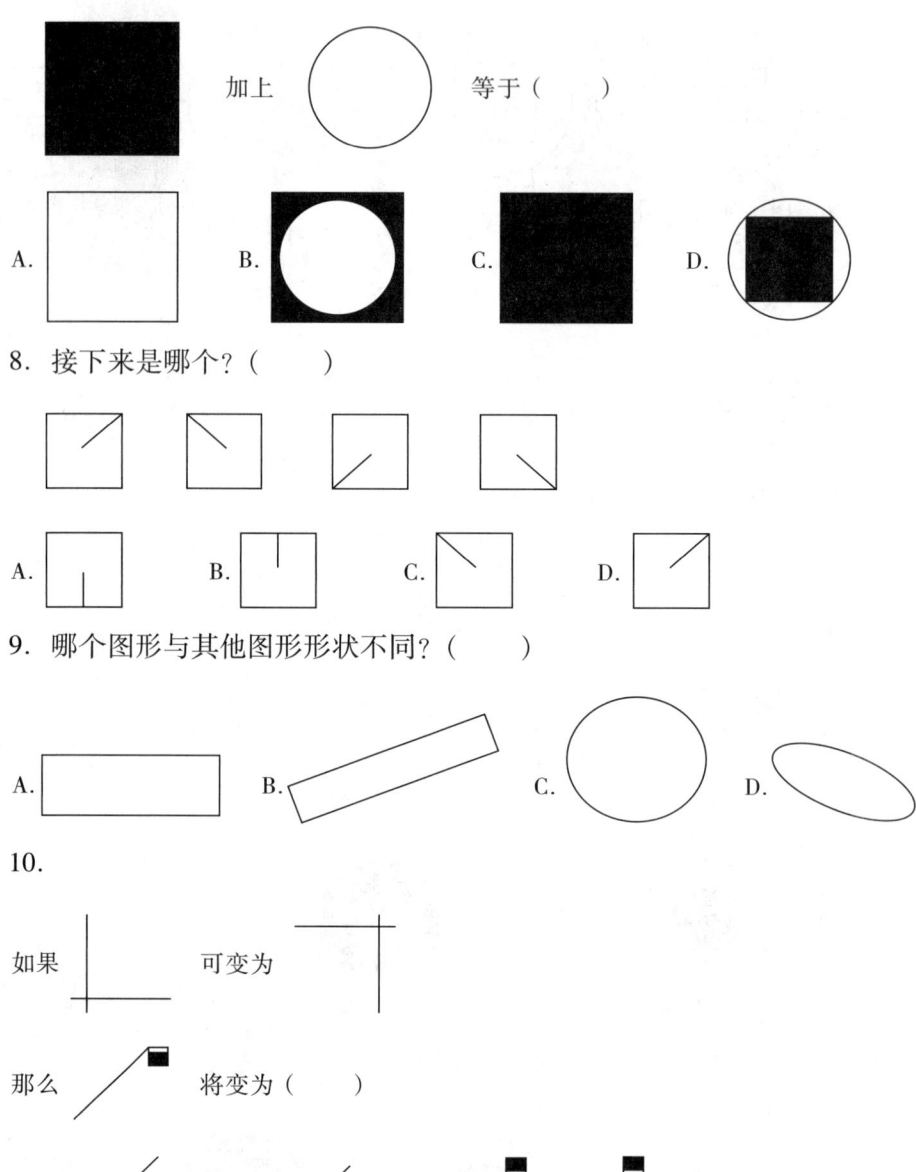

8. 接下来是哪个？（　　）

9. 哪个图形与其他图形形状不同？（　　）

10.

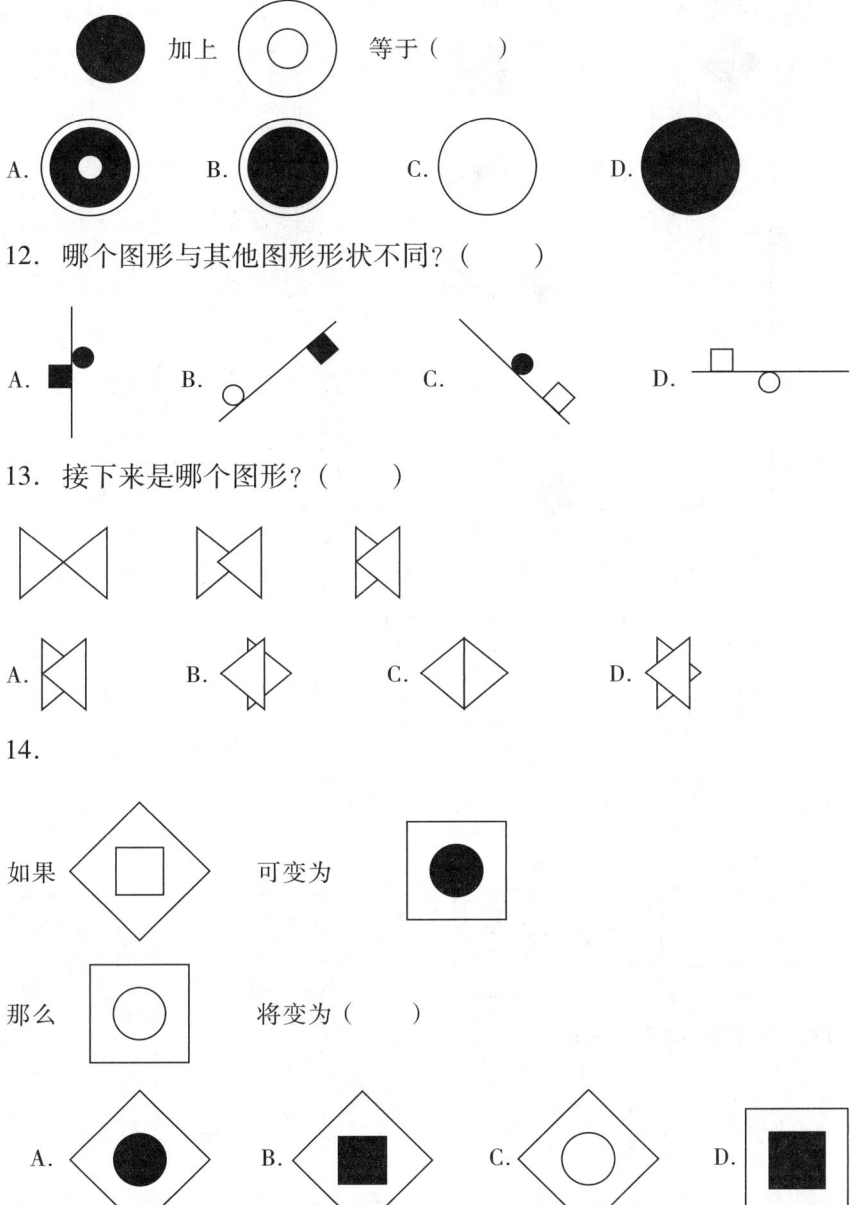

11.

黑圆 加上 圆环 等于（　　）

A.　　　　B.　　　　C.　　　　D.

12. 哪个图形与其他图形形状不同？（　　）

A.　　　　B.　　　　C.　　　　D.

13. 接下来是哪个图形？（　　）

A.　　　　B.　　　　C.　　　　D.

14.

如果 　　 可变为

那么 　　 将变为（　　）

A.　　　　B.　　　　C.　　　　D.

15. 哪个图形与其他图形形状不同？（   ）

A.　　　　B.　　　　C.　　　　D.

16. 接下来是哪个图形？（   ）

A.　　　　B.　　　　C.　　　　D.

17.

如果　　　　可变为

那么　　　　将变为（   ）

A.　　　　B.　　　　C.　　　　D.

18. 接下来是哪个图形？（   ）

A.　　　　B.　　　　C.　　　　D.

19.

加上 等于（   ）

A.   B.   C.   D.

20. 哪个图形与其他图形不同？（   ）

A.   B.   C.   D.

21. 接下来是哪个图形？（   ）

A.   B.   C.   D.

22.

加上 等于（   ）

A.   B.   C.   D.

23. 哪个图形与其他图形不同？（   ）

A.   B.   C.   D.

24.

加上　　　　　等于（　　）

A.　　　　　B.　　　　　C.　　　　　D.

25.

如果　　　可变为

那么　　　将变为（　　）

A.　　　　　B.　　　　　C.　　　　　D.

26. 接下来是哪个图形？（　　）

○ ● ○ ○ ● ○

A. ● ○ ● ○　　　B. ● ● ○ ●　　　C. ○ ● ○ ●　　　D. ● ● ○ ●

27.

加上　　　　　等于（　　）

A.　　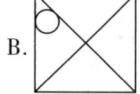B.　　C.　　D.

28. 接下来是哪个图形?（　　　）

A.　　　　　B.　　　　　C.　　　　　D.

29. 接下来是哪个图形?（　　　）

A.　　　　　B.　　　　　C.　　　　　D.

30. 哪个图形与其他图形不同?（　　　）

A.　　　　　B.　　　　　C.　　　　　D.

31. 接下来是哪个图形?（　　　）

A.　　　　　B.　　　　　C.　　　　　D.

32.

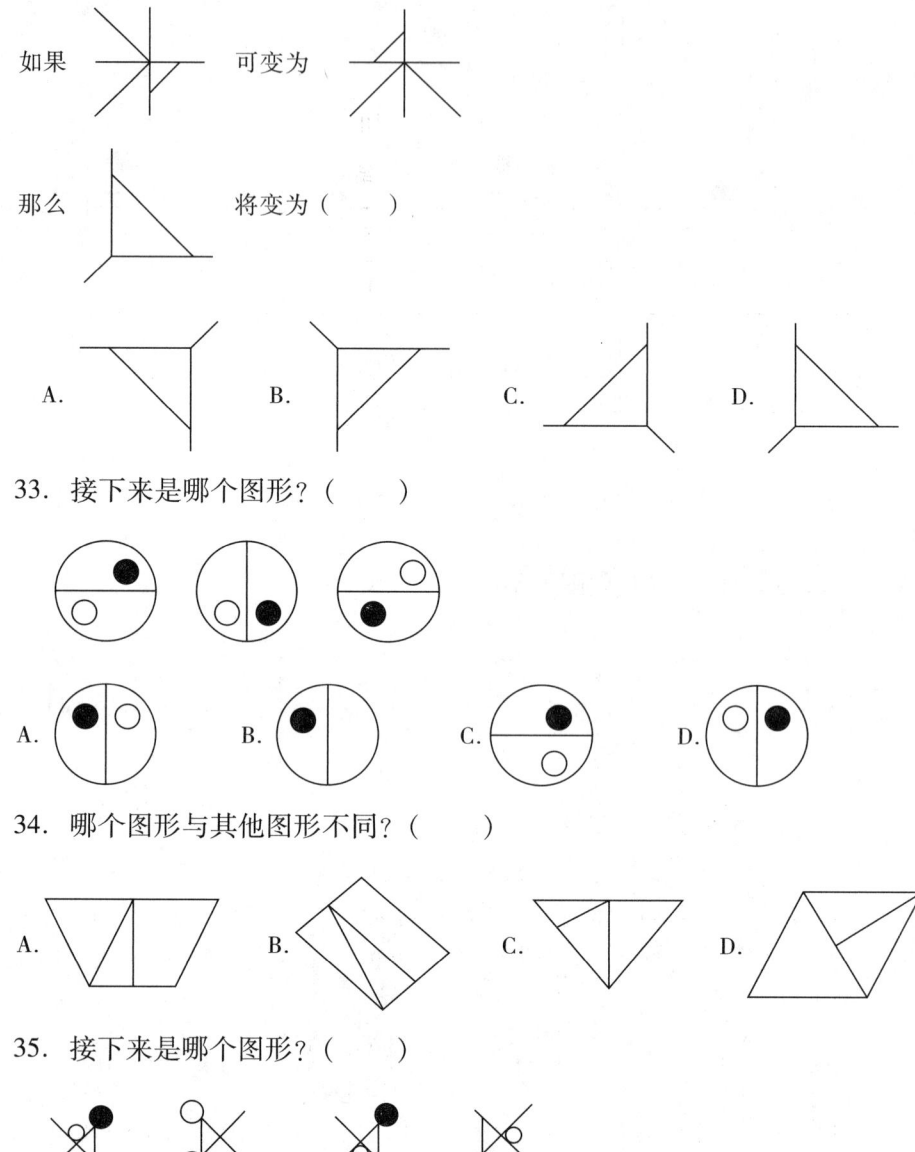

如果   可变为

那么   将变为（   ）

A.   B.   C.   D.

33. 接下来是哪个图形？（   ）

A.   B.   C.   D.

34. 哪个图形与其他图形不同？（   ）

A.   B.   C.   D.

35. 接下来是哪个图形？（   ）

A.   B.   C.   D.

【观察能力测试题答案】

1. A   2. C   3. C   4. A   5. A   6. C   7. B

8. D	9. C	10. B	11. A	12. C	13. D	14. B
15. A	16. B	17. D	18. D	19. C	20. A	21. D
22. A	23. D	24. C	25. B	26. A	27. C	28. D
29. A	30. C	31. A	32. D	33. A	34. D	35. A

正确数目 = ＿＿＿ + （如果全部正确再加 3 分） = ＿＿＿＿＿总得分

表 5 - 9 测试结果

没有能力迹象	有些能力迹象	很好的能力迹象	很强的能力迹象
1 ～ 12 分	13 ～ 17 分	18 ～ 22 分	23 分以上

第四部分 判断能力测试

根据测试中给出的信息得出合乎逻辑的结论。请在 15 分钟的时间内，完成尽可能多的测试题目。

示例：

用"√"号画出你认为正确的答案。

玛丽比简重，琼比玛丽重。那么，三人中谁体重最轻呢？

A. 琼 　　　　　B. 玛丽 　　　　　C. 简

答案：C

解释：因为琼比玛丽要重一些，所以，不可能是 A。因为玛丽比简要重一些，所以，不可能是 B。

1. 布朗先生住在史密斯先生的西边，伯顿先生住在布朗先生的西边。那么，谁住在最西边呢？（　　　）

A. 布朗先生 　　　B. 史密斯先生 　　　C. 伯顿先生

2. 苏珊和斯特拉喜欢吃比萨，但是苏基和萨丽喜欢吃意大利面食。苏珊和萨丽都喜欢吃烤宽面条。谁喜欢吃比萨和烤宽面条呢？（　　　）

A. 苏珊 　　　　B. 斯特拉 　　　　C. 苏基 　　　　D. 萨丽

3. （接上题）谁喜欢吃烤宽面条和意大利面食呢？（　　　）

A. 苏珊 　　　　B. 斯特拉 　　　　C. 苏基 　　　　D. 萨丽

4. 琼和杰克比弗雷德有更多的钱花，而克利斯比弗雷德的钱少。彼得比弗雷德有更多的钱花。谁可花的钱最少呢？（　　　）

A. 琼 　　　　B. 杰克 　　　　C. 弗雷德 　　　　D. 克里斯 　　　　E. 彼得

5. 托比、罗勃和弗兰克都吃盒装午间工作餐，萨姆、乔和汤尼都在小卖店购买午饭，弗兰克、萨姆和乔乘公交车上班，乔、罗勃和汤尼都已婚。谁已婚并吃盒装午间工作餐呢？（　　　）

A. 托比 　　　　B. 罗勃 　　　　C. 弗兰克 　　　　D. 萨姆

E. 乔 　　　　F. 汤尼

6.（接上题）谁不乘公交车并且不买午饭呢？（　　）

A. 托比 　　　　B. 罗勃 　　　　C. 弗兰克 　　　　D. 萨姆

E. 乔 　　　　F. 汤尼

7. 一百米距离短跑由快到慢的顺序，最慢的是珍妮特，其次是马库斯、埃里克和安杰拉。经过培训之后，珍妮特击败了埃里克，但马库斯输给里克。经过培训后，谁是跑得最快的呢？（　　）

A. 珍妮特 　　B. 马库斯 　　C. 埃里克 　　D. 安杰拉

8.（接上题）经过培训后，谁是最后一个呢？（　　）

A. 珍妮特 　　B. 马库斯 　　C. 埃里克 　　D. 安杰拉

9. 弗雷德、约翰、高斯和乔都有类似的工作，但弗雷德和约翰是其中全职工作的两个人，另外两人从事业余工作。约翰和乔乘坐火车去上班，两人上班路很近，他们走着去上班，只有弗雷德和乔自己有汽车。谁有汽车，却乘坐火车上班呢？（　　）

A. 弗雷德 　　B. 乔 　　　　C. 约翰 　　　　D. 高斯

10.（接上题）谁自己没有汽车，而乘坐火车从事全职工作呢？（　　）

A. 弗雷德 　　B. 乔 　　　　C. 约翰 　　　　D. 高斯

11. 在一个书架上，一册《冬天的故事》被发现放在《马嘴》一书的下一层架子上，《第三帝国最后的日子》被放在《马嘴》的上一层架子上。《风过柳树林》《马嘴》和《贾丝廷》放在同一层架子上，《实用小窍门》一书放在《冬天的故事》的下一层架子上。哪一本书放在最底层架子上？（　　）

A.《冬天的故事》 　　B.《马嘴》 　　C.《第三帝国最后的日子》

D.《实用小窍门》 　　E.《贾丝廷》 　　F.《风过柳树林》

12.（接上题）哪两本书在同一层架子上？（　　）

A.《冬天的故事》和《第三帝国最后的日子》

B.《马嘴》和《实用小窍门》

C.《实用小窍门》和《风过柳树林》

D. 没有任何两本

13. 凯西、斯图尔特、里奇、比利和柯林在学校都有自己的课桌，凯西和柯林的课桌上有电脑，其他人的课桌上有计算器。里奇和凯西有手册和辅导材料，其他人只有辅导材料。凯西和比利的课桌是木制的，其他人的课桌是金属制成的。谁的木制课桌上有计算机？（　　）

A. 凯西 　　B. 斯图尔特 　　C. 里奇 　　D. 比利 　　E. 柯林

14.（接上题）多少人的非金属制成的课桌上有辅导材料，而没有计算器呢？（　　）

A. 5　　　　　B. 4　　　　　C. 3　　　　　D. 2

E. 1　　　　　F. 没有人

15.（接上题）谁的金属制成的桌子上没有计算器，但是有手册和辅导材料呢？（　　）

A. 凯西　　　　B. 斯图尔特　　C. 里奇　　　　D. 比利

E. 柯林

16. 霍华德夫人养育她的4个孩子有些困难，因为他们只吃特定的几种食物。凯丽和萨姆都吃玉米和豆子，莎伦和鲁宾娜吃鱼和西红柿，凯丽和莎伦是唯一喜欢土豆和玉米的孩子。莎伦不吃哪一种食物呢？（　　）

A. 玉米　　B. 豆子　　　C. 鱼　　　　D. 西红柿　　E. 土豆

17.（接上题）谁吃土豆、玉米和豆子呢？（　　）

A. 莎伦　　　　B. 凯丽　　　　C. 鲁宾娜　　　D. 萨姆

18.（接上题）谁吃鱼和西红柿，但不吃土豆呢？（　　）

A. 莎伦　　　　B. 凯丽　　　　C. 鲁宾娜　　　D. 萨姆

19.（接上题）哪一种食物大多数孩子都可以接受呢？（　　）

A. 玉米　　　　B. 豆子　　　　C. 鱼　　　　　D. 西红柿

E. 土豆

20. 贝格肖先生、詹金女士、仓斯夫人、弗莱明先生和马克思先生共有五辆汽车，马克思先生和贝格肖先生的汽车是蓝色的，其他人的车是红色的。贝格肖先生和仓斯夫人在车两侧有与其车内装饰相搭配的白色条纹；詹金女士的车两侧有蓝色的条纹；而弗莱明先生和马克思先生的车两侧有橙色的条纹。除了詹金女士和弗莱明先生的汽车内装饰是蓝色的以外，其余所有汽车的内装饰都是白色的。谁的汽车有蓝色的内部装饰和橙色的条纹呢？（　　）

A. 贝格肖先生　B. 詹金女士　　C. 仓斯夫人　　D. 弗莱明先生

E. 马克思先生

21.（接上题）谁的汽车有橙色的条纹和白色的内部装饰呢？（　　）

A. 贝格肖先生　B. 詹金女士　　C. 仓斯夫人　　D. 弗莱明先生

E. 马克思先生

22.（接上题）谁的红色汽车有蓝色的条纹和蓝色的内装饰呢？（　　）

A. 贝格肖先生　B. 詹金女士　　C. 仓斯夫人　　D. 弗莱明先生

E. 马克思先生

23. 哈里、奎德、琼斯、巴洛和摩尔洛克都是拳击手，他们之间互相竞争以便在六场比赛中决出冠军。摩尔洛克被奎德击败了，琼斯打败了摩尔洛克，奎德和巴洛打败了琼斯，巴洛打败了奎德和摩尔洛克。琼斯参加了几场

比赛？（　　）

  A. 1   B. 2   C. 3   D. 4

  E. 0

  24.（接上题）奎德参加了几场比赛？（　　）

  A. 1   B. 2   C. 3   D. 4

  E. 0

  25.（接上题）谁最后胜出成为冠军？（　　）

  A. 奎德   B. 琼斯   C. 巴洛   D. 摩尔洛克

  26. 萨丽、切丽尔、劳拉、汤姆和桑迪从一个碗里拿一些糖吃。其中四个人各拿了一块软糖，切丽尔和汤姆没有和其他人一样拿巧克力糖。实际上，切丽尔只拿了一块水果口香糖，除了切丽尔以外，只有萨丽和桑迪没有拿太妃糖。谁只吃了一块太妃糖和一块软糖呢？（　　）

  A. 萨丽   B. 切丽尔   C. 劳拉   D. 汤姆

  E. 桑迪

  27.（接上题）谁吃了三块糖呢？（　　）

  A. 萨丽   B. 切丽尔   C. 劳拉   D. 汤姆

  E. 桑迪

  28.（接上题）谁是吃同种糖一样多的两个人呢？（　　）

  A. 萨丽和劳拉 B. 桑迪和劳拉 C. 劳拉和汤姆 D. 汤姆和桑迪

  E. 桑迪和萨丽

  29.（接上题）这一组人总计吃了多少块糖？（　　）

  A. 7   B. 8   C. 9   D. 10

  E. 11   F. 12

  30. 约翰、里克和泰德是男孩，他们每人的口袋里有一把铅笔刀、一把钥匙和一本书。每把铅笔刀的重量不同，分别为轻、较重和非常重。另外两件东西按照其重量也可以按同样的分类方式分类。每个男孩各有一件不同重量的东西，也就是说，每个人有轻、较重和非常重的东西各一件。泰德的钥匙不是较重的东西，里克的书和约翰的铅笔刀重量相同。泰德的书、里克的铅笔刀和约翰的钥匙的重量也相同。泰德的铅笔刀是最重的一件东西。泰德的钥匙重量怎么样？（　　）

  A. 轻   B. 较重   C. 非常重

  31.（接上题）约翰的书重量怎么样？（　　）

  A. 轻   B. 较重   C. 非常重

  32.（接上题）哪个男孩有比较重的钥匙？（　　）

  A. 约翰   B. 里克   C. 泰德

33.（接上题）哪个男孩有重量很轻的书呢？（　　）

A．约翰　　　　　B．里克　　　　　C．泰德

【判断能力测试题答案】

1．C	2．A	3．D	4．D	5．B	6．F	7．D
8．B	9．B	10．D	11．D	12．A	13．A	14．E
15．C	16．B	17．C	18．C	19．A	20．D	21．E
22．B	23．A	24．B	25．C	26．D	27．C	28．E
29．D	30．A	31．C	32．A	33．B		

正确数目 = ＿＿＿＿ +（如果全部正确再加 3 分）= ＿＿＿＿总得分

表 5 - 10　测试结果

没有能力迹象	有些能力迹象	很好的能力迹象	很强的能力迹象
1~9 分	10~13 分	14~17 分	18 分以上

【结果分析】

如文字理解能力强，测试者非常具备当教师，尤其是外文教师的能力。

如文字理解能力以及判断能力都很强，测试者具备成为语文教师的能力。

如计算能力和观察能力强，测试者具备成为理科（如数学）教师的能力。

如同时具备很强的文字理解能力、观察能力以及计算能力，测试者会成为一名优秀的校长或学校管理层的领导。同时，他/她还有可能在学术能力方面表现不错，有望在学术和管理方面双丰收。

四、教师职业性格测试[①]

思考一个关于你自己的陈述，对于该陈述有两极五个分数的打分（即 -2，-1，0，+1，+2）。没有正确或错误的选择，调查问卷的目的只是想得到一个关于你的行事方式的描述，以及你希望别人如何描述自己。无须知道每个小部分中两极字母表示的含义，字母只是用来帮助标记测量结果的，至于如何分析结果，将在完成所有的陈述选择后进行介绍。

示例：

我无法容忍被人忽视 ←→ 被人忽视对于我而言无所谓（-2　-1　0　+1　+2）

如果认为你的确"无法容忍被人忽视"，那么就选择 -2 分；如果你有

---

① 孟万金．职业规划：自我实现的生涯教育 [M]．上海：华东师范大学出版社，2004：103.

时候会感到"无法容忍被别人忽视"，那么就选择 -1 分；如果你的确不在乎被别人忽视，就选择 +2 分；如果有时候希望别人给予你一些重视，但总的感觉不是那么强烈，就选择 +1 分；如果介于两者中间，就选择 0 分。

D vs Sp

1. 我不会对刚发生的事情做出反应 ←→ 我经常能主动地对已经发生的事情做出反应（-2　-1　0　+1　+2）

2. 处理困难问题时不是马上着手解决，要先仔细计划 ←→ 我会马上解决（-2　-1　0　+1　+2）

3. 我从不承担自己可以完全正确处理以外的事 ←→ 我会承担自己无法完全正确处理的事（-2　-1　0　+1　+2）

4. 最后，没有很多使我烦心的事情 ←→ 最后，总有很多使我烦心的事情（-2　-1　0　+1　+2）

5. 恶作剧不会使我感到愉快 ←→ 恶作剧会使我感到愉快（-2　-1　0　+1　+2）

6. 我不喜欢与诙谐、有趣的人相处 ←→ 我喜欢与诙谐、有趣的人相处（-2　-1　0　+1　+2）

7. 即使没有令人兴奋的事情吸引我，我也不会感到无聊 ←→ 除非有令人兴奋的事情吸引我，否则我很快就会觉得无聊（-2　-1　0　+1　+2）

8. 我可以忍受集中精力于日常琐事 ←→ 我不能忍受集中精力于日常琐事（-2　-1　0　+1　+2）

9. 我不能做没有计划的事情 ←→ 我经常做没有计划的事情（-2　-1　0　+1　+2）

10. 我感到生活幸福，并顺其自然 ←→ 我经常感到生活不幸福，总是抱怨（-2　-1　0　+1　+2）

人们会把我描述为：

11. 十分冷静—比较冷静 ←→ 不太冷静—非常不冷静（-2　-1　0　+1　+2）

12. 从不急躁—不太急躁 ←→ 有些急躁—十分急躁（-2　-1　0　+1　+2）

13. 非常英勇—有些英勇 ←→ 很不英勇——点儿也不英勇（-2　-1　0　+1　+2）

14. 直觉很强—有直觉的 ←→ 直觉较差—直觉很差（-2　-1　0　+1　+2）

15. 非常被动的—比较被动 ←→ 比较主动—十分主动（-2　-1　0

+1 +2）

16. 令人印象深刻—令人印象比较深刻 ⟷ 给人印象不太深刻—没有给人留下印象（-2 -1 0 +1 +2）

17. 非常温柔—比较温柔 ⟷ 不太温柔—不温柔（-2 -1 0 +1 +2）

18. 总是心事重重—比较心事重重 ⟷ 比较无忧无虑—十分无忧无虑（-2 -1 0 +1 +2）

19. 一点儿也不温和—不温和 ⟷ 比较温和—十分温和（-2 -1 0 +1 +2）

20. 十分平静—比较平静 ⟷ 不太平静—很不平静（-2 -1 0 +1 +2）

P vs A

1. 我和陌生人接触时不会不自在 ⟷ 会不自在（-2 -1 0 +1 +2）

2. 保留想法比较合适，不轻易主动说出来 ⟷ 我还是说出自己的想法，不保留想法（-2 -1 0 +1 +2）

3. 我喜欢提供支持而不自己挑头做事 ⟷ 我愿意挑头做事，不愿意只是起辅助作用（-2 -1 0 +1 +2）

4. 我是一个相当沉默的人 ⟷ 我不是一个喜欢沉默的人（-2 -1 0 +1 +2）

5. 人们不总是认识到自己言论的危害 ⟷ 人们总是可以认识到自己言论的危害（-2 -1 0 +1 +2）

6. 我不能确信人们一定听到了我说的事情 ⟷ 我确信人们听到了我说的事情（-2 -1 0 +1 +2）

7. 我认为别人不同意我的意见并不是对我的挑战 ⟷ 我认为别人不同意我的意见是一种挑战（-2 -1 0 +1 +2）

8. 人们通常不指望我起带头作用 ⟷ 人们经常期望我起带头作用（-2 -1 0 +1 +2）

9. 我是人群中比较沉默的一个 ⟷ 我是人群中比较活跃的一个（-2 -1 0 +1 +2）

10. 即使有必要让人们弄明白，我也不愿大声地喊叫出来 ⟷ 如果有必要让人们弄明白，我可以大声地喊叫出来（-2 -1 0 +1 +2）

人们会把我描述为：

11. 从不卖弄—不太卖弄 ⟷ 有些卖弄—非常卖弄（-2 -1 0

+1　+2)

12. 十分保守—有些保守 ←→ 很不保守—一点也不保守 (－2　－1　0
+1　+2)

13. 从没表现过无畏—很少表现无畏 ←→ 有时很无畏—非常无畏 (－2
－1　0　+1　+2)

14. 不强壮—不很强壮 ←→ 有些强壮—十分强壮 (－2　－1　0　+1
+2)

15. 从不情绪外露—不易情绪外露 ←→ 比较情绪外露—十分情绪外露
(－2　－1　0　+1　+2)

16. 非常害羞—有些害羞 ←→ 很不害羞—从不害羞 (－2　－1　0
+1　+2)

17. 很谦恭—比较谦恭 ←→ 不太谦恭—从不谦恭 (－2　－1　0　+1
+2)

18. 十分紧张—比较紧张 ←→ 很少紧张—从不紧张 (－2　－1　0
+1　+2)

19. 从来不勇往直前—不太勇往直前 ←→ 比较勇往直前—十分勇往直
前 (－2　－1　0　+1　+2)

20. 经常会害怕—有时会害怕 ←→ 不易害怕—从不害怕 (－2　－1　0
+1　+2)

I vs F

1. 只有我在确信自己没犯错误时,我才会感觉放松 ←→ 不论我是否犯
错,我尽量地保持放松 (－2　－1　0　+1　+2)

2. 我有一些问题使我深感忧虑 ←→ 我不会无端地深感忧虑 (－2　－1
0　+1　+2)

3. 我会力求通过不说使人伤心的事来保护人们 ←→ 我会不顾别人的情
感说使人伤心的话 (－2　－1　0　+1　+2)

4. 我倾向于看事情的最坏方面 ←→ 我实事求是地看事物,不过分夸大
其坏结果 (－2　－1　0　+1　+2)

5. 过于密切地检查情绪会有帮助 ←→ 过分密切地检查情绪通常没有什
么帮助 (－2　－1　0　+1　+2)

6. 在压力之下,我无法保持情绪冷静 ←→ 在压力之下,我能保持情绪
冷静 (－2　－1　0　+1　+2)

7. 我比较情绪化 ←→ 我很少情绪化 (－2　－1　0　+1　+2)

8. 我会经常谈论人们做事的动机 ←→ 我会长时间谈论人们做事的动机

（－2　－1　0　＋1　＋2）

9. 我会因为做错事情而失眠 ⟷ 即使做错事情，我也会高枕无忧
（－2　－1　0　＋1　＋2）

10. 我不会做任何有可能伤害别人感情的事情 ⟷ 我会做一些有可能伤害别人感情的事情（－2　－1　0　＋1　＋2）

人们会把我描述为：

11. 容易烦乱—有时会烦乱 ⟷ 不太会烦乱—从不烦乱（－2　－1　0　＋1　＋2）

12. 十分喜怒无常—有时喜怒无常 ⟷ 不太会喜怒无常—从不喜怒无常（－2　－1　0　＋1　＋2）

13. 不实际—很少表现实际 ⟷ 有时很实际—非常实际（－2　－1　0　＋1　＋2）

14. 无所谓的—有时表现得无所谓 ⟷ 有些在意—十分在意（－2　－1　0　＋1　＋2）

15. 很圆滑—有些圆滑 ⟷ 不太会圆滑—不圆滑（－2　－1　0　＋1　＋2）

16. 不坦率—有些不坦率 ⟷ 比较坦率—十分坦率（－2　－1　0　＋1　＋2）

17. 很自我封闭—比较自我封闭 ⟷ 不太自我封闭—从不自我封闭（－2　－1　0　＋1　＋2）

18. 马虎草率—比较马虎草率 ⟷ 比较一丝不苟—一丝不苟（－2　－1　0　＋1　＋2）

19. 十分情绪化—有时会情绪化 ⟷ 不太会情绪化—绝对不会情绪化（－2　－1　0　＋1　＋2）

20. 十分没有条理—比较没有条理 ⟷ 比较有条理—有条理（－2　－1　0　＋1　＋2）

So vs G

1. 我喜欢不受干扰地进行我的工作 ⟷ 在工作时受到干扰对我而言没有什么关系（－2　－1　0　＋1　＋2）

2. 我不喜欢和我的团队在一起 ⟷ 我喜欢和我的团队在一起（－2　－1　0　＋1　＋2）

3. 我无法使团队协作达到最好状态 ⟷ 我能使团队协作达到最好状态（－2　－1　0　＋1　＋2）

4. 我喜欢长时间一人独处 ⟷ 我不喜欢长时间一人独处（－2　－1

0　+1　+2）

5. 我不愿与他人共享我的想法和感觉 ⟷ 我能共享我的想法和感觉
（-2　-1　0　+1　+2）

6. 即使无人一起参与，我一人也可以工作很久 ⟷ 如果无人参与，我不能工作很久（-2　-1　0　+1　+2）

7. 我不喜欢和人谈论我正在做的事情 ⟷ 我喜欢和人谈论我正在做的事情（-2　-1　0　+1　+2）

8. 我不喜欢和自己认识的人谈论我的生活 ⟷ 我喜欢和自己的熟人谈论我的生活（-2　-1　0　+1　+2）

9. 我喜欢人们在打扰我之前先问一下 ⟷ 人们在打扰我之前不必要提前打招呼（-2　-1　0　+1　+2）

10. 自己独处比处在人群中有趣 ⟷ 处在人群中比自己独处有趣（-2　-1　0　+1　+2）

人们会把我描述为：

11. 十分不友好—不友好 ⟷ 友好—十分友好（-2　-1　0　+1　+2）

12. 十分孤立—有时孤立 ⟷ 不太会孤立—不孤立（-2　-1　0　+1　+2）

13. 打不败的对手—不易打败的对手 ⟷ 有可能打败的对手——一个容易打败的对手（-2　-1　0　+1　+2）

14. 特立独行—有些特立独行 ⟷ 不会特立独行—从不特立独行（-2　-1　0　+1　+2）

15. 不热心的—不太热心的 ⟷ 比较热心的—热心的（-2　-1　0　+1　+2）

16. 不喜欢受人宠爱—不太喜欢受人宠爱 ⟷ 比较喜欢受人宠爱—喜欢受人宠爱（-2　-1　0　+1　+2）

17. 很不受人欢迎—不太受人欢迎 ⟷ 比较受人欢迎—受人欢迎（-2　-1　0　+1　+2）

18. 非常独立—比较独立 ⟷ 很不独立—不独立（-2　-1　0　+1　+2）

19. 十分孤独—有些孤独 ⟷ 不太会孤独—绝对不会孤独（-2　-1　0　+1　+2）

20. 十分主动—比较主动 ⟷ 不太主动—不主动（-2　-1　0　+1　+2）

每部分得分有可能为正数、负数或零。如果是正数，那么表示具备右边字母所代表的特征；如果是负数，那么表示具备左边字母所代表的特征；如果是零则处于两者中间。得分的绝对值越大，则该特征越明显。表 5 - 11 是每个字母所代表的意义。

表 5 - 11 测试字母所代表的意义

左侧字母（得分为负数）	右侧字母（得分为正数）
D：深思熟虑的	Sp：冲动的
P：被动的	A：过分自信的
I：富有想象力的	F：实际的
So：孤僻的	G：喜欢社交的

【结果分析】

表 5 - 12 的测量结果表示你的个性非常符合以下具体的教师职业。

表 5 - 12 结果分析

职业项目	个性特点
文科教师	I，Sp，P
理科教师	F，Sp，P
校长	A，G

文科教师和理科教师的区别在于文科教师更加富有想象力（I），而理科教师更加注重实际（F）。前者比较易洞悉学生的一举一动，易感知学生的情感。文科教师富有表现力，喜欢用心来做决定。但是有时可能会受到学生和一些课堂内的情形干扰，失去表现力。文科教师具有极强的直觉和创造力，可发挥自己对于感情的灵敏性，在学生的心目中塑造一个优秀的思维敏捷的教师形象。理科教师比较愿意用逻辑思维，沉稳、有序、有步骤地分析问题并解决问题。理科教师会忽略一些不愉快的细节问题，不受其干扰继续有条不紊地处理问题。也许会对一些反馈感知慢一些，但是，理科教师喜欢不断获取信息和事实的能力，这易被学生所钦佩，这样的教师也将成为学生心目中难以忘却的好教师。

理科教师和文科教师的共同特点是具有教师应有的活泼冲动（Sp），性情温和不强加于人（P）。如果教师具有活泼冲动的性格、热情的感召力、风趣幽默的语言，也许有时和孩子们的交流不需要深度，但能施加巨大的影响力，这点正好弥补了他们性情温和的缺陷。教师会很善于与人相处、适应环境的能力强、不惹人讨厌、尽最大努力地保持快乐，因此他们易于合作、受人尊敬。不过，他们的缺点可能是缺乏组织性。

至于一个学校的管理者，首先是具备教师的基本性格特点为佳。但有时这并不是最重要的，下面的性格特点将更能成功地胜任一校之长的领导职位。首先，他一定要自信（A），甚至有时有侵犯性，要有支配欲且非常坚定，这就是富有进取性的表现。他喜欢大声说话，且说到点子上；做事坚决并敢冒风险；爱出风头，但敢于负责，因此能够获得尊敬。另外，他喜欢社交（G），可帮助解决一些意见分歧，更好地说服或被别人说服，从而更好地和同事和下属一起做决策。他忠诚和乐于提供支持将是成功事业的有利因素。

本 章 小 结

教师职业兴趣、能力、个性测试，可帮助我们充分了解自己的工作兴趣，提高对自己能力和个性的把握，从而坚定自己从事教师这个职业的信心。也许测量结果和在测量结果中的说明不太一致，说明在一些小的问题上，要对教师工作内容有更深刻的了解，并且在提高自身能力的同时，分析一下自己是否做教师的经验还不是很丰富、目的还不是很明确。只要用心从事这项事业，不断扬长补短，你就一定会成功。未来的语文教师，准备着！

▷ 思考与练习

1. 测量自己的职业锚、职业兴趣、能力和性格。
2. 根据测量的结果，联系实际撰写"我的教师专业规划"。

▷ 实践课堂

活动主题：职前教师专业规划评点
活动目标：师生通过评点部分同学的专业规划书，学会如何进行专业规划。
活动步骤：
1. 学生个人短期专业规划。
2. 师生课堂讨论、点评部分同学的规划。
3. 根据点评重新修改规划。

▷ 推荐阅读

1. 孟万金. 职业规划：自我实现的生涯教育［M］. 上海：华东师范大学出版社，2004.
2. 浏览网站："向阳生涯"，http：//www. xycareer. com.

附　录

2012 年 2 月 10 日，教育部下发《关于印发〈幼儿园教师专业标准（试行）〉、〈小学教师专业标准（试行）〉和〈中学教师专业标准（试行）〉的通知》（教师〔2012〕1 号）。

为促进中学教师专业发展，建设高素质中学教师队伍，根据《中华人民共和国教师法》和《中华人民共和国义务教育法》，特制定《中学教师专业标准（试行）》（以下简称《专业标准》）。

中学教师专业标准（试行）

中学教师是履行中学教育工作职责的专业人员，需要经过严格的培养与培训，具有良好的职业道德，掌握系统的专业知识和专业技能。《专业标准》是国家对合格中学教师的基本专业要求，是中学教师实施教育教学行为的基本规范，是引领中学教师专业发展的基本准则，是中学教师培养、准入、培训、考核等工作的重要依据。

一、基本理念

（一）师德为先

热爱中学教育事业，具有职业理想，践行社会主义核心价值体系，履行教师职业道德规范，依法执教。关爱中学生，尊重中学生人格，富有爱心、责任心、耐心和细心；为人师表，教书育人，自尊自律，以人格魅力和学识魅力教育感染中学生，做中学生健康成长的指导者和引路人。

（二）学生为本

尊重中学生权益，以中学生为主体，充分调动和发挥中学生的主动性；遵循中学生身心发展特点和教育教学规律，提供适合的教育，促进中学生生动活泼学习、健康快乐成长，全面而有个性的发展。

（三）能力为重

把学科知识、教育理论与教育实践相结合，突出教书育人实践能力；研究中学生，遵循中学生成长规律，提升教育教学专业化水平；坚持实践、反思、再实践、再反思，不断提高专业能力。

（四）终身学习

学习先进中学教育理论，了解国内外中学教育改革与发展的经验和做法；优化知识结构，提高文化素养；具有终身学习与持续发展的意识和能力，做终身学习的典范。

二、基本内容

维度	领域	基本要求
专业理念与师德	（一）职业理解与认识	1. 贯彻党和国家教育方针政策，遵守教育法律法规。 2. 理解中学教育工作的意义，热爱中学教育事业，具有职业理想和敬业精神。 3. 认同中学教师的专业性和独特性，注重自身专业发展。 4. 具有良好职业道德修养，为人师表。 5. 具有团队合作精神，积极开展协作与交流
	（二）对学生的态度与行为	6. 关爱中学生，重视中学生身心健康发展，保护中学生生命安全。 7. 尊重中学生独立人格，维护中学生合法权益，平等对待每一个中学生。不讽刺、挖苦、歧视中学生，不体罚或变相体罚中学生。 8. 尊重个体差异，主动了解和满足中学生的不同需要。 9. 信任中学生，积极创造条件，促进中学生的自主发展
	（三）教育教学的态度与行为	10. 树立育人为本、德育为先的理念，将中学生的知识学习、能力发展与品德养成相结合，重视中学生的全面发展。 11. 尊重教育规律和中学生身心发展规律，为每一位中学生提供适合的教育。 12. 激发中学生的求知欲和好奇心，培养中学生学习兴趣和爱好，营造自由探索、勇于创新的氛围。 13. 引导中学生自主学习、自强自立，培养良好的思维习惯和适应社会的能力。 14. 尊重和发挥好共青团、少先队组织的教育引导作用

续上表

维度	领域	基本要求
专业理念与师德	（四）个人修养与行为	15．富有爱心、责任心、耐心和细心。 16．乐观向上、热情开朗、有亲和力。 17．善于自我调节情绪，保持平和心态。 18．勤于学习，不断进取。 19．衣着整洁得体，语言规范健康，举止文明礼貌
专业知识	（五）教育知识	20．掌握中学教育的基本原理和主要方法。 21．掌握班级、共青团、少先队建设与管理的原则与方法。 22．掌握教育心理学的基本原理和方法，了解中学生身心发展的一般规律与特点。 23．了解中学生世界观、人生观、价值观形成的过程及其教育方法。 24．了解中学生思维能力、创新能力和实践能力发展的过程与特点。 25．了解中学生群体文化特点与行为方式
	（六）学科知识	26．理解所教学科的知识体系、基本思想与方法。 27．掌握所教学科内容的基本知识、基本原理与技能。 28．了解所教学科与其他学科的联系。 29．了解所教学科与社会实践及共青团、少先队活动的联系
	（七）学科教学知识	30．掌握所教学科课程标准。 31．掌握所教学科课程资源开发与校本课程开发的主要方法与策略。 32．了解中学生在学习具体学科内容时的认知特点。 33．掌握针对具体学科内容进行教学和研究性学习的方法与策略
	（八）通识性知识	34．具有相应的自然科学和人文社会科学知识。 35．了解中国教育基本情况。 36．具有相应的艺术欣赏与表现知识。 37．具有适应教育内容、教学手段和方法现代化的信息技术知识
专业能力	（九）教学设计	38．科学设计教学目标和教学计划。 39．合理利用教学资源和方法设计教学过程。 40．引导和帮助中学生设计个性化的学习计划

续上表

维度	领域	基本要求
专业能力	（十）教学实施	41．营造良好的学习环境与氛围，激发与保护中学生的学习兴趣。 42．通过启发式、探究式、讨论式、参与式等多种方式，有效实施教学。 43．有效调控教学过程，合理处理课堂偶发事件。 44．引发中学生独立思考和主动探究，发展学生创新能力。 45．发挥好共青团、少先队组织生活、集体活动、信息传播等教育功能。 46．将现代教育技术手段整合应用到教学中
	（十一）班级管理与教育活动	47．建立良好的师生关系，帮助中学生建立良好的同伴关系。 48．注重结合学科教学进行育人活动。 49．根据中学生世界观、人生观、价值观形成的特点，有针对性地组织开展德育活动。 50．针对中学生青春期生理和心理发展特点，有针对性地组织开展有益身心健康发展的教育活动。 51．指导学生理想、心理、学业等多方面发展。 52．有效管理和开展班级、共青团、少先队活动。 53．妥善应对突发事件
	（十二）教育教学评价	54．利用评价工具，掌握多元评价方法，多视角、全过程评价学生发展。 55．引导学生进行自我评价。 56．自我评价教育教学效果，及时调整和改进教育教学工作
	（十三）沟通与合作	57．了解中学生，平等地与中学生进行沟通交流。 58．与同事合作交流，分享经验和资源，共同发展。 59．与家长进行有效沟通合作，共同促进中学生发展。 60．协助中学与社区建立合作互助的良好关系
	（十四）反思与发展	61．主动收集分析相关信息，不断进行反思，改进教育教学工作。 62．针对教育教学工作中的现实需要与问题，进行探索和研究。 63．制定专业发展规划，积极参加专业培训，不断提高自身专业素质

三、实施建议

（1）各级教育行政部门要将《专业标准》作为中学教师队伍建设的基本依据。根据中学教育改革发展的需要，充分发挥《专业标准》引领和导向作用，深化教师教育改革，建立教师教育质量保障体系，不断提高中学教师培养培训质量。制定中学教师准入标准，严把中学教师入口关；制定中学教师聘任（聘用）、考核、退出等管理制度，保障教师合法权益，形成科学有效的中学教师队伍管理和督导机制。

（2）开展中学教师教育的院校要将《专业标准》作为中学教师培养培训的主要依据。重视中学教师职业特点，加强中学教育学科和专业建设。完善中学教师培养培训方案，科学设置教师教育课程，改革教育教学方式；重视中学教师职业道德教育，重视社会实践和教育实习；加强从事中学教师教育的师资队伍建设，建立科学的质量评价制度。

（3）中学要将《专业标准》作为教师管理的重要依据。制定中学教师专业发展规划，注重教师职业理想与职业道德教育，增强教师育人的责任感与使命感；开展校本研修，促进教师专业发展；完善教师岗位职责和考核评价制度，健全中学绩效管理机制。中等职业学校教师参照执行。

（4）中学教师要将《专业标准》作为自身专业发展的基本依据。制定自我专业发展规划，爱岗敬业，增强专业发展自觉性；大胆开展教育教学实践，不断创新；积极进行自我评价，主动参加教师培训和自主研修，逐步提升专业发展水平。

中小学和幼儿园教师资格考试标准（试行）

为加强中小学和幼儿园教师队伍建设，提高教师队伍整体素质，完善教师资格制度，严把教师入口关，促进教师专业化，根据《中华人民共和国教师法》、《教师资格条例》和《〈教师资格条例〉实施办法》，制定中小学和幼儿园教师资格考试标准。中小学和幼儿园教师资格考试标准是教师职业准入的国家标准，是从事中小学和幼儿园教师职业的最基本要求，是进行中小学和幼儿园教师资格考试的基本依据。

一、考试目标

中小学和幼儿园教师资格考试主要考查申请教师资格人员从事教师职业所必需的职业道德、专业知识与基本能力。

1. 具有先进的教育理念；良好的法律意识和职业道德；具有从事教师职业所必备的科学文化素养和阅读理解、语言表达、逻辑推理和信息处理等基本能力。

2. 掌握教育教学、学生指导（幼儿保育）和班级管理的基本原理和基本知识，并能正确解决教育教学中的实际问题。

3. 具备学科教学能力，掌握拟任教学科或专业领域的基本知识，掌握教学设计、教学实施和教学评价的基本原理和方法，并能在教学实践中正确运用。

二、考试内容

（一）幼儿园教师
略
（二）小学教师
略

（三）初中教师

一级指标	二级指标	三级指标
1 职业道德与素养	1.1 职业理念	1.1.1 了解国家实施素质教育的基本要求，能正确分析和评判教育现象。 1.1.2 了解初中教育阶段对学生发展的意义，能客观公正地对待学生，促进学生全面发展。 1.1.3 了解教师专业发展的要求，具有终身学习与自主发展的意识
	1.2 职业规范	1.2.1 了解国家主要的教育法律法规，能分析评价教育教学实践中的法律问题。 1.2.2 了解教师职业道德规范，能分析评价教育教学实践中的道德规范问题。 1.2.3 了解教师职业道德行为要求，能做到爱岗敬业、爱国守法、关爱学生、教书育人、为人师表、终身学习
	1.3 基本素养	1.3.1 掌握一定的自然和人文社会科学知识，具有较好的文化修养。 1.3.2 掌握一定的艺术鉴赏知识，具有一般的审美能力。 1.3.3 具有阅读理解能力、语言与文字表达能力、交流沟通能力、信息获取和处理能力
2 教育知识与应用	2.1 教育基础	2.1.1 掌握教育理论的基本知识，能运用教育的基本原理和方法，分析和解决初中教育教学实践中的问题。 2.1.2 掌握初中教育规律与学生特点的相关知识，能分析、处理教育教学中的问题。 2.1.3 了解基础教育课程改革的动态和发展情况，能分析和指导教育教学。 2.1.4 了解教育科学研究的基本理论和方法，能对教育教学实践的问题进行初步研究
	2.2 学生指导	2.2.1 了解学生思想品德发展的规律和个性特征，能有针对性地开展德育工作。 2.2.2 了解初中生身体、情感发展的特性和差异性，掌握心理辅导的基本方法。 2.2.3 了解初中生学习心理发展的特点和规律，能指导学生选择不同的学习方法进行积极有效的学习

续上表

一级指标	二级指标	三级指标
2 教育知识与应用	2.3 班级管理	2.3.1 了解班级管理的一般原理和方法，能做好班级的日常管理工作。 2.3.2 了解学习环境、课外活动的组织和管理知识，能组织学生开展丰富多彩的课外活动。 2.3.3 了解人际沟通的方法，能主动与同事、学生、家长、社区等进行交流
3 教学知识与能力	3.1 学科知识	3.1.1 掌握拟任教学科的基础知识、基本理论，了解学科发展的历史、现状和趋势，能在教学中正确运用学科知识。 3.1.2 掌握拟任教学科义务教育课程标准 7—9 学段的教学内容和要求，能用以指导自己教学。 3.1.3 掌握学科教学论的理论知识，能指导学科教学活动
	3.2 教学设计	3.2.1 了解分析学生学习需求的基本方法，能根据学生已有的知识水平和学习经验，准确说明所选内容与学生已学知识的联系。 3.2.2 了解学习内容的选择与分析学生的基本方法，能根据学生的认知特征和课程标准的要求确定教学目标、教学重点和难点。 3.2.3 掌握教案设计的要求、方法和技巧，能恰当地描述教学目标，选择适当的教学方法，合理安排教学过程和教学内容，在规定的时间内完成所选教学内容的教案设计
	3.3 教学实施	3.3.1 了解教学情境创设、学习动力激发与培养的方法，能有效地将学生引入学习活动。 3.3.2 掌握指导学生学习的方法和策略，能依据学科特点和学生的认知特征，恰当地运用教学方法，帮助学生有效学习。 3.3.3 掌握教学组织的形式和策略，能在教学活动中调动学生的主动性，组织探究性教学与研究性学习。 3.3.4 了解课堂总结的方法，能适时地对教学内容进行归纳、总结，条理清楚、重点突出，合理布置作业。 3.3.5 能运用现代教育技术进行教学

续上表

一级指标	二级指标	三级指标
3 教学知识与能力	3.4 教学评价	3.4.1 了解教学评价的知识与方法，具有正确的评价观，能对学生的学习活动进行评价。 3.4.2 了解教学反思的基本方法和策略，能对自己的教学过程进行反思，提出改进的思路

（四）高中教师

一级指标	二级指标	三级指标
1 职业道德与素养	1.1 职业理念	1.1.1 了解国家实施素质教育的基本要求，能正确分析和评判教育现象。 1.1.2 了解高中教育阶段对学生发展的意义，能客观公正地对待学生，促进学生全面发展。 1.1.3 了解教师专业发展的要求，具有终身学习与自主发展的意识
	1.2 职业规范	1.2.1 了解国家主要的教育法律法规，能分析评价教育教学实践中的法律问题。 1.2.2 了解教师职业道德规范，能分析评价教育教学实践中的道德规范问题。 1.2.3 了解教师职业道德行为要求，能做到爱岗敬业、爱国守法、关爱学生、教书育人、为人师表、终身学习
	1.3 基本素养	1.3.1 掌握一定的自然和人文社会科学知识，具有较好的文化修养。 1.3.2 掌握一定的艺术鉴赏知识，具有一般的审美能力。 1.3.3 具有阅读理解能力、语言与文字表达能力、交流沟通能力、信息获取和处理能力
2 教育知识与应用	2.1 教育基础	2.1.1 掌握教育理论的基本知识，能运用教育的基本原理和方法，分析和解决高中教育教学实践中的问题。 2.1.2 掌握高中教育规律与学生特点的相关知识，能分析、处理教育教学中的问题。 2.1.3 了解基础教育课程改革的动态和发展情况，能分析和指导教育教学。 2.1.4 了解教育科学研究的基本理论和方法，能用以分析和研究教育教学实践问题

续上表

一级指标	二级指标	三级指标
2 教育知识与应用	2.2 学生指导	2.2.1 了解学生思想品德发展的规律和个性特征，能有针对性地开展德育工作。 2.2.2 了解高中生身体、情感发展的特性和差异性，掌握心理辅导的基本方法。 2.2.3 了解高中生的学习心理发展的特点和规律，能指导学生选择不同的学习方法进行积极有效的学习
	2.3 班级管理	2.3.1 了解班级管理的一般原理和方法，能做好班级的日常管理工作。 2.3.2 了解学习环境、课外活动的组织和管理知识，能组织学生开展丰富多彩的课外活动。 2.3.3 了解人际沟通的方法，能主动与同事、学生、家长、社区等进行交流
3 教学知识与能力	3.1 学科知识	3.1.1 掌握拟任教学科的基础知识、基本理论，了解学科发展的历史、现状和趋势，能在高中教学中融会贯通地运用学科知识。 3.1.2 熟悉拟任教学科普通高中课程标准的教学内容和要求，能用以指导自己教学。 3.1.3 掌握学科教学论的理论知识，能指导学科教学活动
	3.2 教学设计	3.2.1 了解分析学生学习需求的基本方法，能根据学生已有的知识水平和学习经验，准确说明所选内容与学生已学知识的联系。 3.2.2 掌握学习内容的选择与分析学生的基本方法，能根据学生的认知特征和课程标准的要求确定教学目标、教学重点和难点。 3.2.3 掌握教案设计的要求、方法和技巧，能恰当地描述教学目标，选择适当的教学方法，合理安排教学过程和教学内容，在规定的时间内完成所选教学内容的教案设计
	3.3 教学实施	3.3.1 了解教学情境创设、学习动力激发与培养的方法，能有效地将学生引入学习活动。 3.3.2 掌握指导学生学习的方法和策略，能依据学科特点和学生的认知特征，恰当地运用教学方法，帮助学生有效学习

续上表

一级指标	二级指标	三级指标
3 教学知识与能力	3.3 教学实施	3.3.3 掌握教学组织的形式和策略，能在教学活动中调动学生的主动性，组织探究性教学与研究性学习。 3.3.4 了解课堂总结的方法，能适时地对教学内容进行归纳、总结，条理清楚、重点突出，合理布置作业。 3.3.5 能运用现代教育技术进行教学
	3.4 教学评价	3.4.1 了解教学评价知识与方法，具有正确的评价观，能对学生的学习活动进行评价。 3.4.2 了解教学反思的基本方法和策略，能对自己的教学过程进行反思，提出改进的思路

三、附则

（1）本标准是制定幼儿园、小学、初级中学和高级中学教师资格考试大纲以及命题的依据。

（2）本标准从公布之日起试行。

（3）本标准由教育部负责解释。

教育部师范教育司

教育部考试中心

二〇一一年十月

——参 考 文 献——

［1］教育部师范教育司. 教师专业化的理论与实践［M］. 2 版. 北京：人民教育出版社，2003.

［2］教育部教师工作司. 中学教师专业标准（试行）解读［M］. 北京：北京师范大学出版社，2013.

［3］教师专业标准研究课题组. 中学教师专业标准：要点·行动·示例［M］. 北京：北京师范大学出版社，2013.

［4］叶澜，白益民，王枬，等. 教师角色与教师发展新探［M］. 北京：教育科学出版社，2001.

［5］赵昌木. 教师成长论［M］. 兰州：甘肃教育出版社，2004.

［6］程红艳，董英. 新教师的专业发展［M］. 武汉：华中师范大学出版社，2011.

［7］孟万金. 职业规划：自我实现的教育生涯［M］. 上海：华东师范大学出版社，2004.

［8］王荣生，宋冬生. 语文学科知识与教学能力［M］. 北京：高等教育出版社，2011.

［9］苏鸿. 高效课堂：备课、上课、说课、听课、评课［M］. 上海：华东师范大学出版社，2013.

［10］李斌辉. 语文课程与生命教育［M］. 北京：光明日报出版社，2010.

［11］魏建培. 教师学基础［M］. 北京：清华大学出版社，2011.

［12］连榕. 教师专业发展［M］. 北京：高等教育出版社，2007.

［13］苏霍姆林斯基. 给教师的建议（修订本全一册）［M］. 杜殿坤，编译. 北京：教育科学出版社，1984.

［14］李志河. 微格教学概论［M］. 北京：北京交通大学出版社，2009.

［15］宋吉缮. 论教师职业的专业化［J］. 清华大学教育研究，2003（1）.

［16］陈向明. 教师的作用是什么：对教师隐喻的分析［J］. 教育研究与实验，2001（1）.

［17］宋广文，魏淑华. 论教师专业发展［J］. 教育研究，2005（7）.

［18］胡志坚. 关于教师专业发展研究中几个问题的思考［J］. 教育研究与试验，2009（6）.

［19］李彦花. 教师专业认同与教师专业成长［J］. 课程·教材·教法，2009（1）.

［20］胡相峰. 为人师表论［J］. 教育研究，2000（9）.

［21］曾继耘. 学生个体差异：研究方法与基本结构［J］. 课程·教材·教法，2006（3）.

［22］涂艳国. 简论学生求知欲的激发与培养［J］. 教育研究与试验，1994（2）.

［23］何克抗. 建构主义的教学模式、教学方法与教学设计［J］. 北京师范大学学报（社会科学版），1997（5）.

［24］吴秋芬. 教师专业性向的内涵及其特征［J］. 中国教育学刊，2008（2）.

［25］徐长江. 教师情绪胜任素质探析［J］. 教育研究与实验，2010（3）.

［26］邹为诚. 中国基础教育阶段外语教师的职前教育［J］. 外语教学理论与实践，2009（1）.

［27］韩继伟，等. 西方国家教师知识研究的演变与启示［J］. 教育研究，2008（1）.

［28］黄清. 论教师知识的内涵、类型及其建构［J］. 天津师范大学学报（基础教育版），2006（3）.

［29］马磊. 语文教师的"语文学科知识"重构刍议［J］. 教育与教学研究，2015（2）.

［30］李丽华. 语文教师学科教学知识结构及建构［J］. 宁夏大学学报（人文社会科学版），2010（4）.

［31］朱安义. 语文教师听说读写能力浅说［J］. 师资培训研究，2004（3）.

［32］李家清，冯士季. 论基于《标准》的职前教师专业能力形成机理［J］. 教师教育研究，2013（6）.

［33］李润洲，张良才. 论"教师即研究者"［J］. 教育研究，2004（12）.

［34］苗深花. 论师范生"为教而学"学习观的构建［J］. 教育研究，2012（5）.

［35］王献. 教师专业阅读中存在的问题及对策［J］. 教学与管理，2013（11）.

［36］李斌辉. 中小学教师 PCK 发展策略［J］. 教育发展研究，2011（6）.

［37］王锐鹏. 教师阅读三部曲［J］. 浙江教育科学，2015（2）.

［38］刘良华. 教师阅读的理由与方法［J］. 基础教育，2007（11）.

［39］李德龙. 浅谈高师教育见习的几个问题［J］. 教育理论与实践，1992（5）.

［40］杨燕燕. 教师职前实践学习中儿童研究的缺失与重建［J］. 教育发展研究，2015（2）.

［41］杨跃. 师范生教育实习反思［J］. 高等教育研究，2011（7）.

［42］郑金洲. 教育反思：教育研究方式与成果表达形式之四［J］. 人民教育，2005（1）.

［43］王鉴，杨鑫. 近十年来我国教育叙事研究评析［J］. 当代教育与文化，2009（2）.

［44］郑金洲. 教育研究方式与成果表达形式之三：教育案例［J］. 人民教育，2004（20）.

［45］李志河. 行动研究及其在教育领域的应用［J］. 山西师范大学学报（社会科学版），2002（1）.

［46］李斌辉. 教师能否"为了学生的一切"：对教师责任扩大化的一种反思［J］. 教育发展研究，2010（12）.

［47］汪国伦. 试析我国教师应当享有的权利和履行的义务［J］. 西华师范大学学报（哲学社会科学版），2004（6）.

［48］杨民，等. 师范生反思能力的培养［J］. 辽宁师范大学学报（社会科学版），2010（5）.